中华现代学术名著丛书

基督教与中国文化

吴雷川 著

图书在版编目(CIP)数据

基督教与中国文化/吴雷川著.—北京:商务印书馆,
2015(2022.10重印)
(中华现代学术名著丛书)
ISBN 978-7-100-10069-4

Ⅰ.①基… Ⅱ.①吴… Ⅲ.①基督教—关系—传统文化—中国 Ⅳ.①B978 ②K203

中国版本图书馆 CIP 数据核字(2013)第 135407 号

权利保留,侵权必究。

中华现代学术名著丛书
基督教与中国文化
吴雷川 著

商 务 印 书 馆 出 版
(北京王府井大街36号 邮政编码100710)
商 务 印 书 馆 发 行
北京冠中印刷厂印刷
ISBN 978-7-100-10069-4

2015 年 11 月第 1 版　　开本 880×1240　1/32
2022 年 10 月北京第 3 次印刷　印张 8¾　插页 1
定价:59.00元

吴雷川

(1870—1944)

出版说明

百年前,张之洞尝劝学曰:"世运之明晦,人才之盛衰,其表在政,其里在学。"是时,国势颓危,列强环伺,传统频遭质疑,西学新知亟亟而入。一时间,中西学并立,文史哲分家,经济、政治、社会等新学科勃兴,令国人乱花迷眼。然而,淆乱之中,自有元气淋漓之象。中华现代学术之转型正是完成于这一混沌时期,于切磋琢磨、交锋碰撞中不断前行,涌现了一大批学术名家与经典之作。而学术与思想之新变,亦带动了社会各领域的全面转型,为中华复兴奠定了坚实基础。

时至今日,中华现代学术已走过百余年,其间百家林立、论辩蜂起,沉浮消长瞬息万变,情势之复杂自不待言。温故而知新,述往事而思来者。"中华现代学术名著丛书"之编纂,其意正在于此,冀辨章学术,考镜源流,收纳各学科学派名家名作,以展现中华传统文化之新变,探求中华现代学术之根基。

"中华现代学术名著丛书"收录上自晚清下至20世纪80年代末中国大陆及港澳台地区、海外华人学者的原创学术名著(包括外文著作),以人文社会科学为主体兼及其他,涵盖文学、历史、哲学、政治、经济、法律和社会学等众多学科。

出版说明

出版"中华现代学术名著丛书",为本馆一大夙愿。自1897年始创起,本馆以"昌明教育,开启民智"为己任,有幸首刊了中华现代学术史上诸多开山之著、扛鼎之作;于中华现代学术之建立与变迁而言,既为参与者,也是见证者。作为对前人出版成绩与文化理念的承续,本馆倾力谋划,经学界通人擘画,并得国家出版基金支持,终以此丛书呈现于读者面前。唯望无论多少年,皆能傲立于书架,并希冀其能与"汉译世界学术名著丛书"共相辉映。如此宏愿,难免汲深绠短之忧,诚盼专家学者和广大读者共襄助之。

商务印书馆编辑部
2010年12月

凡 例

一、"中华现代学术名著丛书"收录晚清以迄20世纪80年代末,为中华学人所著,成就斐然、泽被学林之学术著作。入选著作以名著为主,酌量选录名篇合集。

二、入选著作内容、编次一仍其旧,唯各书卷首冠以作者照片、手迹等。卷末附作者学术年表和题解文章,诚邀专家学者撰写而成,意在介绍作者学术成就、著作成书背景、学术价值及版本流变等情况。

三、入选著作率以原刊或作者修订、校阅本为底本,参校他本,正其讹误。前人引书,时有省略更改,倘不失原意,则不以原书文字改动引文;如确需校改,则出脚注说明版本依据,以"编者注"或"校者注"形式说明。

四、作者自有其文字风格,各时代均有其语言习惯,故不按现行用法、写法及表现手法改动原文;原书专名(人名、地名、术语)及译名与今不统一者,亦不作改动。如确系作者笔误、排印舛误、数据计算与外文拼写错误等,则予径改。

五、原书为直(横)排繁体者,除个别特殊情况,均改作横排简体。其中原书无标点或仅有简单断句者,一律改为新式标点,专名号从略。

六、除特殊情况外,原书篇后注移作脚注,双行夹注改为单行夹注。文献著录则从其原貌,稍加统一。

七、原书因年代久远而字迹模糊或纸页残缺者,据所缺字数用"□"表示;字数难以确定者,则用"(下缺)"表示。

目　　录

吴序	1
自序	8
第一章　引论	11
第二章　耶稣事略	24
第三章　耶稣训言纲要	41
第四章　耶稣为基督	63
第五章　基督教在世界历史上的价值	75
第六章　基督教与中国的关系	93
第七章　中国文化以往的检讨（上）（学术思想之部）	113
第八章　中国文化以往的检讨（下）（政治社会之部）	154
第九章　中国文化未来的展望	176
第十章　基督教更新与中国民族复兴	202
吴雷川先生学术年表　　　　　　　　　　赵晓阳	222
吴雷川和《基督教与中国文化》　　　　　卓新平	228

吴　　序

吴雷川先生撰著《基督教与中国文化》一书既竟，嘱我为它写一篇序文，我以自己学识谫陋，对于基督教和中国文化都没有深刻的研究，本不敢答应，但后来将此书细细读过一遍，觉得它思想新颖，持论公允，而又能处处针对中国现在的需要，发人深省，因此引起我自己不少的感想，觉得有说几句话的必要。又因为著者是我多年的朋友，并且在年龄、学问和经验上都是我所敬畏的一位前辈，不但情不可却，并且为这一本有意义的著作，结这一段文字之缘，于我是一件荣幸的事，也是一件快乐的事；因此便不揣冒昧，写了这篇文字，以就教于著者。

这本书把基督教和中国文化，分作两部分来分别叙述。对于基督教，它认为就耶稣的教义而言，它是一个革命的宗教——谋求社会改造的宗教。它征引了福音书中许多关于耶稣的言行，大胆地否认传统的说法，以为耶稣的宗教不是一般所谓精神的、个人的宗教，而是充分地表现着政治革命和经济改造的意义的宗教。对于中国文化，在学术思想之部，它征引了几位学者的意见，以说明中国文化的本质；在政治社会之部，它是取批评的态度，把中国文化过去许多的弱点指出来。它不承认中国有"复古"的可能，也不承认可以用旧酒装新瓶的方法，把旧文化的某些部分，机械地应用于今日的中国。在另一方面，它却不否认中国文化在过去的贡献和对今日的意义。它正确地取一种演进的看法,从国际大势和中国的需要,肯定中国社会的必须变革。从这两部分的叙述,它便归结到基督教之必须洗刷其过去的错误,发扬其所固有的社会改造的精神;中国文化之必须演进而成为一种可以创造新社会的文化,并说明基督教在这演进中所特有的功用,尤其是造成领袖人才的功用。

这一本书可以说是从一个新的社会认识的观点写的。在一般人看来,这一个观点也许并不怎样新奇,因为在近十年来,中国的思想界确是突飞猛进。社会改造的意识,虽然还没有普遍于社会的各阶层,可是在前进的知识分子,以至在觉悟的劳苦大众,它差不多变成了天经地义,尤其是在"九一八"以后,国际形势的激荡,国难事实的启示,使人感觉:社会制度的根本变革,无论是在资本主义已经发达的国家,或是在生产落后的半殖民地,也不管时间有迟早之不同,方法有刚柔的分别,将要成为一件不可避免的事实。由于这种意识的传播,一般人对于政治问题,对于经济问题,对于一般的社会问题,以至对于整个中国文化,都取得了一种新的眼光,用它去衡量一切,批判一切。也是由于这种意识的传播,非宗教的分子对于宗教,一部分是取极度批评的态度,一部分是取相对容忍的态度。批评的是觉得宗教在未来的社会里没有地位,容忍的是觉得宗教还有它一部分的真理。但无论如何,因为他们所见到的宗教只是一种维持现状的势力,所以对它是没有什么热烈的希冀的。

对于一般信仰基督教的人,这本书所提供的一些意见,可就取得不同的意义了。时势的演变,把中国的,以至世界的思想界推进到一个新的阶段;但同样时势的演变,却还没有把中国的,以至世界的基督教思想界推进到一个新的阶段。基督教的思想界，在这大变动的时期中，表示了三种不同的趋向：第一种是出世的趋向，第二种是改良的趋向，第三种是妥协的趋向。出世的趋向是表示于种种的神秘主义和奋兴运动。这一派思想，当然有精粗深浅的不同，但是它们之认为宗教对现世生活应当取一种超然的态度，甚至是两不相干的态度，却是一致的。第二种趋向是表现于基督教里面种种的改良运动。它所注意的是个人生活的改善和现社会若干不良现象的废除。这一种因不满于现状而产生的努力是极可嘉许的，也是与基督教的精神完全一致的，然而因为它忽略了社会生活和个人生活的联系性，也没有了解社会制度对社会现象的关系，所以它对目前社会的危机是没有认识，也是无法应付的。第三种是妥协的趋向。这种趋向，并不始于现在，但现在的政治形势却更清楚地把它呈露出来。自从基督教在罗马帝国变成了国教，它便几乎做了政治的附庸；自从西方资产阶级兴起，它实际上又做了现制度的撑持者。大战以后，若干国家建立了法西斯政权，所谓"极权的国家"（Totaliarian state）代替了名义仅存的民主政治，于是万有统于一尊，宗教不但失去指示现世生活的能力而同化于现状，即连其本身信仰的自由，亦几不复存在。这种现象，在今日的德国，尤其显著。若干先觉的分子，有见于此种危险，于是有"教会抵抗世界"（The church against the world）的呼声。以上三种趋向既日益普遍，于是耶稣入世革命的教义益晦，而基督教在这变乱的世代，遂益成为一种无足重轻的力量。

本书所揭橥的基督教改造社会的主张，到了最近，才在以上各种分歧的思想中，独露头角，成为一种新兴的势力。在二十几年前，在美国便有所谓"社会福音"的提倡，但因为在那时，现社会制度的弱点还没有充分地暴露出来,所以这一派的思想,并没有多少人注意。到了最近几年,恶劣的社会现象,逼着人不得不思想宗教对社会所应取的态度,于是耶稣社会改造的福音,重被发现,而基督教革命的呼声,始为一般人所注意。我认为这一派思想在今日的中国实在有提倡的必要,所以本书的出版,更可以说是有着时代的意义。与这一种思想同时发展的就是基督教神学思想一般的转变。以前的所谓近代主义运动(Modernist movement)更演变为一种以科学和经验为基础的新神学运动。它企图把宗教思想变成合理化与近代化。这一派思想当然更适合于现代知识分子的口胃。至于它的是非得失,我们就不能在这里讨论。但由于这种运动,若干因现代思想的侵袭,在信仰上彷徨的人,便恢复了、稳定了他们的信仰,而若干还在宗教门外的人,也因此便对宗教发生了追求的兴趣。在物观的反对宗教者看来,这些"进步的"宗教,比之守旧的宗教,其危险性更大,但我们当然是不同意于这种意见的。

说到基督教与中国文化的关系,本书著者的态度,也是值得我们嘉许的。他既不拘泥于中国过去文化之特质,主张基督教与它"调和",也不像一般肤浅的批评者,认为基督教和中国的文化,都是时代的渣滓,应当完全放弃。他所主张的却是"基督的更新与中国民族的复兴",而认为前者对后者必然有它的贡献。我们赞成这种主张,我们应当为这种主张努力,使基督教在未来的中国,不致再蹈它在西方的覆辙。我们更相信:从中国文化所遗留下来的,处处顾到现实生活(唯实主义)和不大喜欢神秘和玄谈(自然主义)的倾向,将使我们对于现代基督教的社会化运动和科学化运动,更能作有力的贡献,以发扬基督教所固有的精神。

末了,对于本书论及基督教之处,我愿意提出两点意见,和著者讨论。

第一是关于耶稣工作计划的解释。本书认为耶稣最初的计划包含两点：一是他确要取得政权而作复兴犹太的基督；二是他预备取得政权后就行改造社会的主义。又说耶稣对于计划的第一点，后来确是转变了，至于第二点，则始终没有转变。关于这两点，虽然著者举了福音书上若干的事实来证明（参看《耶稣为基督》一章），我觉得在解释方面，还是有商量的余地。我个人的意见大体是这样的：

（一）耶稣对于整个工作计划，在"旷野试探"时，经过深刻的考虑与祈祷，大体上已经决定，至少在短短的工作时期中，在原则上不致有所改变。

（二）耶稣深知社会改造不是旦夕间可以实现的事，因为社会改造至少必须先经过一番宣传启导的工作，使大众有所觉悟。因此，耶稣的计划，与其说是企图马上实行社会改造，毋宁说是做了社会改造在知识和灵性上所必需的准备工作。

（三）改造社会自然要取得政权，但人民没有准备而取得政权，时机没有成熟而取得政权，那是不彻底的，是耶稣所决不肯为的，因此，与其说这是耶稣后来的转变，毋宁说这是他的预定的方针。

（四）由于以上的解释，耶稣对"基督"这称呼的见解，（甲）不是一般人所希冀的纯民族主义的，狭义的复兴犹太的基督，（乙）也不是急功近利的以实现我们现在的所谓"社会主义"为目标的基督，而是（丙）以整个的人生的改造为目标的基督。这目标自然包含了我们现在所了解的"社会改造"，然而比它更广大，更深厚。我相信这一个意义从始就在耶稣的心里，然而因为它过于高深，一般人固然不能接受，就是门徒们始终也没有了解，甚至在耶稣死后。

第二，是与第一点有密切关系的，关于基督教的理想，和从这理想出发的对于国家、政治、战争诸问题的态度。本书对于这些问题的看法是：

> 基督教固然以全人类得救为博爱底目的，但社会进化有一定的程序，不能躐等而几。
>
> 基督教有所谓"无抵抗主义"，每为指摘基督教的人所藉口。其实这种无抵抗主义，只是个人与个人间在某种情况之下所应用的事理，本不是为国家民族说法的。
>
> 基督教唯一的目的是改造社会，而改造社会也就是寻常所谓革命。纵览古今中外的历史，凡是革命事业，总没有不强制执行而能以和平的手段告成的……所以有人高举唯爱主义，说基督教不可凭藉武力以从事革命，这种和平的企望，我们在理论上固然应当赞同，但从事实着想：如果要改造社会，就必须取得政权，而取得政权又必须凭藉武力，倘使基督教坚持要避免革命流血的惨剧，岂不是使改造社会底目的成为虚构以终古？

以上所引的话，一部分我可以完全同意，但另一部分我觉得还有讨论的余地。因此，我便把我个人对这问题的意见，简略地叙述于下。

我与本书的作者完全同意的，有以下的几点：

（一）基督教并没有叫人不爱国；受真理指导的国家建设和民族解放正是全人类得救一个必经的阶段。

（二）基督教应当参加政治活动，因为宗教生活是包括人生的各方面的。

（三）基督教的目的是人与人的合一（爱）和人与上帝（真理）的合一——这当然包括社会改造。

我觉得还可以考虑的有以下的一点：

（四）关于革命的手段，我认为应当把耶稣自己的主张和今日基督教可能采取的方法，分别而论。耶稣自己的主张，我认为是绝对唯爱的、非武力的，然而它却不是纵容放任的无抵抗。但今日的基督教和一般基督徒——更不必论其他的人——却还没有达到追踪基督，实行他的最高理想的程度。因此，就事实论，"强制执行"是不可避免的。但这只能说是基督教的妥协，而不能说是基督教最高的理想。耶稣的教训是一致的，他没有把个人生活和社会生活分开——事实上这也不可能。美人 Reinhold Niebuhr 氏在他的《道德的人与不道德的社会》（青年协会出版）曾指出个人生活与社会生活因为性质不同，不能应用同样的方法，但在他的《释基督教伦理》(An Interpretation of Christian Ethics)里，他却承认耶稣唯爱的教训的绝对性，并说：由于人类天然的缺欠（罪），人类对这绝对的理想，无论怎样努力，也不能登峰造极，因此他便承认非唯爱的武力在现社会生活的必要性。我认为这种说法，比较近于真理。

以上两点，关系颇大，但因限于篇幅，不能在这里作详细的讨论，只能把我个人不同的意见指出来，以请教于著者，并供读者的参考。

吴耀宗

1936 年 8 月 26 日

自　　序

在前年六月间，我的朋友吴耀宗先生给我来信说："青年协会的三年出版计划中，有一本书是《基督教与中国文化》，要请你撰著。字数请你酌定，最好多不过十万字，少不减于六万。请于一年内写成，明年五月底以前交稿。"当时我因为：（一）基督教末次来到中国，已经一百余年，中国知识界中人信仰基督教的也不少，却还没有人以本国文化为立场参合时代思潮来论述基督教，写成一册比较具体的文字，我早已引为憾事；（二）按照所限制的字数，这本书的内容，似乎难于繁征博引，有详细的叙记，我或者可以藉口于此，掩饰我所写的内容疏略。于是我就不度德量力，贸然地回信应允了。

我既应允了写这本书，在前年暑假期中，曾略加思索，想要拟定大纲，才觉得这本书标题为"基督教"与"中国文化"，当然是要说明二者的关系，既要说明二者的关系，就必得对于它们的本身有充分的认识。但是，以具有四千年历史的中国文化，传播世界已经一千多年的基督教，它们的本身都是高明、博厚，而且悠久。要说是认识了它们，能分别提纲挈领地陈述出来，更说明其所有的关系，真是不易着笔，因而就暂时搁置。学校开学后，我忙于授课，又时有人事纷扰，经过半年，还未写得一字。到了上年春季，我又在学校多任一门功课，更少有闲暇来写书，只得向青年协会请求将原定五月底交稿的期限展至年底。原希望在这一年的暑假中屏绝诸务,努力写成;不料五月底我就得了病,医生说是需要长期休养。我勉强支持到六月上旬,将校课结束后,向学校提出辞职;承学校准我休假一年,我静养了五个月,体力渐渐地复原。从上年十一月间起始,我才动手写这本书。

时间经过了七个月,这十多万字的书稿才算是勉强地写成了。在别人想来,必定是有如俗语所说"慢工出细活"。但在我自己看,实在还是粗疏得很。这自然是因为我对于基督教,对于中国文化,都没有充分的认识,所以不能有独到的见解和透辟的议论。我想到青年协会,想到我的朋友吴耀宗先生,都难免要因此失望,我不能不深致歉意。倘若青年协会竟将这本书付印,使它与读者相见;我只盼望能得着许多读者的指正,并且有人因为不满意于我所写的而重写一本更精密更丰富的书,那就是所谓"抛砖引玉",我或者不无微劳足录。

再者,青年协会约我写这本书,大概是希望一般知识界的人看了这本书就能对于基督教有所了解;而我个人之所以勉力写这本书,更是以青年学生为对象,很希望现代的青年学生——无论是基督徒或非基督徒——都能了解耶稣,了解基督教,因而负起复兴中国民族,为中国创造新文化的责任。因为我在教育界工作了30年,和许多可敬可爱的青年学生接触,深知中国民族复兴的责任,无疑的是属于现代青年学生。倘使一般青年为了觉悟自己所负的责任,就趁着在求学时代,除了求得知识与技能之外,更多方寻求于修养人格有益的途径,慎思、明辨,而后继以笃行,或者这本书也能有些微的贡献。

当我写这本书的时候,正值华北风云变幻,平津各学校学生罢课游行,影响到全国各地。因着时局的严重,使多少青年愤慨不安,荒废学业,我的精神上感受不可言说的痛苦。有时掷笔徘徊,属稿屡屡停顿,但同时对于青年的期望却更为热烈。这是值得我附带声明而要求读者纪念的。

  1936 年 6 月 3 日,吴雷川写于北平西郊朗润园。

第一章　引论

我开始要写这本书,总觉得是一部廿四史不知从何说起。忽然想到从前王湘绮老人给他的门人宋孝廉的一封信,论及宋孝廉住在客店中衣服被盗的事,其中有一段话说:

> 天下之有四川,四川之有省城,省城之有陕西街,陕西街之有客店,客店之有宋孝廉,宋孝廉之有衣箱,衣箱之有衣,诚不可云太仓之一米矣。一旦被盗,而曰有司之责,何其重视有司乃至于此耶?①

他用这种幽默的论调,意思是要说明世间事都是偶尔遭值,劝宋孝廉应当达观。因而我想:以世界之大而有中国,以中国之大而有数千年相传之文化,又以世界宗教类别之多而有基督教,以基督教在世界传布之广而流传及于中国,乃于此时此地,有身为中国文化所涵育而又信奉基督教的我,就有青年协会约我写这本书。这也只是偶尔遭值,正不必过于矜持。尽可展开胸量,放大眼光,按着我所知所能,将关于基督教的,关于中国文化的,一一叙述出来。不问别人说我是"以管窥天,以蠡测海","多见其

---

① 见《王湘绮笺启》,光绪丁未年墨庄刘氏刻本。

不知量"。在我也只是因为有此遭值,就尽我的能力来应付此遭值而已。

我既有上述的感想,就觉得要写这本书,固然不可抱着狭隘的偏见,高举所信奉的基督教而任意批评中国固有的文化,也不必有意地要将基督教与中国文化对比,解释二者的异同或得失。因为若是照那样写法,总不免将本问题的范围缩小。我于是决定我的写法:(一)将基督教与中国文化分别论述,使它们各自有其园地,公开地任人观览与批评。(二)不注重以往和现在而注重将来,示人以进步的思想。(三)以中国为重心,无论是说明基督教,或是讨论中国文化,无非求有益于中国。我以为必如此写,才能不蹈从前有些这类文字的窠臼,并且表明此问题不只是基督教的问题,而是中国乃至全世界未来的问题。

因此,本书的结构,就是先将基督教与中国文化分为两大部分,各自为章,依类叙述,最后乃有一章合论,使之集中于某一论点。而在未分章叙论之前,我将对于宗教、基督教、中国文化各方面先有一个概说。

我对于宗教的看法约有以下的几点:

一、宗教是人类社会进化的一种动力。荀子《礼论篇》说:"人生而有欲,欲而不得则不能无求。"可知人有欲求,即是为自身的生命奋斗,所以欲求是人的本能。本能最显著的是求食与求偶,有求食的本能才能维持生命,有求偶的本能才能延续生命。这正是《礼记》上所说:"饮食男女,人之大欲存焉。"此外又因求福与免祸而有自卫的本能,因惊奇与探究而有求知的本能,因竞争与互助而有合群的本能,也都是人类生存奋斗中自然的现象。而现时人查考宗教的起源,却正与上说的五种本能有关联,①因此宗教乃是整个人生向上的欲求所表现的态度,②自然就是人类社会进化的一种动力。

二、宗教既是社会进化的动力,它的本身也必与时代一同进化。因为人的欲求,显然有三种动向:(一)先是属于物质的,进一步则必及于精神的。(二)先是属于个人的,进一步则必及于全体的。(三)先是崇拜自然,服从自然的,进一步则必企图顺应自然,控制自然的。所以原始的宗教,只是猥琐的供奉与祈祷,甚至杂用魔术,而现代的宗教,则显然有高尚的理想、扩大的同情、热烈的毅力。如孔子说:"己欲立而立人,己欲达而达人。"佛说:"我不入地狱,谁入地狱?"耶稣说:"我来是要舍命救人。"这都是宗教的真谛。人类中因为有了这至高的标准,才吸引了无量数的人才志士,在各方面努力活动,发展他正当的欲求,从浑噩榛狉的原始社会中,日新月异,前仆后继,造成这灿烂光明的世界,而且前途进展正未有艾。我们虽不必说这些都要归功于宗教,但说宗教至少是其中的一种动力,总不为言过其实。又如宗教这一名称,从前有许多学者为它下了各种定义,几乎人各一词,而在普通人的见解,则以为宗教只是人与神的关系,因而反对者就斥为迷信,却不知在新时代的信仰中这所谓神的观念早已演变了。试举《孟子》所说:"圣而不可知之谓神。"《易传》所说:"阴阳不测之谓神。"所谓不知与不测,乃因当时人的知能有限,故不得不名之为神。及至科学日渐发明,教育日渐普及,虽然人所不知不能的还是很多,也可说神的领域依然存在,但人的知能既是日见增进,就是人可以与神争权,至少也是人窥破了宇宙进化的公例,就能与神

---

① 参看简又文编译之《宗教与科学》卷下二《宗教与科学之起原》,青年协会书报部出版。

② 参看谢扶雅著《宗教哲学》第五章,青年协会书局出版。

同工。这种神的观念,与从前人拜神、敬神乃至媚神的观念相比较,决不可同年而语。谁能说宗教不是进化的呢?

三、进化的宗教即是人生哲学。冯友兰氏在他所著《人生哲学》一书中说:"每一宗教,对于宇宙及人生皆自有其见解,又皆立有理想人生以为吾人行为之标准,故宗教与哲学根本无异。不过宗教之中,才有神话及由之而起之独断及仪节形式,而哲学则无之,此其异也。"他对于宗教与哲学的评论是很平允的。我以为:宗教进化之后,神话及所谓独断,自然都要铲除,唯有仪式却不妨存在。正如中国先哲制礼作乐,具有妙用,所以孔子虽尝叹息一般人只知看重仪式,就说:"礼云礼云,玉帛云乎哉?乐云乐云,钟鼓云乎哉?"但又尝因子贡去告朔之饩羊,却说:"赐也,尔爱其羊,我爱其礼。"可见仪式确有保存的价值。我们信仰宗教,既已认定人生行为的标准,更因它有一种仪式,能使我们的情感有所激发,意志格外坚强,岂不比空谈哲学更有督促我们实行的力量?

四、宗教进化之后,与科学也不相冲突。像从前宗教家坚持独断的成见,摧残科学,这种谬误,固然已成陈迹。就是现代科学家认宗教为科学的障碍,绝对不能并存,因而要推翻宗教,也不过一时的反感与偏见。我们须知:宗教与科学,同起源于人的本能,也同循进化的常轨,近人承认古代魔术(或术数)为科学的前身,也可说科学就是魔术的进化,同样,由原始宗教演为近代的宗教,岂不就是宗教的进化?在此进化的历程中,宗教与科学,同为人类社会所需要,同彰显人类有管理世界的功能,① 又岂有两不相容之理?

---

① 如《旧约·创世记》第一章第二十六节"上帝使人管辖全地",可见宗教家本确认人有管理世界的权能。

总之，我们承认宗教是人类社会进化的动力，而其本身又与哲学及科学同为不息的演进，自然有它永久存在的价值了。

五、宗教的功用在于领导个人以改造社会。以基督教而论，从前人讲基督教，偏重个人得救，基督教曾被称为个人福音。近代人多讲社会改造，因此基督教又被称为社会福音。其实这二者本是不可偏废的。因为从一方面看，人受环境的限制，要救个人，莫如造成良好的环境，使人人得享幸福。但从另一方面看，环境必要人来改造，至少是要一般作领袖的人来改造，那就非先使人得救不可了。但所谓得救，绝不是从前所谓死后永生，乃是生前脱离自私的罪恶，然后能献身于社会。所以个人得救与社会改造本是一件事，正如孔子所说："修己安人"，道原一贯。更以佛教而论，在表面上看，佛教好像是消极厌世的。但我们若想到它学成如何致用，那就可以说，它教人把万事看作虚空，正是教人破除"我执"和"法执"，显出本性的真实，用大智大悲来救济群众。所以信仰宗教，先要借镜于真理，发见自我；更进一步，就要忘却自我，专一服从真理，为真理奋斗以改造社会。这就是宗教的功用。

六、宗教既以改造社会为究竟底目的，因此，信仰宗教的人必要直接或间接参加政治上的活动。因为人本是政治的动物，人要改造社会，岂能与政治无关？倘使宗教只是使人洁身自好，甚至离俗出家，图谋自身的利益，置社会的现象于不顾。这样的宗教，何能有补于社会的改进？所以从宗教一方面说，凡人既信仰宗教，就当奉持他所信的教义，统治他整个的人生，无论从事何种职业，都要在做事上表现宗教的精神。这就是宗教有益于政治。而在政治立场上说，所有宗教中一切遗传的迷信，凡是足以妨害社会进化的都应当禁止，凡是宗教团体所办的事业都要有益于政治上的进行。

凡在传教机关内作事的人，无论其为和尚道士或牧师，也都要遵照政府所定的禁令，时常想到国民对于国家的责任，努力改善他们的工作。从前基督教会有政教分离的谬说——那本是因古代教会无理的干政而产生的——现在却是宗教必与政治合作，才能完成改造社会的功用了。

进而论基督教，我想必有读者先愿意知道我信基督教的缘起与经过。我可以简略地在此述说一下。

我和基督教发生关系，是从民国三年春间起始的。当时我在北京教育部供职，住在宣武门内东太平街。我有两位朋友都是知识界的人，同我住在一条街里，我们就时常往来。有一次星期日上午，我到他们那里去闲坐，坐了不久，他们忽然站起来说："我们要到礼拜堂去，不能奉陪了。"当时我很诧异：像他们那样有知识的人何以也要信基督教？但不及细问，就辞别回家，立刻去买了一本《新约全书》来看。用两三天的工夫将《新约》看完了，记得当时的印象是：神迹奇事都不能使我相信，但其中有许多教训实使我佩服。接着又看第二遍，就想到基督教能够流传久远，必定有它的原因，必是有研究的价值，又去和那两位朋友谈了几次，他们都劝我不妨先到礼拜堂去听讲，和教会中人多有往来，于是我每星期都到礼拜堂去，就感觉到礼拜仪式的庄严静穆，可使我屏除俗念，传道的人诚心为人服务，足以引起我对于社会的同情。同时我又反复地看《新约》书，一方面对于义理有更多领会，一方面对于神奇的部分很希望教会中人能为我详细解释，因此就有意加入教会，那年夏间在中华圣公会记名预备，至四年冬间就领受洗礼。

我加入基督教会，其近因固由于朋友的介绍，但我的内心之所以易于接受,也有一种远因。当我在教育部供职时,每日到部办公,回家来妻子团聚,有时随俗酬应。在别人看来,生活状况并无缺憾。但我在空闲的时候每自思想:就这样自图安逸地生活一世,实在没有意义,总当自己用功修养,并且多做有益于人的事,方不为虚此一生,又觉得要在儒教中寻求方法,甚是繁难而不得要领——这自然是我在那时于儒教甚少研究的缘故——心中常为此事不快。因此一窥见基督教的教义广博,就切望它能指示我做人的途径。所以我信基督教的动机,自问是很正确的。

我既加入了教会,虽然在神学方面始终没有得到使我能够接受的解释,但爱的原理,确已领导我进入人生的正轨。我在教会中担任不少的工作,教会所办的地方公益事务,我总是尽力参加。除了教育部办公之外,余下的工夫差不多全用在基督教的事业上,寻常交际酬应几乎一概谢绝,行为也十分谨慎,自己心中很是平安。这样的生活继续了四五年,恰值那时国内及基督教的思潮兴起,而我又和政学界中要研究基督教的人多有接触,要应付他们的问题,不能不多看新书报中反教的各种论说,信念就难免动摇起来,精神上觉得非常苦闷。大致经过数年之久,我的信念才重复稳定,认为:所有教会遗传的信条与解说都不可尽信,教会的规制与礼仪也不必重看,只有耶稣的人格足为我们信仰的中心。他是以身作则,教训我们做人必以改造社会为天职,更教训我们持身涉世要服从真理,这正是我们做人的规范。我的信仰至今还是如此,这在正统派的教会看来,我已经算是叛教之徒了。

我从民国四年加入基督教会,到现在有二十余年。在这二十余年中,我研究基督教之所得,将于下面各章中详说。但有三点意见须先于此处说明:

第一，基督教既是以耶稣的人格为中心，凡研究基督教的，当然要首先了解耶稣的生平，作为诸般论议的根据。关于记载耶稣生平唯一的史料就是《四福音书》，而《四福音书》却是距耶稣去世后数十年乃至百余年间一种口传的笔记，其记载既不合历史的体例，并且彼此各异，甚至于有许多矛盾的地方。因为这个缘故，所以虽然已有了《福音》书，后来还有许多人要为耶稣作传。他们为耶稣作传，所写的事实，固然不能不取材于《福音》书，但却可以用自己的眼光和手腕来剪裁排列，因而所写的尽可以人各不同。我的朋友赵紫宸君曾在他所著《耶稣传》的《导言》里说："各种各类的人都曾不能自已地去作《耶稣传》，多半是因为对于他人所作的《耶稣传》感觉到不满意，没有法子才自己动起笔来。"他所说的情形，正合于我现时的心理。我以为要了解耶稣，必须自己将《福音》书中的材料加以选择，集成一篇简短的耶稣事略。再将《福音》书所记耶稣训言加以排比解释，编成耶稣训言的纲要。更综合耶稣所言所行，推测他的理想与计划，说明耶稣之所以为基督。有此三方面，庶几可以窥见耶稣生平的大概，作为研究基督教的根基。

第二，基督教的根基固然就是耶稣，但自从耶稣去世后1900年来，教会的组织日益庞大，耶稣的教义反而隐晦不彰。一般人目睹教会外表的发展，崇拜基督教者，以为教会所做的一切，正是耶稣所要成就的事功，而反对基督教的人们，看见教会种种谬误，就都归咎于基督教的本身，甚至怀疑到耶稣的人格也是虚拟。这种观念混淆的现象，历史既已久长，并且自欧美以及于中国，熏染又已普遍，若不加以区别，就很容易使人怀疑于基督教的真相。所以基督教在世界历史上的价值及其与中国的关系，也都是研究基督教者所不可忽略的。

第三，基督教在未来世界中将有若何变化，此时未可断言。但存在中国的基督教会,至少在现阶段中必须注意于下列两事:(一)基督教的功效固然要普及于群众,但要使它发生功效,必须先得具有领导群众的人才。唯有能领导群众的人才能认识基督教的真谛,才能发展基督教的事功。所以在城市的教会,应竭力获得知识分子——尤其是青年学生——的同情,注意培养他们的性灵,增进他们对于社会的热力。(二)若是在乡村的基督教会,就当在群众的日常生活方面,设法帮助他们,指导他们,使他们的生活能够逐渐改善。倘欲对群众宣传基督教,必须先提出本宗教的要义,使他们确实了解,甘心接受,听其自由地加入团体,然后使其遵守教中的仪式,维持他们永久的信仰,作成循分的信徒。原来基督教只是要教人知道怎样做人,其原理本极简单。向来传教者因为简单的原理不足以鼓动人心,就喜用种种神秘的说法和获得福利的甘言,为招致群众的媒介,遂使信教者专以求神得利为目的,而于做人的原理反弃置弗顾。这实在是传教者莫大的错误,以后必当引为大戒,不再蹈从前的覆辙。教会能在此两事上尽力,自然于中国社会改造的事功上有分。若不知注意及此,我恐基督教在中国文化新建设的途中,将要相去日远了。

论到中国文化,当然先要确认文化的定义和内容。关于文化的定义,我所见到的各人说法很不一致。其中如杨东莼氏说:"文化就是生活。"[①]李剑华氏说:"文化是人类求生存,为求生存之更上更善更美而产生的一切物质的精神的总和。"[②]孙道升氏说:"文

[①] 见杨东莼《本国文化史大纲》绪论,北新书局出版。
[②] 见《文化建设月刊》第一卷第十期李剑华《中国本位文化建设绪论》。

化乃是人们为应付各种环境解决各种问题所制造出来的求生图存的手段与工具之总和。"①高迈氏说:"文化是人类因欲调适环境由交互关系与劳动生活而产生延续的堆积的绩业。"②这都是可采取的。但总不如梁启超氏在讲演《什么是文化》的讲稿中所提出的"文化者人类心能所开积出来之有价值的共业也",③说得最为精密。至于内容的分析,有分为九类的即:(一)语言,(二)物质的设备,(三)艺术,(四)神话与科学的知识,(五)宗教的活动,(六)家庭与社会制度,(七)财产,(八)政府,(九)战争。有分为八类的即:(一)言语与交通,(二)实际知识与工艺,(三)自然发生的团体礼俗,(四)关于人与世界的理想与实际,(五)关于个人关系的理想与实际,(六)关于个人公众的关系的理想与实际,(七)艺术与装饰,(八)战争与外交。④但普通的分类,只是归纳为精神文化、物质文化两项。如梁启超氏在讲演《什么是文化》时列成图表,就是先分为物质的与精神的,再在此两项下分列子目。⑤又如杨东莼氏所著《本国文化史大纲》,将文化分为三部叙述:(一)经济生活之部,(二)社会政治生活之部,(三)智慧生活之部。我们若说所谓经济生活是属于物质的,所谓社会政治生活与智慧生活同是属于精神的,那就仍然是物质与精神两类了。

---

  ① 见《文化建设月刊》第一卷第十二期孙道升《中国文化之我见》。
  ② 见《文化建设月刊》第一卷第十一期高迈《论文化之特性及其研究》。
  ③ 见梁任公《学术演讲集第三辑》,他在下文又解说共业两个字用的是佛家术语,人类心身活动毫不停留,但是每活动一次,他的魂影便永远在宇宙,并且一个人的活动势必影响到他所属的社会乃至全人类,是谓共业。
  ④ 均见陈序经《文化的出路》所引,又《文化建设月刊》第一卷第十一期高迈《论文化之特性及其研究》所引同。
  ⑤ 见梁任公《演讲集第三辑》。

第一章　引论

文化既是人类一切活动所"开发"、"积聚"而成的"事"和"物",并且人类的活动必是全体通联,互相影响,因此名为共业。所以在世界观点上说,文化是世界所共有的。但是,世界上分布着各民族,各民族各有其不同的历史,就各有其不同的文化,而且现时国家界限还强固地存在着,所以论到文化,又不得不区分为某民族或某国家的。因此之故,关于中国文化这一桩事,就在这谋求中国民族复兴最急切的时期中,最为有识者所共同注意。近二十年来,如梁漱溟氏的《东西文化及其哲学》,是研究这问题而成书最早的,近时有陈序经氏的《中国文化的出路》和载在《岭南学报》专号的《南北文化观》,更是研究这问题的专著。上年在上海有《文化建设月刊》出版,登载着王新命、何炳松等十教授所写的《中国本位的文化建设宣言》,引起不少学者对于这问题抒写己见,在各处报纸上发表,同时在各地又发起文化座谈会,约集知识界的人们共同讨论,将各人的意见汇集起来登载于《文化建设月刊》,一时风起云涌,真有空前的盛况。一般人的主张,大致不出三派:(一)主张保存中国固有的文化。(二)主张中国应当全盘接受西方文化或充分世界化。(三)主张中国应当从中国国家民族本位去吸收西方文化。他们都是以复兴民族为前提,各自有其主张的论据,而其立论之点,有从教育方面说的,有从论理方面说的,有从哲学方面说的,有从宗教方面说的,有从经济方面说的,有从法律方面说的,有从科学方面说的,更有以大学之道立说的,又有以三民主义立说的,所有三派的主张以及各方面许多的论著,我只略为提及,已可见中国文化问题之如何繁复及其如何为当代人士所注意了。

至于中西文化的比较,各人的看法也各有不同,如熊梦飞氏在《文化建设月刊》第一卷第九期发表的文章中曾将各时代的看法列为如下之简表。

中国文化	西洋文化	时代的看法
儒家教义与组织	基督教义与组织	明末清初的时代看法
旧时武器与运输	机械武器与运输	清咸同时代的看法
家族主义　专制政治　手工业	国家主义　立宪政治　机械工业	清戊戌变法时代的看法
形而上之道——纲常伦理	形而下之器——声光化电	清末维新时代的看法
阶级的政治社会组织与玄学哲学的思想学术	民主的政治社会组织与科学的精神及方法	五四新文化运动时代的看法
封建社会与资本主义社会交流的文化	资本主义文化与社会主义文化	国民革命时代的看法
精神文明　农业文明	物质文明　工商业文明	近二十年来各学者的看法
文学哲学的文化	科学的文化	
融合自然	征服自然	
重人与人的关系情为中心	重人与动物关系力为中心	
道义主义	功利主义	

上表所摘记的语词虽甚简略,然于此可见文化本身必是随时代的需要而演变,所以各时代的人对此问题的论点各别,这是很显然的。

文化既是随着时代而演变,因此可知:主张保守中国固有文化的固然是违反现实,徒托空言,而主张全盘西化或充分世界化的也未免是不顾实际的偏论。原来文化的领域既极其广漠,它的性质又极不固定,要想把对此问题的意见用简括的言辞表达出来,总不免偏着一边,不能得到圆满的界说。必不得已,我们只有比较地赞同《中国本位文化建设宣言》①所谓"注意于此时此地的需要","不

---

① 见《文化建设月刊》第一卷第四期。

守旧不盲从"的说法。虽然觉得空洞无物,却正是兼容并包的态度。比如我们要说基督教是此时此地的需要,只须举出充足的理由,当必为谈建设中国本位文化的人们所不能拒绝。又宣言中提到中国本位文化的建设,是以"要使中国的政治社会和思想都具有中国的特征"为主因。本书在下面叙述中国文化时,也只拟提出学术思想、政治、社会三部分,而将经济部分附述于政治部分之内。因为既不是写中国文化小史,当然可以不为文化的界说所拘束而自由地划定其范围了。

至于基督教与中国文化二者的关系,有些信基督教的人们,总还是渴望基督教在中国文化得着相当的地位,仿佛是要求中国文化的承认。但在我看来:此种愿望,似乎是大可不必,并且在现代已不合实际的需要。因为,从过去一方面观察,这多少年来,西方的学说、艺术、制度、礼俗等等,很自然地传播到中国,中国也很自然地接受而仿效,其中有好些是由基督教直接或间接地介绍而来。现时的中国文化,似乎早已含有基督教不少的成分,何必再要求承认? 更从未来一方面设想,现时中国文化的自身正在谋求新的建设,基督教若还要求中国旧有的文化承认,岂不是多费一番周折,将至徒劳无功? 所以我以为:当此世界一切正在大转变之中,基督教与中国文化将有同一的命运,它们必要同受自然规律的约束,同有绝大的演进,同在未来的新中国中有新的结合,这是可以预言的。

第二章　耶稣事略

基督教的教主耶稣①是1940年前②降生在犹太国的人。我们要叙述他的事迹,当然要略述犹太国的历史和耶稣生时犹太的情况。从前孟子曾说过尚友古人的法则,所谓"颂其诗,读其书,不知其人可乎？是以论其世也,是尚友也"。③

犹太人所尊为始祖的亚伯拉罕曾被称为希伯来人,④因此犹太人通称为希伯来民族。后来亚伯拉罕的子孙雅各改名为以色列,他的后人就称为以色列族。约在纪元前12世纪,以色列族占据了古称为迦南的地方,前11世纪就在那地建立了以色列王国,共有十二个支派分布南北各地,至前10世纪,因为各支派的意见不一,处于南部的犹大、便雅悯两个支派就成立了犹大王国,与处在北部的其他十个支派所据有的以色列王国南北对立。前8世纪,以色

---

① 耶稣二字是希腊文的译音,希伯来文的译音是约书亚,意思就是耶和华(上帝)施救法。
② 以耶稣生平为纪年的起点,是在第6世纪时有一位罗马教士所提倡的,至第10世纪时才为各国所采用。但经后人推算,以为那位教士所定的耶稣生年不甚准确,耶稣生年应当在纪元前四年,就是中国前汉哀帝建平三年,也有人主张应当更早,总之耶稣是生在纪元以前而不在纪元的那一年。然而因为沿用已久,已是无法改正了。
③ 见《孟子·万章篇》下。
④ 见《旧约创世记》十四章十三节。

列国为亚述国所灭,犹大国继续存在。前6世纪,巴比伦国攻陷了犹大国的都城耶路撒冷,有许多犹太人都被掳到巴比伦,犹太人就过着流浪的生活,等到波斯国征服了巴比伦,准许被掳的和散在各地的犹太人还回故国,那时犹太的残破已经过四五十年了。自前6世纪至前2世纪400年之间,犹太国先后受波斯、希腊、埃及、叙利亚诸国的管辖,只有在前2世纪的中叶,有名为犹大的战胜了叙利亚,称为玛喀比王朝,可算是完全独立,但为时亦只数年,不久仍臣服于叙利亚。至纪元前63年,犹太国乃属于罗马帝国。

犹太服属于罗马帝国之后,罗马仍许玛喀比朝的子孙治理犹太,不久就有一个原为以土买人①的希律藉着罗马的势力,做了犹太的王。希律的才能出众,在位40年之久,他一面联合罗马,一面用专制手段制伏犹太人民,也建设了不少的事业,所以后人称他为大希律。耶稣就是在大希律统治犹太的末季降生的。

大希律死后,他的三个儿子分有他的国土,亚基老分得犹大、撒马利亚、以土买三处,希律安第帕司分得加利利与庇哩亚,腓力分得加利利东北的以土利亚与特拉可尼。亚基老所得的地方最大,其中耶路撒冷城原是犹太的都城,有全犹太人所崇敬而向往的上帝圣殿。因为亚基老不善治理,他所管辖的人民都反对他,在纪元后6年,罗马皇帝亚古士督顺从人民的请求,废除他的王位,却将他所辖的犹太与撒马利亚等处改为罗马帝国的犹太省,由罗马派一个总督镇守那个地方。所以原来犹太国的疆土,从那时候起,就割裂成两个分封的王的领土,一个直接隶属于罗马的行省,这是

---

① 以土买族,先为玛喀比王朝所征服,后来为犹太所吞并,所以以土买人也算是犹太人。

耶稣在世时的形势。

　　罗马虽将犹太与撒马利亚等处划作帝国政府的一省,但地方上一切事务,犹太人还可以自己处理。那时各地方都有一个市议会,凡地方上有争执的事情,都归议会管理。至关于上诉和最高的行政机关,那就是设在耶路撒冷的犹太公会。这公会是由七十一个人组织,都是祭司、长老和学者一流的人物,另外推举一个大祭司长做领袖。凡是关乎适用犹太法律的事,犹太公会都有审理判断的权。并且公会的判决是不可反复的,唯有遇到要定人死罪的事,须先由罗马所派的总督核准,方能发生效力。罗马所派的总督驻扎在该撒利亚,只是每逢大节期到耶路撒冷巡视一次。总督手下有许多军队,其中有一队驻在耶路撒冷,军官是罗马人,兵士在本地招募,大半是撒马利亚人。撒马利亚是犹太省的一部分,但因为犹太人遗传的习俗,不肯与撒马利亚人来往。所以差不多就自成为一个区域。罗马当时很联络撒马利亚人,因为希望在犹太人反叛罗马政府的时候,他们能帮助罗马。

　　犹太人民族意识的坚强,可说是在世界各民族中无与伦比。这其中有几个原因:(一)他们原是弱小民族,经过许多艰苦奋斗,才得着一块土地建立了国家,又不幸总是不断地受外族的侵略和压迫,于是激刺他们的国家之热狂达到极高的程度,使他们对于国家有最深沉雄厚的情感。(二)犹太在最初游牧时代,已兼有经商的习惯。后来经过为巴比伦所放逐的一个时期,有许多人散住各地,大都以经商为主要的业务,这些人在外国人之环境中,难免受着欺侮,便产生对于外国人的憎恶,本国民族情感的增强。这是为商人所得的经验,后来更传到全民族中,成为传统的特性,不可磨灭。(三)犹太人自信是上帝的选民,他们的黄金时代,乃在他们理想的将来,以为上帝必要使弥赛亚(基督)降世,复兴他们的国家。他们的希望永不失落,所以他们的民族独立性能永远保存。这三种原因就是犹太人成为世界特殊民族的条件,所以当耶稣在世的时候,虽然他们的国家受外族的管辖已经等于灭亡,他们的革命运动也屡次的失败,他们生活的流离困苦更是日益普遍,而他们仰望上帝拯救选民的信心,却正在这时候格外地热烈了。

当时犹太人中大约有下列六派:(一)奋锐党或称热狂派:他们最热心于光复祖国,常想有革命的行动。加入这一党的多半是无产阶级的群众,耶稣的十二个门徒就有一人是属于这个党派的。(二)默示派:他们相信不久的将来一切都要更新,上帝要显示奇迹来拯救他们,所以在希望上,他们与奋锐党是相同的。但奋锐党有积极的行动,而默示派却只是消极地悬想,又因他们相信世界有末日审判,所以也称为末日论派。(三)以斯尼派或称一虔派:他们也和热狂派一样,都是属于无产阶级的。他们的起源,大概是不愿空有所期待,而想当下就改进他们的境况,所以注意于经济改组的问题。他们的规律是:共同居住,共同工作,患难相助,疾病相扶持,贫穷相救济,很显然地是一种共产主义。(四)法利赛派:在他们中间有文士和律法师两种人为主要的部分,他们拘守律法和遗传的种种规矩,显出对于宗教的热诚,因此博得群众的敬仰,为民众之精神统治者。但他们妄自尊大,又专重外表的仪式,所以耶稣常痛斥他们是假冒为善。(五)撒都该派:他们可算是贵族阶级,因为当时犹太国中凡是有权势及财力的祭司,多半是他们一党的人,还有许多富翁也和这些祭司联络一气。他们为要保持自己固有的地位,就不主张和罗马政府冲突,但同时在宗教上也主张保守古代的仪文,因为若不如此,他们在祭司职分上所应得的进款就难免减少了。（六）希律党：是以赞助希律和王族为宗旨的。他们以为：以土买族还可以算是他们本族的人，所以与其让罗马人治理，宁可受以土买族的希律治理。以上这些党派，固然是因为地位各自不同，思想也不一致；但就大体上说来，他们中间显著的或潜伏的民族意识，总是占大多数而极有势力的。

关于耶稣降生的事，福音书虽然记载着许多神奇的传说，但依人看来，①他的父亲是约瑟，他的母亲是马利亚，他的家是在犹太加利利省的拿撒勒城。约瑟是一个木工，靠着做工度日。耶稣生在这样一个寻常的人家，却就在这样的环境中造成伟大的人格。唯其如此，才值得我们的崇拜和效法。所以我们所要注意的，乃是耶稣怎样为人。纵使他果有天赋的神权，我们也可以不必重看。

福音书记载耶稣的言行，都是他三十岁以后的事情，我们要想知道他三十岁以前的生活如何，福音书只记载着他在幼年时一桩故事：当耶稣十二岁的时候，随同他的父母上耶路撒冷去过逾越节②。守满了节期，他的父母起身回去，却看不见孩童耶稣。那时同行的人很多，以为他必是在同行的人中间；及至走了一天的路程，就在亲族和熟识的人中找他。既寻不着，就回耶路撒冷去找他，却遇见他在殿里，坐在教师中间，一面听，一面问。凡听见他所问的都稀奇他的聪明和他的应对。他的父母看见就很稀奇。他母亲对他说："你父亲和我伤心来找你，你为甚么向我们这样行呢？"耶稣说："为甚么找我？岂不知我应当以我父的事为念？"耶稣所说的我父，是指上帝说的，所以他的父母不明白，当时耶稣就同他

---

① 此语见《路加福音》三章二三节。
② 逾越节是犹太人纪念他们先祖逃出埃及国的一个节期，每年到了这个节期，全犹太人都要到耶路撒冷去守这节。

的父母回家去,他母亲把这一切事都存在心里。①

从这一桩故事中,我们可以有下列的四种推论:

(一)希伯来民族是最注重民族教育的。历史家约书弗氏曾说:"他们最大的事工就是在以良善的教育训练儿童。"大概儿童在很早时期就受家庭教育,做父母的必要将《旧约》教他们的子女,这是遵行《申命记》中所载关于这事的训命——《申命记》是记载犹太先祖摩西对于全民的训话,大意是:详述上帝如此眷佑他们,所以应当全心敬爱上帝,遵行上帝所吩咐的条例、法度、诫命,并当教训儿女世世遵守。如第十一章所说:"你们应当将我这话放在心上,放在意中,系在臂上为记号,戴在额上为装饰,也当教训你们的儿女,无论你坐在家中,行在路上,你睡卧,你兴起,都当讲论。"这一类的话,在这一卷书里,反复地提到数十次,真不止三令五申——又当时在各地的会堂中者都设有小学,儿童到了六岁或七岁就须送入小学。他们的课程,除了习字、算学、地理之外,最主要的就是《旧约圣经》。在《旧约圣经》中有他们宝贵的历史,他们以此为唯一的教科书,正是注重民族教育。我们想到年方十二岁的耶稣在圣殿中听了教师的讲论就知道发问,便可知道他在那时所受的家庭和学校教育已是具有根柢了。

(二)耶稣的时代,正是犹太民族感受外族压迫最痛苦,盼望民族复兴最热烈的时代。尤其是每年到了守逾越节的时候,全民族都到耶路撒冷聚集,纵使平常不很注意国事的人们,也必因为群众的热狂,引起兴奋的情绪。所以在这大节期中,教师们对众宣讲,必是多提到他们以往所有光荣和艰苦的历史,以及众先知诚恳而

---

① 见《路加福音》二章四二至五一节。

严肃的预言,激发听众的意志。这时聚集的人们听了这些剀切动人的教训,想到国家现时所受的耻辱,自必格外憧憬于历史上所遗留的应许,专心仰望上帝。耶稣虽然还在童年,但平时对于自己民族的历史本已有相当的认识;这次初到耶路撒冷守逾越节,真见从各地来的同胞都在圣殿中共同敬仰,觉得民众有这样的团结力,何以还要受外族的摧残? 在听了教师所讲的一切,又经过质问而有所启发,更觉得自己既是民族的一分子,就应当体念上帝的意旨,负起拯救本族人的责任。所以当他父母找到他的时候,他就说出他应当以上帝的事为念的话。这在旁人听来好像有些突兀,而在耶稣当时说这话却是很自然地流露的。

（三）耶稣这次在圣殿中发出的言辞,也许是受了理智的指导,因而情感激发起来。但这种情感的激发,如果自己把握不住,那就只是一时的冲动而不能有何结果。然而我们观察耶稣一生的事业,都是从他这次所说的一句话里演绎出来,就可知道他这次情感激发之后,确能继续着持守,使它成为坚强的意志。所谓"择善而固执之",①所谓"得一善则拳拳服膺而弗失之",②这就是耶稣在十几年中所用的工夫了。福音书记耶稣开始传道时年纪已有三十岁。③ 我们可以想到耶稣从十二岁时决定了大志之后,必是对于自己有积极的准备。他的准备工夫,必是时常熟读《旧约圣经》,体认上帝所垂示的真理,奉为自己作人的标则;同时对于圣经所记历史的事实和先知的教训,更有深切的了解,用以坚固自己爱国的忠诚。他必又想到要成就上帝所付托于他的大事,决不能仅靠个人

---

① 见《中庸》第二十章。
② 见《中庸》第八章。
③ 见《路加福音》三章二十三节。

的潜修,更要考察社会情形,周知民生疾苦。他所住的拿撒勒,虽然是在山坡上一个很小的村镇,然出山数里就是一个大平原,是加利利省交通的大道,军旅和商旅常常在这大道上往来,还有许多大的城市也靠近拿撒勒不远。耶稣在这几年中守着他父亲的家业,学习木工,每当工作余暇,有时可以登山远眺,展望古人的名迹,有时可以游历各城市,采访罗马和本国的要闻,调查各地生活的情况和群众的心理,一一默识于心,作为他预备在社会上活动的材料。更有每年一次到耶路撒冷去守逾越节,耳闻或目见犹太一般领袖的顽固与腐败,使他改革复兴的志愿一年一度地增高。总之,耶稣预备自己,必是读书与阅历并重,所谓内外动静交相养,这是可以推测而断定的。

(四)成大事者必要结合徒党,这自然也是耶稣在三十岁以前所最留意的一件事。试看福音书记载耶稣后来选召门徒,其中有好几个人都是和耶稣早已相识的,就可知道耶稣在未出来传道之先,早已留心物色有志青年,预备做将来的助手。尤其是他的亲戚约翰——就是在福音书中称为施洗约翰的[①]——乃是他唯一的同志,他们两个人年岁相差只有几个月,因为亲戚的关系,自幼常在一起,又都是有志要做一番事业的人,就很容易情意相投,成为知己。在那时候,耶稣必是常向约翰提到自己的志愿,又必常讨论到一个在社会上没有什么地位的人,要想在社会上有所活动,若是没有人替他向群众宣传,就很不容易引起一般人的注意。所以后来约翰就先出来做宣传的工作,在约翰已经取得众人信仰之后,耶稣

[①] 此约翰专讲悔改的道理,为人施洗。因为耶稣门徒中另有一人名约翰,所以福音书上就称此人为施洗约翰以示区别。

就在群众大聚集的时候来领受约翰的洗礼,约翰乃郑重地向众人宣布耶稣的能力比自己更大,耶稣就是犹太全民族所想望的基督。后来耶稣出来传道时所用"天国近了,你们要悔改"的口号,正和约翰宣传时所用口号相同,更可设想到他们两人确是先有充分的谅解,又经过若干时候严密计议,才能按着预定的计划进行,使耶稣要在社会上活动底第一步目的很顺利地达到。就这一件事而论,耶稣在三十岁准备自己的情形也可窥见一斑了。

耶稣三十岁以后所行的一切事迹,详见于四福音书。但它们都不是有系统的记载,有些人费了许多工夫,汇集四福音书的章节,排比年月,作成长编,也总不能融合为一,并且徒然引起考订上的辩论。我以为:研究耶稣的志行,只应注意其荦荦大者,而不必详考其节目。况且福音书的记载虽说是没有系统,但材料却甚为丰富,我们只要将它所载的分成事类,择要研究,也尽足以窥见耶稣的生平了。依我的意见,福音书所载耶稣的行事大要可归为七类:

（一）对群众宣传天国——这是耶稣唯一的使命。所谓"天国",或称为"上帝的国",原是犹太人夙昔所想望的,而在耶稣借用这名词,却别有新的意义。他从他对于上帝的认识中,发见了人类社会所应有的几条原则。同时他又亲见犹太国受罗马的管辖,而犹太人还是无恶不作,现社会的制度种种不平,与人类社会应有的几条原则相差太远,因此就奋发爱国家爱人类的热忱,负起改造社会的使命。他要发表他对于社会改造的理想,却借用犹太人素来所想望的天国作他宣传的标题;所以凡是福音书所记载耶稣讲论天国的语言,都是他阐发关于理想社会的要旨。我们只看他开始传道的口号,就是说"天国近了,你们要悔改",直至受难的前夕与门徒晚餐立约,还是屡屡提及上帝的国来到,①就可知他的一生,除了宣传天国以建立天国之外,是别无事业了。

(二)革除虚伪和迷信的习俗——要使理想的新社会实现,须先推翻旧社会不良的习俗,这是必然的程序。犹太人的各种习俗,多半有宗教上的依据,所以耶稣当时就对于宗教上的遗传习惯实行改革。类如:犹太人以为拜上帝必在耶路撒冷的圣殿,耶稣却说拜上帝不拘于地域而专在心灵。②犹太人恪守在安息日不可作工的遗规,认为神圣不可侵犯,耶稣却屡次于安息日医治病人,并且说明"安息日为人而设,人非为安息日而设"的原理。③又质问反对者,彼等有牛驴于安息日落井,彼等是否救援,以促其反省。④又如饭前必洗手是犹太人的惯例,耶稣与门徒独不遵行,因而引起反对者问难,耶稣乃明言遗传不必拘守,且说明人的污秽不在外物而在内心。⑤更有禁食一事,是犹太宗教最古的仪节,耶稣却在有人质问他的门徒为何不禁食的时候,明说新布不能补旧衣,旧皮袋不能装新酒的喻言,⑥标明社会进化的原则,这些都是他厉行改革的精神。

(三)反抗阻碍社会进步的领袖——耶稣抱负复兴民族的大志,倘使能取得民族领袖的同情,协力合作,自然是耶稣所深愿的;所以他和当时所谓领袖如法利赛人、文士辈多有来往。即如:与法利赛人尼哥底母谈论重生的要道,不惮反复地说明;⑦又曾因某文士论上帝唯一而许其离天国不远,⑧可为显明的例证。无如大多数

---

① 见《路加福音》二二章十四至二十节。
② 见《约翰福音》四章十九至二四节。
③ 见《马可福音》二章二七节。
④ 见《路加福音》十三章十至十五节。
⑤ 见《马可福音》七章一至二三节。
⑥ 见《路加福音》五章三三至三九节。
⑦ 见《约翰福音》三章一至十五节。
⑧ 见《马可福音》十二章二八至三四节。

的领袖,总是想要巩固自己原有的地位,不能赞同耶稣改革社会的意见,耶稣认为这是最大的障碍,既不容与他们妥协,就只有明白宣布他们的罪状,使群众不再为他们所欺蒙。因此,他对于这些人尝直斥他们是假冒为善,又尝抉发他们关闭天国的门,陷人于罪恶,不行公义与怜悯,粉饰外表以欺人种种的隐恶,不为他们留些微的余地。① 我们看耶稣的教义,原是以爱为标帜的,独有对于当时假冒为善的领袖,他总是大声地疾呼,严词申斥,显出他嫉恶如仇的义愤,就可知他对于改革社会的热忱是如何地急迫了。

(四)专一拯救当时受痛苦的人或当时所指目为有罪的人——当时犹太人民受内外两重的剥削和压迫,真是困苦流离,无可告语;耶稣想要改革社会的动机,多半是为这般现象所激发。他尝痛惜人民如同群羊之失所,因而自愿作良好的牧者,又尝说他所传的是贫穷人的福音。至于罪的问题,耶稣则认为有许多是受了社会环境不良的影响,不能专责个人,②所以他对于当时的税吏和娼妓——就是犹太一般领袖所不屑与之为伍的人们——特别优加礼貌,处处与他们表同情;虽屡次因此事招致反对者非难,也毅然不顾。自来社会改造家与一般人的观点完全不同,正在于此。耶稣又尝明说:"我来本不是召义人,乃是召罪人。"③这就是说:因为环境不良,以致人有痛苦和罪恶,所以要免除人的痛苦,拯救人脱离罪恶,必得改造环境,而他自己正是担负这责任的。

(五)训练门徒——依照福音书所记,门徒随从耶稣有数年之久,除了有一个时期他们曾奉命至各地做宣传工作,其余大部分的

---

① 见《马太福音》二三章一至二八节。
② 见《约翰福音》九章一至五节。
③ 见《马可福音》二章十六至十七节。

时期都是与耶稣同在的。以理而论,似乎耶稣的一言一动,门徒们无不周知,他们对于耶稣的心志也应当深切地了解。但从实际上看来,耶稣建立天国的标帜,门徒从功利方面着想,固然是一致赞同。至于观察大势,权衡真理,门徒已不知注意。到了耶稣的心志默自转移,要得门徒的谅解,更是十分不易了。这时耶稣知道门徒的性格各不相同,倘若不能有显著的事功来齐一他们的愿望,就必须使他们在道理上根本觉悟,方能使他们这个宝贵的团体基础稳固。所以耶稣在明知他的理想不能实现于当世之后,就游行加利利的边境,多用训练门徒的工夫。尤其是在受死的前夕,更特别地留下两种榜样:一是在晚餐前为门徒洗脚,①教训他们为首领者要自卑以服务于人。一是于晚餐时藉着擘饼与分酒喻己之舍身与流血,②教训他们唯有能舍己的人才可以纪念他们的夫子。这两种教训都有事实相依附,所以门徒的印象极深。及至耶稣去世,他们虽然不能继承耶稣革命的大志,然而自有基督教以来,为人服务的精神相承弗替,舍身卫道的事实更是史不绝书,基督教会能以此二者昭示作人的轨范,正是耶稣训练门徒的成功了。

(六)从容受死——耶稣虽已明知事无可为,但他的爱国家、爱社会、爱人类的情感还是十分热烈。他的热血沸腾,强迫他往前迈进,所以他游行边境,虽徘徊了好几个月的工夫,但一到逾越节的大节期,他还是率领了门徒向耶路撒冷前进。既受群众欢迎,进入圣殿,他还是对大众宣讲真理,并且用大无畏的精神,驱逐玷污圣殿的商贩,很明显地与犹太的领袖宣战。③ 他更是答复了许多反对

---

① 见《约翰福音》十三章一至二十节。
② 见《路加福音》二二章十四至二十节。
③ 见《马可福音》十一章十五至十八节。

派的质问,显出他聪明天亶的权威。在那几天之中,他的居住没有固定,好像是要避免敌人的侦查,但在圣殿中演讲的时候依然攻击对方无所顾忌。他已觉察门徒中有失望的人将为仇敌所利用,但也不见他有特殊的警备。他只是按着他所能做的尽力去做,分明是知其不可为而为之,又好像是以真理为保障,可以一切不顾。直至临难前在客西马尼园祈祷,起先未尝不希望撤去苦杯,最后仍然以上帝的旨意为依归,乃至安然就逮。① 这种诚恳刚毅的精神,真足使后来所有的志士仁人共表同情,闻风兴起。更有被判死刑之后,他在十字架上还求天父赦宥犯罪者之无知,②至此乃自信使命完成,可以对上帝而无愧,③所谓"存吾顺事没吾宁也"。④ 我们对此伟大崇高的人格,除了敬仰景慕之外,更有何言辞可说!

至于(七)为人治病赶鬼及行异迹奇事——这一类的事是当时人所视为重要的,也是后来一般基督徒所乐于称道的,好像基督教若是没有这一类的事,就失去了宗教的因素,这实在是重大的谬误。原来福音书所载耶稣为人治病赶鬼,只可认为是传道的媒介,所以有时众人寻求耶稣,专为身体上的需要,而耶稣倒拒绝其请求,明言个人的任务专在传道。⑤ 况且耶稣所做治病赶鬼的事,大概是因为他能了解人的心理,引起人的信念;所以他将人的病治愈之后,总是说:你是因信心而得救。又尝自言赶鬼唯赖圣灵⑥——

---

① 见《马可福音》十四章三二至五十节。
② 见《路加福音》二三章三四节。
③ 见《约翰福音》十九章三十节。
④ 见张横渠《西铭》。
⑤ 见《马可福音》一章三三至三九节。
⑥ 见《马太福音》十二章二五至二八节。

《新约书》上所说的圣灵,就是儒书上所说的仁,圣灵可以赶鬼,等于孔子所说"苟志于仁矣,无恶也"①——这都是心志的作用,并没有什么神秘。至于显灵迹,行奇事,当时曾有人向耶稣作此类的要求,耶稣却深叹当时人的愚昧,②更可见他自己本不愿自炫神奇。只因福音书是写在耶稣去世数十年之后,其中的传说难免随着世俗的好尚而有所附会,就有许多事已不合原来的真相。即如四福音书所记载着五饼二鱼使五千人得饱的事③向来人都夸为神奇,近来却有人说:大约是当时随从耶稣的数千人中本有多人带着食物,并且所带的过于自己所需要的,适值耶稣在那时候有一番博大而诚恳的演讲,众人听了大受感动,及至耶稣命门徒向众人分配食物,所有带着食物的人都甘心乐意地将自己所带的取出来公之于众,所以结果大家吃饱了还能有余。我以为:这是极合乎事理的推断,福音书上所记种种类似神异的事,都可作如是观的。

依上面各节所述:耶稣生于犹太人渴望民族复兴的时代,在幼年就立定了大志,当三十岁的时候,开始在社会上作种种活动,要成就他改造社会的事业,历年不久,受反对党的陷害,被钉于十字架而死,他却因着死而完成了伟大的人格,这就是耶稣一生事迹的大略了。但是我们尚友古人,不只是要崇拜古人的伟大,更是要寻求他的人格之所以伟大是从何处得力。关于这一点,我现在就从耶稣事迹中指出两点要紧的关键,作为我们锻炼自己的法则。

---

① 见《论语·里仁篇》。
② 见《马可福音》八章十一至十三节。
③ 见《马太福音》十四章十四至二一节,《马可福音》六章三四至四四节,《路加福音》九章十至十七节,《约翰福音》六章五至十四节。

第一,是耶稣退处旷野四十天的事。此事在福音书中名为"受魔鬼的试探",①大约是耶稣因为自己工作的动向,曾经过长时间的慎思明辨而后有所决定,所以特将自己以往的心得告诸门徒,因而得以传于后世。不过写福音书的人是根据口传,用一种象征的说法,遂使后来有些读福音书的人们将宝贵的灵性经验,误认为当时神秘的现象了。福音书记载这事的起源,是在耶稣当着群众受了约翰的洗礼之后,当时耶稣受约翰的洗礼,是他藉着约翰介绍得与群众相见,因而接受群众敬仰的第一次的机会。大约耶稣当时既得到这个机会,知道自己所负的使命就要积极进行,但同时又觉得,在那种纷扰复杂的社会里进行非常的工作,实在有再加慎重考虑的必要。所以他就独自退居,仔细思想:先想到要完成上帝所付与他底使命是一件不容易的事,因此有三种假设在他脑海中盘旋。一是用极不自然底方法,先使群众得到物质上的利益,以取得群众的拥护,如福音书所说使石头变为饼。二是利用民族遗传的心理,假藉神秘,施行奇事,以取得一般人的惊奇,如福音书所说从殿顶上跳下来。三是用妥协的政策,姑且与当时的领袖结合以取得权力,使所定的计划易于实现,如福音书所说俯伏拜魔鬼。这三种假设在耶稣脑海中,有时不招即来,有时挥之不去,经过了无数次的斗争,至终耶稣认定:凡事都当服从真理,就是所谓上帝的旨意,决不可急功近名,求达目的而不择手段,于是那三种假设都归于消灭,耶稣就战胜了意境中的试诱,照着既定的方针出而问世。这可见凡事必要慎之于始,总不至误入歧途,正如下围棋的能手要下一着棋,必定是先看透了若干着数,算定了如何应付,然后才下那一

---

① 见《马太福音》四章一至十一节。

着,所以能得到胜利。这经验的宣示是最可宝贵的。

第二,是耶稣对门徒宣告自己将要受死的事。耶稣于旷野退修经过慎思明辨之后,就照着自己所决定的方针进行,先后在犹太和加利利省向犹太领袖及群众做接洽宣传的工作,当时犹太的领袖多半是成见很深,蔽于私欲,不能接受耶稣的理想,而一般民众又是只知贪恋物质,对于耶稣所讲的道理不知听从,耶稣已渐渐地感觉到工作的前途不能像意想中那样顺利了。及至希律王杀了已经被监禁的约翰,因而疑忌耶稣;同时犹太的一般领袖又派人到各地侦查耶稣底行动,提出各种问题来为难他,总想要抓着他的错处,使他有所不利,向来一部分仰望耶稣的民众更因为耶稣不受他们的拥戴,[①]失去了信仰的热忱,于是耶稣就确知道必不能行于当时,结果必是以身殉道。他就暂止宣传的工作而至加利利省的边境游行,就在那时候注意训练门徒,开始将自己将要受死的事对门徒宣布。[②] 我们须要知道:死是人生一桩大事,是最不容易解决的。耶稣自从在社会上活动以来,一方面热烈地希望自己计划成功,一方面又坚持着真理之不可违反,就发见了前面只有一条死路是自己的归宿地。那时他内心的情况,有时徘徊,有时奋斗,总是觉得迫切不安,[③]这次下决心向门徒宣言,与其说他是以此一大事训练门徒,毋宁说他是藉此一方法来约束自己。正如有人立志要戒绝饮酒,如果他没有向家人以及亲友明白宣布,虽然他已经内心决定,但仍可以随时见猎心喜,举杯尝试,也不致引起人的讥笑。唯有既经郑重的宣告之后,倘使违反他自己的誓约,将何颜以对他

---

① 见《约翰福音》六章十五节。
② 见《马可福音》八章二七至三八节。
③ 见《路加福音》十三章五十节。

人？那么，他的戒条就容易坚守了。耶稣特将自己的决志诏示于门徒，同时又教训他们凡要做门徒的都当舍己，他就觉得自己的信念从此坚定，真可质诸鬼神而无疑，正是采用这有效的方法。所以在这事之后，福音书就接着记载耶稣登山变相的事。① 所谓登山变相，就是耶稣带了几个门徒一同进入山中，又将自己决志受死的事昭告于先王先圣，于是耶稣面上容光焕发，门徒们也仿佛得见幻象，感觉先王摩西先圣以利亚与耶稣同在。这在基督教又看作是一件最为神奇的事，其实就事理而论，乃是耶稣在心中安定后所必有的现象。正如孟子所说："君子所性，仁义礼智根于心，其生色也，睟然见于面，盎于背，施于四体，四体不言而喻。"②并没有甚么神秘。但耶稣采用上述的方法而得着效果却是很显明了。

　　上述的两件大事，就是耶稣所以能完成伟大人格的紧要关键。前人有论诗的句子说："金针线脚分明在，留与旁人仔细看。"这两件事，正是耶稣所留给我们的金针线脚了。基督徒要效法耶稣，当于此等处努力注意！

---

① 见《路加福音》九章二八至三六节。
② 见《孟子·尽心篇》上。

第三章　耶稣训言纲要

前章略述耶稣的行事，我们对于他的人格已可窥见其大概了。但耶稣的行事，有许多地方需要他的言辞来证明。他更有许多高深的理想，当时因受环境的制限，未能在行事上完全表显出来，只有从他的训言中才能推测，所以耶稣的训言，我们更有研究的必要。福音书所记耶稣训言很多，我现在将其汇集起来，分为（一）自述，（二）论上帝，（三）论圣灵，（四）论祈祷，（五）论天国，（六）教训门徒为人的通则六项，撮要叙述。

历史上伟大的人物，其自命必是不凡。如孟子称赞禹稷说："禹思天下有溺者由己溺之也，稷思天下有饥者由己饥之也。"① 又称述伊尹的话说："予天民之先觉者也，予将以此道觉此民也，非予觉之而谁也？"② 孟子自己也说："五百年必有王者兴，其间必有名世者……夫天未欲平治天下也，如欲平治天下，当今之世，舍我其谁也？"③ 这都是由于人的自觉。因为有这种自觉，才自己乐意担负重大而又艰难的责任。何况耶稣生当犹太人渴望基督降生的预言实现的时代，他就自觉这预言必要应验在他身上。他的自述，当然

---

① 见《孟子·离娄篇》下。
② 见《孟子·万章篇》上。
③ 见《孟子·公孙丑篇》下。

要异乎常人。近人胡适氏在他著的《说儒》一篇文中,因为要解释孔子所说"天生德于予,桓魋其如予何?""天之未丧斯文也,匡人其如予何?""凤鸟不至,河不出图,吾已矣夫!""明王不兴,而天下其孰能宗予?"一类特别的话,就以为"古来久有一个五百年必有王者兴的悬记(预言),孔子就被人期许为那将兴的达者,孔子自己也就不能避免一种自许自任的心理"。他又在这段话的前后引了两段关于耶稣的故事,以为"孔子的故事也很像这样"。① 胡氏这种说法,正可以帮助我们研究耶稣自述的话,使我们对于耶稣的自述,不存惊奇的偏见。我们为便于研究起见,可将耶稣自述的话分作甲乙两组。

甲组:

(一)我父(上帝)作事直到如今,我也作事。《约翰》五章十七节

(二)我的食物,就是遵行差我来者(上帝)的旨意,作成他的工。

(三)人子来,不是要受人的服事,乃是要服事人。《马太》二十章二八节

(四)我为此来到世间,特为给真理作见证。《约翰》十八章三七节

(五)我与父(上帝)原为一。《约翰》十章三十节

(六)我就是道路、真理、生命。《约翰》十四章六节

(七)我在世上的时候,是世上的光。《约翰》九章五节

---

① 参看商务印书馆版本《胡适论学近著》36页至52页。

（八）我是葡萄树，你们是枝子……因为离了我，你们就不能作什么。《约翰》十五章五节

乙组：

（九）我来不是召义人，乃是召罪人。《马太》九章十三节

（十）人子来，不是要灭人的性命，是要救人的性命。《路加》九章五六节

（十一）人子在地上有赦罪的权柄。《路加》五章二四节

（十二）我是好牧人，好牧人为羊舍命。《约翰》十章十一节

（十三）人子也是安息日的主。《马可》二章六节

（十四）我来，要把火丢在地上。《路加》十二章四九节

（十五）我来，不是叫地上太平，乃是叫地上动刀兵。《马太》十章二四节

（十六）我来……乃是叫人分争。

（十七）我已经胜了世界。《约翰》十六章三三节

属于甲组的话，大半是说明他自己为人底目的，也就是以人生的意义与价值诏示后人。如：（一）（二）是说为人的任务就是作工。（一）是效法上帝作工，如《易·乾卦象辞》所说："天行健，君子以自强不息。"（二）是作成上帝所要作的工，如《书经·皋陶谟》篇所说："天工人其代之。"（三）是说明为人底目的乃是为人类谋幸福。如《庄子·天下篇》所说尹文宋钘钘之学"愿天下安宁以活民命，人我之养，毕足而止"。（四）是说明自己的行为决不违反真理，即是使真理彰显于世。如《书经·说命篇》所说："道积于厥躬。"又如《礼记·

中庸篇》所说:"君子动而世为天下道,行而世为天下法,言而世为天下则。"上面所说——作工、服事人、为真理作证——是人生的三大原则。耶稣认明这三大原则,遵守实行,所以他敢自信。(五)与上帝合一,又自信。(六)就是道路、真理、生命,并且(七)是世上的光。至于(八)葡萄树的说法,虽是一种比喻,也就是人若不遵守他的道理,人的生命就等于枯枝,毫无价值了。

属于乙组的话,乃是说明他自己与社会的关系。大凡热心改造社会的人,其唯一的动机就是要排除人类的痛苦,拯救人脱离罪恶,所以他说(九)我来是召罪人,(十)是要救人的性命。这就无异于(十一)在地上有赦罪的权柄。人的爱火在内里燃烧,就不惜为人而舍己;所以他说(十二)我是好牧人,好牧人为羊舍命。再者:凡人要改造社会,必得摧毁了旧的才能建设新的;所以他因为要打破犹太人拘守安息日不可作工的陋习,就说(十三)人子也是安息日的主。又凡是一种新的主义开始吐露,所有旧的势力必要群起反动,这就如同是(十四)、(十五)、(十六)把火丢在地上,使社会上起一种剧烈的斗争。这种斗争,也许要经过很长久的时期,甚至有时潜伏或止息而再兴起。但无论如何,新的终要建立,旧的终归失败;所以他说(十七)我已经胜了世界。这是因为他既经启发了真理的光,如同是下了火种,要将地上所有的污秽和一切的障碍逐渐地消灭,世界必有真光灿烂,不再有黑暗,也不再有纷争。他真是深信不疑,如操左券。

犹太人是民族意识最坚的民族,也是宗教意识最深固的民族。他们的民族意识是因了多年受异族的逼迫而永久保持,他们的宗教意识却因了吸收并调和异族的思想而日益进化。当耶稣在世的时代,犹太人对于上帝的崇拜,因为经过了多少先知的宣扬阐述,已公认为世界唯一的神，不只是犹太一族的神了，而耶稣则由于他自己性灵中所得的经验，较诸一般人对于上帝的认识更为真切。他的人格之所以伟大，因有他所认识的上帝为根源，他所认识的上帝也因他的伟大人格而愈益彰显。今试将他论上帝的话择要征引如下：

（一）上帝为父。四福音书中记载耶稣称上帝为父的话不下数十百处，这是不必一一征引的。原来在《旧约》书中也有"上帝看以色列如长子"的语句，但那时代的看法，还是认上帝为偏爱犹太人的。而在耶稣的观念，则认上帝是世人的父。上帝爱人，自然是于世人无所不爱。所以他在讲论人要爱仇敌时曾说，"你们要完全像你们的天父，完全一样"，[①]正是证明这个原理。因为我们共戴一位天父，所以人类都是弟兄，不应彼此憎恨残杀。并且人类既是弟兄，倘若我们眼见我们的弟兄在苦难之中，我们怎能不奋力拯救？这正是他所以要改造社会的根本动机。

（二）上帝是公义的父。这是耶稣最后为门徒祈祷时所用的名词。[②]向来犹太人因为误认上帝只是犹太人的父，又偏重上帝是爱，所以就一意地迷信神权，仿佛是有所恃而无恐。正如现时一般愚昧而信神的人们，一方面妄作非为，一方面又媚神以求爱。他们以为神也可以有所偏私，神也可以徇私而枉法。这种荒谬的成见，竟是牢不可破。耶稣于此提出公义二字为天父的尊号，可知他不但了解上帝的仁爱，更是重看上帝的公义。像现时基督教会中人向人传教，总是喜说恩慈而少谈大法，如同专拿糖果来引诱小孩，这是显然违反了耶稣底教训的。

---

① 见《马太福音》五章四八节。
② 见《约翰福音》十七章二五节。

（三）上帝是善。耶稣曾有一次因为有人称他为良善的夫子，他就反问那人说："你为甚么称我为良善？除了上帝一位以外再没有良善的。"①这是耶稣对于人生最深切的了解。因为上帝是唯一的善，所以人生行事要止于至善，所谓得其一而万事毕。又因为唯有上帝是善，所以凡人皆当终身希圣以希天，不敢自骄，更不容自息。有了这种信念，就可谓知人生之大本了。

（四）上帝做事。耶稣曾说上帝做事直到如今，②这俨然是近代科学家承认宇宙只是一个动力的说法，也就是宇宙恒久进化的原理。唯其如此，所以他又曾说上帝凡事都能，③有人以为说上帝是全能，是一种难以证明的悬拟，其实这正是不可磨灭的事实。因为人生不断的努力，终有成功的一日，自然界的演进更是这样。《中庸》所谓"故至诚无息，不息则久，久则征，……悠久所以成物也"，正是这个道理。

（五）上帝是灵。耶稣对一个撒马利亚的妇人说："上帝是灵，所以拜他的必须用心灵和诚实拜他。"④这是他打破一切偶像的根本要义。当时犹太人因为偏重遗传的律法，就不知不觉地使上帝成了人心上的偶像，因而在人事上虚假、放荡，百弊丛生。耶稣于邂逅间对一个素不相识的妇人讲道，就说出上帝是灵的话，正可见他的宗教观，素有心得，所以随时流露，一语破的；并且上面所说的上帝为父，上帝公义，上帝是善，上帝作事，都是将上帝人格化的说法，独有说上帝是灵，人拜上帝必须用心灵和诚实，则更是进一步的认识。假如我们深深地思想这句话的意思，因而觉悟到上帝是

---

① 见《马可福音》十章十七至十八节。
② 见《约翰福音》五章十七节。
③ 见《马可福音》十章二七节。
④ 见《约翰福音》四章二四节。

存在人的心灵和诚实中,那么宇宙就不啻是以人为本了。

圣灵在耶稣教义中也是很重要的一部分。在第二章里我已提到《新约》书上所说的圣灵就是儒书上所说的仁,我们明白了这一点,才可以看出福音书所载耶稣论到圣灵的语句并没有甚么神秘难解,或是怪诞不经。今说明如下:

(一)圣灵可以祈求而得。耶稣与门徒论祈祷之必得应验,曾说:"你们虽然不好,尚且知道拿好东西给儿女,何况天父,岂不更将圣灵给求你的人么?"①可知祈祷唯一底目的就是要得圣灵,这正是与儒家教人求仁毫无差异。孔子说:"求仁而得仁。"②又说:"我欲仁,斯仁至矣。"③孟子说:"仁,人心也……学问之道无他,求其放心而已矣。"④试想:仁可以求,仁可以欲而斯至,学问除了求放心(仁)之外无他道,不是说仁仿佛是一件活的物事,并且是人唯一的需要么?

(二)渎圣灵者罪不得赦。耶稣警告当时的文士说:"世人一切的罪和一切亵渎的话都可得赦免,凡亵渎圣灵的却永不得赦免。"这似乎近于武断了。但我们试考孔孟对于不仁者的论调,类如:礼乐是中国古代人必受的教育,而孔子以为不仁的人不能行礼乐,⑤岂不是自外生成?孟子明说:"苟不志于仁,终身忧辱,以陷于死亡。"⑥又尝以仁为天下之尊爵,⑦而对于弃其天爵的人说:"终亦必

---

① 见《路加福音》十一章五至十三节。
② 见《论语·述而篇》。
③ 见《论语·述而篇》。
④ 见《孟子·告子篇》上。
⑤ 《论语·八佾篇》"子曰,人而不仁,如礼何?人而不仁,如乐何?"
⑥ 见《孟子·离娄篇》上。
⑦ 见《孟子·公孙丑篇》上。

亡而已矣。"①可见儒家之痛斥不仁,正是极其严厉,因此耶稣的话也自不烦言而解。

（三）论圣灵每说及饶恕。《马太福音》记耶稣教门徒祈求圣灵有两处都论到饶恕。② 儒教论仁也常要说到恕。如《论语》："夫仁者,己欲立而立人,己欲达而达人,能近取譬,斯为仁之方也已。"③ 又："仲弓问仁,子曰……己所不欲,勿施于人。"④ 又孟子："强恕而行,求仁莫近焉。"⑤ 都与耶稣所说吻合。

（四）圣灵与天国的关系。耶稣对尼哥底母说："人若不是从水和圣灵生的就不能进上帝的国。"⑥ 又尝说："我若靠着圣灵赶鬼,这就是上帝的国临到你们了。"⑦ 原来仁者人也。⑧ 仁,人心也。⑨ 仁,人之安宅也。⑩ 本是儒者对于仁的深识确诂,人类社会中若没有仁,世界将不成为世界,更谈不到进化。所以耶稣又尝说："上帝的国就在你们心里。"⑪ 而孔子答颜渊问仁的话说："克己复礼为仁,一日克己复礼,天下归仁焉。"⑫ 他们所论的更是一致。

（五）得圣灵者可以审判人。《马太福音》记耶稣应许将天国的钥匙交付彼得,因而许彼得在地上有定罪和赦罪的权柄。⑬《约翰

---

① 见《孟子·告子篇》上。
② 见《马太福音》六章十四至十五节又七章十二节。
③ 见《论语·雍也篇》。
④ 见《论语·颜渊篇》。
⑤ 见《孟子·尽心篇》上。
⑥ 见《约翰福音》二章三节。
⑦ 见《马太福音》十二章二八节。
⑧ 见《中庸》。
⑨ 见《孟子·告子篇》上。
⑩ 见《孟子·离娄篇》上。
⑪ 见《路加福音》十七章二节。
⑫ 见《论语·颜渊篇》。
⑬ 见《马太福音》十六章十七至十九节。

福音》又记载耶稣死后显现于门徒中间,向他们吹一口气说你们受圣灵,同时也许他们可以赦人的罪或定人的罪。① 这种奇特的记载,自然是搀杂了些不正确的传说与附会。但我们如想到《大学》篇曾说:"此谓唯仁人能爱人能恶人。"又《论语·里仁》篇记:"子曰,唯仁者能好人能恶人。"那么,耶稣的吹气,固然是希望门徒受圣灵(仁)的表号,就是所谓以天国的钥匙给彼得,也是指着圣灵(仁)说的,我们也可以不以词害意了。

(六)圣灵与耶稣去世的关系。《约翰福音》记耶稣对门徒说:"我去是与你们有益的,我若不去,保惠师(圣灵)就不到你们这里来;我若去,就差他来。"②这话是更奇了。既然圣灵就是仁,而仁又是人心,自然是亘古永存在人间的;耶稣怎能说他不去,圣灵就不来到门徒中间?这样难解的谜,我们只有用孔子所说杀身成仁的话来印证,才可以涣然冰释。因为耶稣为人舍命之后,仁的道理就炳在于当世,这正是所谓杀身以成仁。那时他的门徒必然心中都受了感动,岂不就是圣灵来到了门徒中间么?

此外,耶稣还有圣灵为保惠师,圣灵引人进入一切真理,圣灵以一切事指教人,圣灵使人自责各种的话,都可以用儒家论仁的话来解释,于此不必一一征引。总之,圣灵与仁是异名而同实,并且儒家论仁的精义,我们从耶稣论圣灵的话里见到的也不少,即此一端,已足证明耶稣的教义多与孔孟相通了。

福音书记载耶稣自己祈祷的事约有十余处如:

---

① 见《约翰福音》二十章十九至二三节。
② 见《约翰福音》十六章七节。

（一）早晨至旷野祈祷《马可》一章三五节

（二）独自祈祷《路加》九章十八节

（三）有一次在某地祈祷《路加》十一章一节

（四）于选召门徒之前终夜祈祷《路加》六章十二节

（五）于分饼分鱼后辞众登山而祈祷《马可》六章四六节

（六）于希利尼人求见事向天祈祷《约翰》十二章二七至二八节

（七）于宣告己必受死后数日携门徒登山祈祷《路加》九章二八节

（八）于门徒传道复命后向上帝祈祷《路加》十章二一节

（九）为求使拉撒路复活而祈祷《约翰》十一章四一节

（十）临难前夕为门徒祈祷《约翰》十七章全

（十一）临难前在客西马尼祈祷《马可》十四章三二至三九节

（十二）被钉于十字架时之祈祷

　　求父赦免彼等之无知《路加》二三章三四节

　　上帝为何弃予《马太》二七章四六节

　　以灵魂归于父《路加》二三章四六节

　　成矣《约翰》十九章三十节

可见祈祷一事,于耶稣人格之所以完成有密切的关系。但因后人偏重了祈祷的仪式而不明了其真义,遂使反对者斥为迷信。所以本节将征引耶稣论祈祷的训言,先须将祈祷的大意略为解释。

祈祷有公祷与私祷两种。凡是多数人集会,由领会的人朗读祷文的为公祷。公祷的作用,或是提到所要商量的事件,引起会众注意,或是令会众反省自己的过失,恳切忏悔,或是为他人的灾害疾病祈求解免,表示人类的同情。这并不是说已成或必然的事实可因祈祷而有所变更,乃是提醒人应当为此事尽力,正如寻常人所说事在人为,或说人力可以回天。所以公祷是含有盟誓或诰诫底性质的。至于私祷,纯是个人修养底功夫。这种修养底功夫,用儒家的话说,大致可分为两段:一是存养,一是省察。所谓存养,就是体认真理;所谓省察,就是检点自己所言所行是否与所体认的真理相合。基督教所注意的个人私祷,正是用这两段功夫。又如宋儒讲修养有主敬与主静两说,祈祷教人默想真理——或说是对上帝——自然要屏除妄念,恭敬静默,正是备具二者的功用。我们既了解祈祷的意义,然后可以研究耶稣论祈祷的教训。

耶稣论祈祷的教训,最重要的是指示门徒应当怎样祈祷的一段话——现在被基督教会通称为"主祷文"。这段话在《路加福音》书里记载的是:

> 耶稣说:你们祷告的时候,要说"我们在天上的父,愿人都尊主的名为圣。愿你的国降临。愿你的旨意行在地上如同行在天上。我们日用的饮食,天天赐给我们。赦免我们的罪,因为我们也赦免凡亏欠我们的人。不叫我们遇见试探,救我们脱离凶恶。"①

试将它分作七句来解释:

(一)我们在天上的父。这里所说的我们,是指所有的人类,不是单指着门徒一伙人说的。因为耶稣教门徒祈祷,正是要他们开拓心胸,想到全人类的幸福,岂能教他们只为他们这一伙的人求得甚么利益?上帝既是全人类的父,我们就都是弟兄,就应当彼此相爱。而且上帝必是主持公道,好比一家里有许多子女,为父的决不

---

① 见《路加福音》十一章二至四节。

能有所偏爱。如果有了偏爱,便是不公,也就不免有妒忌、仇恨,甚至于杀害的事情生出来,所以凡人决不可妄想自己要特别承受天父的眷顾。我们不当有私心,当有像天父一样的公心。

(二)愿人都尊主的名为圣。这是愿天父的圣名为全世界的人所尊敬。换句话说,就是愿世界上人人都承认公道,服从真理。

(三)愿你的国降临。所说你的国就是上帝的国,也称天国。天国并不是在这世界之外另有一个世界,更不是像教会所常讲的死后升天堂,乃是将这世界上所有不合仁爱和公义的事全都除去,叫这世界上充满了上帝的仁爱和公义,这就是天国降临。用现在的话来说,就是改造旧社会,成为新社会。

(四)愿你的旨意行在地上如同行在天上。社会到了要改造的时候,必定有许多人为个人私利的缘故起来反对;所以这里所说的,就是愿改造社会的工作顺利进行。

(五)我们日用的饮食,天天赐给我们。这句里有两层意思:(一)因为世界上有种种不平等的制度,以致有许多人得不着日用的饮食,所以这里所说要叫世界上所有的人都得着他所需要,怎样能使人人都得着需要?自然是要改革种种不平等的制度了。(二)世界上所以有种种不平的事,多半是因为人有贪得无厌的私心,这里所说天天赐给我们,乃是教人应当知足,只要每天得着各人所需要的,就不当想积聚有余的钱财。这两层意思都十分重要,可以看出耶稣要改造社会,并不轻看物质,乃是要物质分配平均。

(六)赦免我们的罪,因为我们也赦免凡亏欠我们的人。人类在社会里活动,不只是个人求生存,更有人与人联合的关系。倘使人与人相处,不能彼此互相原谅,纵然物质分配平均,还是难免有忌恨残害的痛苦。所以这里特别提到:凡人都有缺欠的,我们想要宽恕自己的缺欠,也应当宽恕别人的缺欠,才合乎推己及人的恕道,人类间有了恕道,才能成为亲爱和平的世界,这里所说的赦罪,就是人心中得着平安。因为一个人如果总是惦记着忌恨或伤害别人,心里必是不得平安,但如果能饶恕了别人,不再有忌恨或伤害的念头,心里自然就平安了,这平安就是赦罪的证据。所以这里用"因为"二字的意思,就是说:我能饶恕人到几分,我所得到的平安也是几分。

(七)不叫我们遇见试探,救我们脱离凶恶。试探,是指着社会上种种引诱人的事,如贪财、好色、酗酒等等。凶恶,是指世界上一切伤害人的事,如水火刀兵等等。这句的意思,不只是提醒个人要谨慎自己,躲避危险,更是要人设法除去一切诱人犯罪的事,并设法防止一切祸害,希望世界进化到全人类都得着安全的境界。

以上只是略说大意,然而教训已是十分的切要了。因为耶稣既自认负有改造社会底使命,所以他教训门徒,也是要他们以改造社会为一生工作底目标。他所教训的几句话,可以认为是改造社会底信条,也可以认为是改造个人思想底方案。他是教训门徒天天思想这几句话里的道理,在心理上建设了根基,就可以依照这信条去行事。我们省察自己:每日从早至晚,心中所思想的曾否有一念超出乎个人利益范围以外?便可知道这教训是何等高远,何等深切!后来人不明白这意思,以为无论公祷或私祷,只要念了这祷文,就可以蒙上帝的悦纳,就算尽了祈祷的本分,真是如同梦呓。

此外,福音书所记耶稣论祈祷的话还有多处,择其要者简略叙述:(一)祈祷要迫切;①这是教人发愤。(二)祈祷不可灰心;②这是

---

① 见《路加福音》十一章八节。
② 见《路加福音》十八章一至八节。

教人要有恒。将两个教训合起来看,正如宋儒朱晦庵所说:"为学譬如煮物,先要用猛火煮,更要用慢火煨。"(三)祈祷不可故意教人看见。要关上门,①所谓门,乃是心门。正如《易·系·辞传》所说"圣人以此洗心退藏于密",又如《中庸》所说"君子之所不可及者其唯人之所不见乎"。(四)祈祷有信则必得,②就是所谓有志者事竟成,如《列子》书上所说愚公移山的寓言,正是耶稣的意思了。总之:祈祷是人格修养最基本的方法,我们如果照着这方法实行,就能证明耶稣的训言都有征验,绝不是一种悬拟,这是可以断言的。

耶稣负有改造社会的大志,而他宣传的标题,却是借用当时犹太人所切望的天国,所以福音书所记耶稣论天国的训言独多。试分作五类来研究:

第一,天国先须在各人的心理上建设。耶稣开始传道时所用口号是"天国近了,你们要悔改"。这口号等于现时所谓告民众书的开场白,意思是说:天国将有新的景象,人们必须将旧有的心理改变,才能接受新的。又如为宣传天国而特设的撒种的比喻,其中所说(1)把所撒在他心里的夺了去,(2)只因心里没有根,(3)有世上的思虑,钱财的迷惑把道挤住了,(4)人听道明白了后来结实,显然都是指着人的心理。③尤其是听道明白了后来结实的说法,只要明白,就能结实。这正是孙中山先生在《建国方略·心理建设》篇中专讲"知难行易"的根据。

第二,天国是人间的至宝。《马太福音》十三章里记着说:"天

---

① 见《马太福音》六章五节。
② 见《马可福音》十一章二四节。
③ 见《马太福音》十三章十八至二三节。

国好像宝贝藏在地里,人遇见了,就把他藏起来,欢欢喜喜地去变卖一切所有的,买这块地。"又说:"天国好像买卖人找寻好珠子,遇见一颗重价的珠子,就去变卖他一切所有的,买了这颗珠子。"耶稣用珠宝作比喻,说明天国的可贵,这是很显然的了。但我们试进一步想:珠宝自在人间,而寻找与遇见及决心舍弃一切而购买此珠宝,却并不是尽人皆能如是。正是这世界充满了矛盾与不平的现象,而一般人总是贪恋着现实,只图自己的生存,唯有见识高远的人,他虽与众人处在同一环境之中,而其所感觉者不同于众,才会生出不满意于环境的感想,因而激发改造环境的动机。他的动机之所由来,也许是先发见了最高的标准,然后用那标准来衡量他在那环境中所接触的一切风俗制度,都觉得不相符合,于是他就不甘心再受环境的支配,而改造环境的热心就不能自已而要见诸行事了。所以耶稣这两个比喻,不只是说明天国是至宝,更是说明唯有发见了至宝而又愿意将这至宝公诸同好的人——就是为全人类谋幸福而要改造社会的人——才是至宝。这就是说改造社会是人生唯一的工作了。

第三,天国中国民应有的资格。原来天国不是突然地涌现,是需要人类来努力建设,并且在建设期中,他的目标既是高远,他的前进是永不止息的。所以仰望天国的人,必要具备各种品德,而后有从事于建立天国的资格。依照耶稣所说,天国本是为现在贫穷的人建立的。① 凡是同情于贫穷的人而想要建立天国的人们,必须有为义受逼迫的最后决心,才能与恶势力奋斗,达到最后底目的。② 他又说,空称主名的人不能进天国,唯有遵行神旨的才能进去,③是

---

① 见《路加福音》六章二十节。
② 见《马太福音》五章十节。
③ 见《马太福音》七章二一节。

教人注重实行。又说,人不重生,就不能进天国,①是教人必要洗尽旧时的恶习。又说,若不回转变成小孩子的样式,断不能进天国,②是教人不可高傲,务要谦卑。又说,手扶着犁向后看的不配进天国,③是教人既已认清目的,就不可瞻顾迟疑。至于知道尊重律法的精意而不重献祭仪式的文士,耶稣许他离天国不远。④ 营业得利,就是作有忠心的仆人,在天国中必受上赏。⑤ 反之,不知及时准备,以致错过工作机会的人必被摈在天国之外。⑥ 还有参与筵席而不穿礼服,就是从事工作而不守诫律的人,⑦以及埋银于地,就是不顾公益,又恶又懒的人,⑧都必受严罚。这许多训言,无非教人知道改造社会是一件大事,人人都要努力自新。决不可号称革命党徒,中间还搀杂着许多腐化分子,以致败坏全局。

　　第四,天国必变更旧有的组织。耶稣尝说,新布不能补在旧衣服上,新酒不能装在旧皮袋里,⑨可见要成立新的社会,有许多旧的组织是必要变更的。就如他说:"我来不是叫地上太平,乃是叫人分争。"下面论到分争的现象,特举一家五人为例,又详细地说:"父与子、母与女、婆与媳,都要相争。"⑩又如他在最后与门徒话别的时候,劝门徒不要为他去世而忧愁,很随便地举妇人生产的事来作比

---

① 见《约翰福音》三章五节。
② 见《马太福音》十八章三节。
③ 见《路加福音》九章六二节。
④ 见《马可福音》十二章二八至三四节。
⑤ 见《马太福音》二五章十四至二三节。
⑥ 见《马太福音》二五章一至十三节。
⑦ 见《马太福音》二二章一至十四节。
⑧ 见《马太福音》二五章二四至三十节。
⑨ 见《马太福音》九章十六至十七节。
⑩ 见《路加福音》十二章五二至五四节。

喻，他说："妇人生产的时候就忧愁，因为他的时候到了，既生了孩子，就不再纪念那苦楚，因为欢喜世上生了一个人。"①他不说欢喜家里生了一个儿女，却说欢喜世上生了一个人，可想见耶稣对于当时家族的组织，必是十分轻看，或是以为难于永久地保存。再看他对门徒说，外邦人有君王治理，有大臣操权管束，而他的国却和这世界的国不同。② 这是在政治组织上有显然的改革。他又尝说："从东，从西，从南，从北，将有人来在上帝的国里坐席。"③可见耶稣理想的天国——就是经过改造的新社会——是没有国界和种族底分别的。那种景象，迥然和当世的组织不同。

　　第五，建立天国以改革经济制度为中心。在人类社会间，使人感觉得最不平、最痛苦的事，就是因经济制度的不善以致人的贫富不均。贫富既是不均，而贫者又居多数，世界上有多数人得不着相当的需要，世界不能希望和平，人类也就得不着幸福。所以要改造社会，必要从根本上着手，改善经济的制度，这是无可疑的。耶稣在登山训众时，论到八福，先说贫穷的人有福，又说："你们所需用的一切东西，你们的天父是知道的，你们要先求他的国和他的义，这些东西都要加给你们了。"④这正是说，人生有所欲求，本是天然的公例，只因旧社会的制度不良，遂使人生多有缺欠，现时务要建立新社会，那时一切的需要，自然是分配平均，人人都能取得，不必再各自谋虑了。后人以为耶稣这话是教人要轻看物质，这实在是最大的错误。试看耶稣教训门徒祈祷，其中有"我们日用的饮食天

---

① 见《约翰福音》十六章二十一节。
② 见《马太福音》二十章二五节，又《约翰福音》十八章三六节。
③ 见《路加福音》十三章二九节。
④ 见《马太福音》三二至三三节。

天赐给我们"的话,正是教他们要思想如何供人人得所需要。不然,耶稣岂能教门徒于思想天国降临之后,接着就思想这事呢?

要消灭贫富的阶级,当然要废除私有财产的制度,所以耶稣说,有钱财的人难进天国。① 既废除私有财产的制度,当然凡物皆为公有,所以耶稣所说家主分银与仆人的寓言,②就是指着管理公共财产的事说的。又财产既为公有,凡人都应当为公家作工,就可从公家得着生活的需要,并且是各尽所能,各得所需。所以耶稣所说葡萄园作工的寓言,③就是说明此理。那只作工一小时的人和那作工八小时的人同一样的工价,是因为那晚到而只作工一小时的人早先没有人雇他,没有得着作工的机会,并不是他不尽所能;但他的生活所需要的还是这些,所以不能因他晚到而减少。又财产既为公有,人民都是财产的主人,自然没有纳税的制度,所以耶稣和彼得论到收税的事,就说人子应当免税。④

再看《路加福音》十五章记载耶稣所说的两个比喻和一个寓言,他所说"失羊"、"失钱"的比喻,是先形容一般人如何看重私有的财产。后来提出"浪子悔改"的一段故事,那浪子始而倚仗着私有财产,就放荡流离,后来自己觉悟,就愿意放弃了儿子的地位,充作雇工。这更是教人明白:人的占有性,实在是于人无益,应当铲除的。凡人皆当承认是社会上一个雇工,必要劳力而后可以得食,才是大公的景象。又如论到众人推辞天国的筵席——就是不愿意参加改造社会工作的人——他们或说要去看地,或说要去试牛,或说因为才娶了妻,⑤无非是顾念私事,以致对于公益不负责任。更

---

① 见《马太福音》十九章二一至二四节。
② 见《马太福音》二五章十四至三十节。
③ 见《马太福音》二十章一至十五节。
④ 见《马太福音》十七章二四至二六节。
⑤ 见《路加福音》十四章十六至二四节。

可见经济制度若不改变,社会间的道德永不能进步,所以改革经济制度必为改造社会工作的中心。

耶稣的训言,有许多是不属于上述五类,而是专为教训门徒关于做人底通则的。现在也选取几条最紧要的诠释如下:

(一)"一粒麦子不落在地里死了,仍旧是一粒;若是死了,就结出许多籽粒来。爱惜自己生命的就失丧生命,在这世上恨恶自己生命的就要保守生命到永生。"①——这里所说自己的生命,就是所谓"小我",下句中的生命乃是指着"大我"——这就是杀身成仁的真谛了。自有史以来,古今中外,经过无量数的仁人志士,为了于人类社会有益的事,竭尽自己一生的心力,甚至牺牲性命,造成不朽的事业,使社会日益进化,嘉惠后人,无非是这一个信念所鼓动。并且人类要永久靠着这一个信念,共同努力,前仆后继,才能使世界的进步永无穷尽。

(二)"因为凡有的还要加给他,叫他有余,凡没有的,连他所有的也要夺过来。"②我们乍看了这种说法,好像是锦上添花,雪上加霜,毫无意义。但如参照《中庸》所说:"故天之生物,必因其材而笃焉。故栽者培之,倾者覆之。"其义自显明了。这正是所谓"天助自助者"。

(三)"凡自高的必降为卑,自卑的必升为高。"③又"人所尊贵的,是上帝看为可憎恶的。"④这就是《易·谦卦》所说"天道恶盈而好谦"。

---

① 见《约翰福音》二章二四至二五节。
② 见《马太福音》二五章二九节。
③ 见《马太福音》二二章十二节。
④ 见《路加福音》十六章十五节。

（四）"因为掩藏的事，没有不显出来的，隐瞒的事，没有不露出来的。"①中国俗语说："若要人不知，除非己莫为。"好像只是浅显的道理。但如参看《中庸》所说："莫见乎隐，莫显乎微，故君子必慎其独也。"这教训就很深远了。

（五）"不敌挡我们的，就是帮助我们的。"②这就是孔子所说"君子和而不同"的意思。所以凡能成大事的人，只求在政策上消灭反动，决不在意见上排除异己。

（六）"因为多给谁就向谁多取，多托谁就向谁多要。"③有人问：《论语》上记载曾子的话说："士，不可以不弘毅，任重而道远。仁以为己任，不亦重乎？死而后已，不亦远乎？"为甚么单是士要这样自负呢？那就只有拿这里所说的话来解释。又《墨子·贵义篇》所载"子墨子自鲁即齐，遇故人谓子墨子曰：'今天下莫为义，子独自苦而为义，不若已。'子墨子曰：'今有人于此，有子十人，一人耕而九人处，则耕者不可以不益急矣。何故？食者众而耕者寡也。今天下莫为义，则子如劝我者也。何故止我？'"也正是这种精神。

（七）"你们不能又事奉上帝，又事奉玛门。"④又"你们要先求他（上帝）的国和他的义，这些东西都要加给你们了"。⑤ 中国圣贤讲义利之辨，何止千言万语？唯有《论语》记孔子说："君子喻于义，小人喻于利。"以义利二字为君子小人的分界，最足发人深省。所以宋时朱晦庵请陆象山在白鹿洞讲孔子这两句话给学生听，听的

---

① 见《马可福音》四章二四节。
② 见《马可福音》九章四十节。
③ 见《路加福音》十二章四八节。
④ 见《马太福音》六章二四节，玛门是财利的意思。
⑤ 见《马太福音》六章三三节。

人都悚然动心,至于汗下。耶稣这里所说,更是斩钉截铁,教人专一慕义,不容也不必脚跨两头船。

(八)"你们是世上的盐……你们是世上的光。"①盐所以防止腐化,光所以排除黑暗,这正是改造社会者必备的条件。

(九)"你们白白的得来,也要白白的舍去。"②人生一切所有,没有一样是自己生而已有的。无论是身外的财产,或是身内聪明才力,都是受了社会的供给,理当还为社会所用。可惜一般人不明白这个道理,以致世界上有种种不良的事态。《论语》上记着孔子说:"如有周公之才之美,使骄且吝,其余不足观也已。"只是对于一部分有知识的人底警告,耶稣此处所说,乃是正面揭示人生的大义,凡人都当深切地思想这个大义,随处应用。

(十)"你们要人怎样待你们,你们也要怎样待人。因为这是律法和先知的道理。"③推己及人为恕,儒家这一类的话很多。耶稣也屡屡说及,在前面论圣灵一节里已引过了。这里所引的两句,最是概括的说法,可与《大学》里"所恶于上无以使下"一段参看。

(十一)"我赐给你们一条新命令,乃是叫你们彼此相爱……你们若有彼此相爱的心,众人因此就认出你们是我的门徒了。"④爱人如己,本是犹太旧律法的两大纲之一,耶稣也曾特别提出。⑤ 何以这里说彼此相爱是新命令?须知这是指着团体说的。凡是一个团体,若没有彼此相爱的心,它的团结力就不能坚固。耶稣要门徒于

---

① 见《马太福音》五章十三至十四节。
② 见《马太福音》十章八节。
③ 见《马太福音》七章十二节。
④ 见《约翰福音》十三章三四至三五节。
⑤ 见《马太福音》二二章三五至四十节。

耶稣去世之后,保存坚固的团体,做成他盼望他们要成就的大事,所以特别提出这新的命令。

(十二)"你们也要预备。"①预备是做事最要的条件。人生终其身在工作进行中,也是终其身在预备中。何况参加社会改造的人们,既抱有一定的目标,又常要遇到不可测的事变,所以更不可不事先有所准备。此外更有警醒、忍耐、谨慎等类的话,都和预备有关,也是耶稣所常常提到的,于此不具引。

就以上所举的十二则而论,已可见耶稣对于门徒,是怎样的谆谆训勉,属望甚殷了。

---

① 见《路加福音》十二章四十节。

第四章　耶稣为基督

耶稣一生的事业以及他底受死而成为完全的人格,都和他为基督这一件事有重要的关系。而这种重要的关系,在福音书上却没有很清楚的记载,就很容易使人发生疑问。若依照神学家的说法,这一切都是上帝所预定,自然就没有问题。但我们是要研究耶稣为人的,神学家的意见,大概我们都不愿意接受。因此,我们对于这个问题,更有研究说明的必要。

先说基督的意义:原来基督二字是希腊文的译音——希伯来文的译音是弥赛亚——它的意义是"受膏者"。古代犹太人的规例,凡是被立为君王或先知或祭司的,都要用一种香膏涂抹在被立者的头上,因此基督这一个名词,就包含君王、先知、祭司三种职分。这三种职分合并起来,等于中国古代所称的天子。因为天子不但是治理万民的君王,也是传达天命以教诲万民的先知,更是代表万民祭天的祭司。犹太人所想望的基督,不只是指在外表上涂抹膏油,更是指内心受圣灵的膏沐,正如《书经》上所说"亶聪明作元后",那就是中国所谓"圣天子"了。

次说基督在犹太人理想中的印象:最初犹太人的立国,真是缔造艰难,他们的土地是经过了多少年的转徙争夺而后得来,他们的人民是经过了多少次的灾害死亡而后重得生聚。因为得之不易,他们就有一种传统的信念,以为他们是得天独厚,他们的国家民族必永为上帝所眷佑，他们可以常享安宁。不幸时势推移，他们竟不断地受四围强邻的侵侮，又不幸他们始终是偏信神权，忽略人事，执政掌权者既不知修明内政，强固国本，民众更是习于骄怠，苟且偷安；遂致国势日衰，不但是常时臣服于强邻，甚至遭遇了国都破灭，人民被掳的惨劫。在这长久的时期中，就有当时所谓"先知"的人们，起而大声疾呼，唤醒民众，一面痛责那时代的人"上无道揆，下无法守"，所受的惩罚都是咎由自取，应当切实悔改。一面更提起传统的信念，劝他们不要灰心丧志，只要悔改之后，必定仍邀上帝的眷顾，在他们中间诞生神圣英武的君王，重振国威，使所有的强敌无不屈服。这类的说法，在《旧约》书里真是数见不鲜，综其大旨，无非是教训全族的人民信奉上帝的真理，各尽本分，不可再蹈以往的覆辙，辜负上帝的救法。这种公布的训诰或讲词，就用现代人的眼光看来，也当认为是那时代坚固民族意志的奋兴剂。所以犹太人世代相传，莫不尊奉历代先知的预言，对于基督降世，民族复兴，更是深信不疑，视同神圣。虽然他们还是信神权而忽人事，脱离不了传统的错误，然而他们在困苦患难中经历了数百年，民族的团结力与企图国家复兴的雄心永不丧失，正赖关于基督这一个信念所维系而保持的。

我们既明了了上述两点，就可假设四个问题，并试作解答。

第一个问题是：耶稣自承为基督，他的动机是甚么？他最初的计划是怎样？

我的解答是：耶稣自承为基督的动机，就是本书第二章里所提到的他十二岁时在圣殿中所说"应当以我父的事为念"那一句话。因为在当时犹太人所奉为上帝的事，没有比上帝将要在他们中间降生一位基督的事更大了。虽然耶稣在那时说这句话,对于基督不过只是一个概念,但后来经过了差不多有二十年的预备时期。他要作基督的志愿既已确定,自必有一种拟就的计划。据我的推测,他的计划,正是要作成一般犹太人所想望为君王的基督。这种推测,有两件事可以证明。其一,约翰在监差遣门徒来问耶稣说:"那将要来的是你么?还是我等候别人呢?"①在第二章里,我们已说过耶稣要作基督是与约翰有预约的,这回约翰遣人来问,正是因为他在监里所得到的关于耶稣行动的报告,似乎与他们所预约的不符,因此可知耶稣与约翰所预约的必是要作君王的基督。其二,耶稣选召门徒时,必然要将他的计划约略说及,才能得到门徒的依附。我们看耶稣差遣十二个门徒出去传道,叫他们专到以色列的各城去宣传。② 又尝和门徒谈到复兴的时候门徒也要有权审判以色列的十二个支派。③ 可见耶稣最初给予门徒的印象,正是他预备作复兴犹太国的君王。所以后来耶稣屡次宣告他自己将要受死,却还有两个门徒向他要求高位,④而一般门徒还在那里彼此争论着谁为大。⑤ 岂不是因为耶稣最初所给予他们的印象太深,竟至不可磨灭么?

但是,耶稣最初的计划,虽然是要作犹太人所想望的君王,而其主要底目的乃是要改革社会,这就与犹太人传统的观念大不相同了。犹太人所想望的是急速地以武力脱离外国的羁绊,宣布独

---

① 见《马太福音》十一章二至六节。
② 见《马太福音》十章五至十节。
③ 见《马太福音》十九章二八节。
④ 见《马太福音》二十章十七至二三节。
⑤ 见《路加福音》九章三四至四八节。

立,而耶稣则是深察内外的情势,要谋彻底的改造。他以为:必是先将国内种种腐败的现象全数扫除,按照真理重行厘定制度,解除人民痛苦,使他们得到真正的幸福,才是建立了新的国家。新的国基巩固了,那时强邻自然也要刮目相看,外侮可不抗而自绝,这就是孟子所谓"国君好仁,天下无敌焉"。如其不然,纵使凭藉一时的暴力,幸而战胜强邻,而国内的积患不除,恐怕徒然增长了全国上下的骄气与惰志,不久还是要归于失败。至于他所谓内部改革,大约最重要的是变更经济制度,先解决民生问题。试看耶稣向众宣传的口号——天国近了,你们要悔改——既是与约翰所用的口号相同,而当约翰用这口号劝人悔改时,众人问他说:"我们应当作甚么?"他的回答,只是分衣、分食,不要多取,当知足一类的话,[1]无非是要改正一般人对于财产占有的观念,就可知关于这一点,耶稣和约翰先已决定了的。再看耶稣差遣门徒分组出去宣传时,特提到不要带钱和食物等项,[2]也都与经济制度有关。他又尝以祈祷时应有的思想教训门徒——就是现今所称为"主祷文"的——其中却包含着改造社会的纲要,更可知这些事不是他底一贯的政策,他因此才常常提醒他的门徒。所以耶稣最初的计划,乃是一方面要应付全民族对于基督的希望,一方面又要贯彻自己建立新社会根本的主张,这正显出他在那二十年来的预备时期中是如何慎重思量而后决计。并且他的计划,照当时犹太的情势看来也是极合宜的。因为当时犹太虽受罗马的辖制,但罗马对于犹太,只把派兵镇守和定章征税两件事看为重要,至于犹太的内政则绝不干预,所以那时

---

[1] 见《路加福音》三章七至十四节。
[2] 见《马可福音》六章七至九节。

候尽管着手改革内政,也不至牵涉外交。这正是利用时机,量力而行的上策。

第二个问题是:耶稣最初的计划到后来是否有了转变?他何以要转变?

我在解答第一个问题时,已说明耶稣最初的计划包含两点:一是他确要取得政权而作复兴犹太国的基督,二是他预备取得政权后就行改造社会的主义。因此我对于本问题的解答,可以说耶稣最初的计划的第一点,他后来确是转变了。至于他所以转变的原因,又可以分两项来说:(一)是因为他最初的计划,本打算与约翰分头工作,他们工作的分配,大概是约翰专向加利利的民众宣传,而耶稣则多与耶路撒冷的领袖接洽,如此两途并进,就容易取得成功。不幸当耶稣出来不久的时候,约翰就在加利利为希律王所逮捕,进入监狱,耶稣既失去这样重要的一个同志,真如人身断去了一臂,当然要将他的工作重行估计,就感觉到不能照他所预定的步骤进行,只可自己专注力于宣传主义,而取得政权的企图则留以有待,这是他在外境迫不得已的转变。(二)是因为他既已先后与耶路撒冷的领袖和加利利的民众接触,看出他们都不能接受他所要实行的主义,倘若仍以取得政权为唯一底目的,势必要试行他在长期修养时发生的幻想——就是所谓使石头变饼,从殿顶跳下,拜魔鬼等等不正当的手段——①然后才能希望于万一,这在耶稣既经过慎思明辨之后,自然是决不为的。不为就不能取得政权。宁可不得政权而决不为。这是耶稣在内心上决定的转变。

至于第二点改造社会的主义,耶稣是自始至终并没有转变的。

---

① 见《马太福音》四章一至十一节。

并且正因为坚持着第二点,所以权衡轻重,不得不转变了第一点。他虽然明知道要改造社会,必是要取得政权才能推行顺利,但如其为要急于实现他的主义,就不惜采用不合理的策略以取得便利,诚恐终于要受各方面的要挟把持,使主义全不能实现,所谓建屋的根基筑在沙土上,终必全部倒塌,成为泡影。可知耶稣姑且放弃了第一点,正是保护第二点,使他预备实行底高尚纯洁的主义,丝毫不蒙污点,不受损害,合乎孟子所说"不辱己以正天下"①底原则,这是最值得我们注意的。

第三个问题是:耶稣既已转变了为王的计划,何以他至终还要自承是基督?

这一个问题,耶稣之所以受死在此,耶稣之教义所以彰显于后世,他的人格之所以为人所敬仰,也都在于此,诚然是个最紧要的问题。我可以分两部分来解答:

第一,耶稣于被捕后受犹太公会及罗马官吏的审问,他们首先提出的问句,都是说你是否基督②或是否犹太人的王,③耶稣的回答都是"你说的是",这很容易使我们想到:假使当时耶稣按着他所已经转变了的计划,不承认他有为基督为王的企图,岂非犹太人逮捕他控告他的理由就不成立?然而我们须知:上面所说耶稣对于最初计划第一点的转变,原只是他在外境上迫不得已,因而从内心上决定的转变,也可以说是一时的转变。假使一旦外境上竟得着别

---

① 《孟子·万章篇上》孟子曰:……吾未闻枉己而正人者也,况辱己以正天下者乎?
② 见《马太福音》二六章六三至六四节,《路加福音》二二章六十节。
③ 见《马太福音》二十七章十一节,《马可福音》十五章二节,《路加福音》二三章三节。

一机会,而这机会也无愧于内心,他必然还是要积极地进行,决不是终于放弃。试看他虽然已宣告自己必要受死,而还是于大节期中直入耶路撒冷,毫无避忌,就可知道他既抱了改造社会的热诚,但使有机会可乘,总是要向前努力,这正是革命志士必有的态度。所以他于受审时直承他自己是基督是王,就是他出于诚而不能自已的回答。

第二,耶稣外观时局,内衡真理,遂决定自己必要受死。在这决定的时期中,他当然经过一番很细密的考虑。他必是想到:依照他原来的理想,本是要于取得政权之后,按真理来改造国内的一切制度,使它成为世界上一个新的试验,不但可以从此不受他国的侵犯,并且可使各国知所仿效,这固然是建立天国最大的成功。但如其为时势所限,人力不可以回天,那就只有牺牲一己以与恶势力斗争,使真理的种子传播于人间,终至于发荣滋长,造成人类普遍的幸福。如此则虽不能当下就改造犹太国为世界的模范,却用自己为真理而牺牲的创始者,以启导后人,也是一样完成上帝所付与他的使命。我们看《约翰福音》载彼拉多反复地问耶稣是否犹太人的王,当时耶稣回答说:"你说我是王,我为此来到世间,特为真理作见证,凡属真理的人就听我的话",① 就可知耶稣是明说唯有能以真理倡导世界改良的人生是真理的王,他不啻以己身的行事来变更原来基督底意义了。

最后还有第四个问题是:耶稣要作基督的一桩大事,何以门徒在他的生前都不了解?又何以于他去世后门徒却对犹太人证明他就是基督?

---

① 见《约翰福音》十八章三七节。

依我看来,耶稣要做基督的大事,在当时那种环境之下,当然不能为一种公开的运动。所以虽是门徒辈朝夕相从,耶稣也难于将内心的蕴蓄向他们尽情透露。以致他们有时极希望耶稣能得位乘时,有时又对于耶稣慎重的态度深怀疑虑。他们似乎已领受耶稣排除私有财产的教训,舍弃所有,跟从耶稣,却仍不免羡慕尊荣,不甘谦退。在他们当时,既囿于遗传的观念,又莫测夫子的高深,因而有此徘徊不定的现象,本是情有可原的。但当耶稣最后作训练门徒的工夫时,曾屡次将他个人的趋向坦白地宣布,就如耶稣于受审时对彼拉多所说真理为王一类的意义,也曾对门徒辈反复说明。① 而门徒辈执迷不悟,乃至耶稣被捕时他们相率逃避,②彼得且公然地对人说他不认识耶稣,③我们就不能不惊讶门徒的知识程度何以与耶稣相差如是之远了!

　　至于耶稣去世之后,门徒辈因为受了极大的刺激,有所感发兴起,都很热烈而诚恳地承认为犹太人所钉死在十字架上的耶稣即是基督,这自然是很重要的转变。但他们屡次向犹太人作很长的演说,却只是说明耶稣乃是为人受死的基督,并将钉死耶稣的罪全归在犹太人身上,而于耶稣要改造社会的大计却一字不提,可见他们对于耶稣为基督的承认,又是为另一种遗传的观念所牵引,并没有了解其中的真意。所以此后教会宣传福音,总是专重个人得救而忽略了社会改造,以致耶稣的教义不能及早实现,尚有待于现代人的寻求探讨,这是门徒辈不能辞其咎的。

---

　　① 例如《约翰福音》十二章二四至二五节所记麦子落地的比喻,及《马可福音》八章三四节所记从己者必背十字架的训言。
　　② 见《马太福音》二六章五六节。
　　③ 见《马太福音》二六章六九至七四节。

再有两件事应当附带论及：

一、福音书记载耶稣之所以被捕而至于受死，是为他的门徒犹大所卖。自来评论这事的人们，都以为犹大这种举动是万恶不赦。但我们如想到：耶稣原是要作为君王的基督，而犹大却正是属于热狂派的门徒，所谓热狂派，就是最热心于复兴犹太国的。则我们对于犹大的这种举动，就会觉得：较比其他门徒之遇难逃避，乃至不认耶稣的彼得，其情更有可原。因为犹大既是属于热狂派的人，他的跟随耶稣，当然是因为耶稣底大志正和他底目的相符合。并且耶稣又将团体的财政交给他管理，①他这人必是精明强干，极为有用之才。大约当耶稣向门徒宣告自己必要受死之后，其余的门徒还只是将信将疑，没有十分理会。唯有犹大，他认清了耶稣这种急遽而且决绝的变更，使他底目的完全消失，心中十分懊恼，难免常形诸词色。耶稣明察他的心怀也曾屡次向他警告，②而他的爱国热狂，总觉得耶稣是辜负了他多年随从的愿望，就愤激地不顾一切而出此反动。所以我们若是从爱国的立场上看来，犹大岂不更是情有可原？

二、耶稣将要取得政权以复兴犹太国，当时除了一部分的领袖，因为耶稣改造社会的主张与自己的利益冲突，极端反对之外，大多数的民众，原是拥护耶稣的。他们之愿意拥护耶稣，也无非是相信耶稣是神灵首出，必能使本国振兴，达到他们历代相承的希望。及至耶稣的广大运动，受了环境种种的制限，不得不有暂时停顿的状态，而耶稣内在的隐衷又万不能对众宣布使他们了解，遂致

---

① 见《约翰福音》十二章四至六节。
② 见《约翰福音》六章七十节。

他们对耶稣生了厌弃,反对派的领袖因得利用此机会,陷害耶稣致之于死。所以,以自承是基督的耶稣而被钉死于十字架,乃是由于少数领袖的私心诬陷,其大多数的民众只是因失望而盲从,这实在于犹太全民族爱国的热诚并无伤损。向来以耶稣之死归罪于犹太的全民族,遂使犹太民族与基督教不相调协,这也是重大的错误。我们试看耶稣钉在十字架时所说:"父啊:赦免他们!因为他们所作的他们不晓得。"①这话是何等的公恕而诚恳。这种对待人的态度,真值得我们钦佩。并且,他这里所说的"他们"我想必是将所有的犹太人和卖他的门徒犹大,以及不认识他的彼得与其他临难逃避的门徒,都包括在内了。

总之:基督教以耶稣的人格为中心,而耶稣为基督一事又是耶稣人格的中心。这一事于整个的基督教有极大的关系,所以我们应当仔细地研究。上面我所论述的只是一隅之见,然而已可以使我们理会到:耶稣之为基督,无论其为王或为人受死,他底改造社会的宗旨是一贯的。并且,耶稣之为基督,一方面是激发于复兴民族的至诚,一方面又得力于极深刻的宗教信仰。这两个概念,好比是两大源泉,在他脑海中汇聚起来,成为不竭的灵渊——就是改造社会的宏愿——虽然在当时仿佛是受了沙石的阻碍,不得畅流,后来甚至有长时的潜伏。但有源之水,终久要涌现出来,普润大地,这是我们深信而无可疑的。耶稣基督的成功,我们伫待着罢!

根据前两章及本章以上各节所述,我再将我对于耶稣的感想综括地写出来,作为本章结论。

---

① 见《路加福音》二三章三四节。

一、耶稣人格之所以伟大，纵使有一部分是由于天启；但从人的方面看来，则完全是由其自觉、自择、自决的。

二、耶稣所宣传的天国，分明是他理想中的新社会。后人错认他所讲的天国是别一世界，就演成了死后升天堂的迷信，真是误人不浅。

三、耶稣理想的新社会，其主要条件即是物质的平均分配。他尝明说在天国里蒙称赞的人，就是因为能注意于同胞们的衣食住行等事，①可见他为群众着想，决不轻看物质，高谈玄妙。有人以为耶稣的理想毫不切于人类实际的生活，也是错见。

四、耶稣理想的新社会，以平等、自由、博爱为极则，人类自然就没有相争相杀的祸害，自然不至灭亡；所以天国的名词，在《约翰福音》书中写作永生。后人完成耶稣的事工，便是使人类不再走自相残杀的途径。

五、耶稣训言中所指示的真理，大部分可以与中国先哲的遗言相印证，正如宋儒陆象山所说："四海有圣人出，此心同，此理同也；千百世上下有圣人出，此心同，此理同也。"②我们研究耶稣的训言，愈足使我们深信真道之合一。

六、耶稣要将真理彰显于世，不只是用语言来阐发，更要在他自己的行为上表显出来。孟子曾说："仁也者，人也，合而言之，道也。"③可见《约翰福音》中以耶稣为道成人身，其说亦非臆造。

七、耶稣起初要作犹太人所想望为君王的基督，是激发于爱国的热忱。后来考察时势，转移观念，甘心作为人受死的基督。我们

---

① 见《马太福音》二五章三四至四十节。
② 见《宋史》本传。
③ 见《孟子·告子篇下》。

承认：在他全部生活中有这样重要的变化，正显出他为人类艰苦奋斗的决心与勇气。

八、耶稣肉体的生命，虽然为当时代人所害，为要救人类而舍去，而他的精神生命，乃永远与全人类的生命相联属而常存。

九、因此耶稣的为人，是我们应当崇拜而效法的。我们能效法耶稣的舍己，就可以脱离一切私有的过恶。我们更效法他的努力服务于社会，世界就可以从此进化，永无穷尽。所以耶稣的人格，足以救人、救世。他的教义是个人的福音，更是社会的福音。

第五章　基督教在世界历史上的价值

德国学者考茨基氏,是一个不信基督教而又特别要研究基督教历史的人。他用唯物论的眼光来分析基督教,写成《基督教之基础》①一书,在《绪论》里说"我并没有赞扬基督教或蔑视它的立意,我所想的只是了解它",②已是将他写书的宗旨说得清楚了。后来他在第一篇第一章开始的地方却说:

> 无论我对于基督教持着什么态度,我们也必要承认它是人类历史中一种最伟大的现象。我们对于已经差不多经过了二千年,其势力现在仍然非常浩大,并且许多国家中甚至比政府的势力还大的基督教会,不能不表仰慕之意。③

又在第四篇第二章里说:

> 没有宗教是没有矛盾的。没有一种宗教是单由一种单纯的概念而产生,是一种纯粹逻辑的历程之结果,每一种宗教都

---

① 考茨基著《基督教之基础》,汤治、叶启芳合译,民国二十一年四月神州国光社出版。
② 见原书第1页。
③ 见原书15页。

> 是很多种社会影响之产品,而这些影响,还常常扩张到几个世纪之久,而且反映出很多很多的各种不同的历史情形。然而无论如何,我们决不能从别个宗教中,找出像基督教中所含有的那么多冲突的矛盾和不合理的假设,其原因,实由于别个宗教之发生,实没有那么多重要的不同的因素。基督教由犹太教发生而传到罗马人,由无产阶级之宗教而转变到世界统治者之宗教,由一种共产主义的组织而转变到为掠夺一切阶级而形成的组织。①

这两处的说法,我们乍看起来,好像前者是赞扬,后者是蔑视,似乎有点矛盾,其实这就是他在绪论里所说没有赞扬和蔑视的态度。我在这里首先引他的话,是因为本书在前三章,专作耶稣的研究,当然可以凭自己的想象,用自己的眼光来解释关于耶稣的一切,本章乃要叙述基督教在世界历史上的价值,就必得根据历史的事实来加以评估,而上面所引考茨基氏的两段话,恰好可借作讨论底起点的。

各种宗教之必有矛盾和转变,我们不必旁征博引,最好就举在中国现有的佛教和道教为例。佛教是印度改正教的一种,教祖释迦牟尼,本是印度的王子,他因为感觉到人有生、老、病、死诸种痛苦,就发愿出家,刻苦修行,见了自己的本性,就在各种现身说法。他的教义是:注重内心修养的功夫,克制情欲,牺牲自己,普渡众生,消灭阶级制度,主张一切平等。所有印度原有的多神和一切仪文迷信,佛教都一概屏绝,对于世俗的一切更无所谓贪恋,然而他

---

① 见原书458页。

的宗教在印度本土却不能盛行。后汉时流传到中国,先是有王公贵人的提倡,后来又经知识界的人将教义大为发明,一千多年以来,总算是极其兴盛了。但真正明白教义的只是少数的知识分子,至于一般人所信奉的佛教,早已搀杂了许多中国原有的和印度的巫术符咒等等迷信在内。诵经念佛,焚香顶礼,所企图的无非是今生或来世的福利。这些正是释迦牟尼所鄙弃的,而传佛教的人却拿着这些来号召,信佛教的都以为这就是佛教,这岂不是绝大的矛盾?

道教可说是中国本色的宗教,但它的内容很复杂,矛盾的地方也很多。许地山氏在他所编的《道教史》①里说:

> 道底内容极其复杂,上自老庄底高尚思想,下至房中术,都可以用这个名词来包括他们。大体说来,可分为思想方面底道与宗教方面底道。现在名思想方面底道为道家,宗教方面的道为道教。宗教方面底道包括方术符谶在里面,思想方面底道就包含《易》阴阳五行玄理。道家思想可以看为中国民族伟大的产物。这思想自与佛教思想打交涉以后,结果做成方术及宗教方面底道教……道底思想既弥蒙一切,如要细分何者为道家,何者为道教,实在也很难,但从形式上,我们可以找出几种分类法。
>
> 一、上品道、中品道与下品道。最初把道家与道教略略地整理成为系统而加以批评底是梁刘勰底《灭惑论》,论中提出道家三品说,"道家立法,厥品有三:上标老子,次述神仙,下袭

---

① 许地山编《道教史》,民国二十三年六月商务印书馆出版。

张陵。"其上品之老庄思想即所谓道家,中品底神仙与下品张陵即所谓道教。

二、方内道与方外道。梁朝的目录学者阮孝绪在他新集底《七录》里根据《汉书·艺文志》底分类,把道分为方外道与方内道……《子兵录》里底道、阴阳等部,《术技录》里底谶纬、五行、卜筮、杂占等部,便是方内道家。《仙道录》所分底经戒、服饵、房中、符图四部,便是方外道教。

三、清静说、炼养说、服食说、符箓说及经典科教说。宋马端临《文献通考》道藏书目条下说:"按道家之术,杂而多端,先儒之论备矣。盖清净一说也,炼养一说也,服食又一说也,符箓又一说也,经典科教又一说也。"这五说是顺着年代变迁而立的。

四、正真教、反俗教、训世教。上三种分法都是道教以外学者底看法,至于道士们自己底见解,可以举出张君房来做代表。他在《云笈七签》道教序里把道教分为正真之教、反俗之教、训世之教……张君房的分法,实际只有正真与反俗二教,其训世之教直儒教,所以不能认为最好的分法。总而言之,古初的道家是讲道理,后来的道教是讲迷信。而道士们每采他家之说以为己有,故在教义上觉得他是驳杂不纯……到清初所成之《真仙通鉴》,又将基督教之基督及保罗等人列入道教之祖师里,现在又有万教归一之运动,凡外来之宗教无不采取。古来阴阳五行、风水、谶纬等民间所信底没有一样不能放在道教底葫芦里头,真够得上说:"大道氾兮其可左右了。"[①]

[①] 见《道教史》1至10页。

看了以上所引，可见道教复杂演变的情况了。又他们所托始的老子究竟是怎样的一个人，在《史记·老庄申韩列传》里就没有说得准确。还有《老子》那部书是不是李耳所写，近来考据家也有许多辩论。至于道教所有的阴阳五行、神仙修炼，乃至符咒房中术等等，与他们所托始的老子清净无为底学说毫不相干，其矛盾自不必说。

上举佛教与道教为例，为要使我们明晓基督教之有矛盾与转变，并不是有什么特别。至于基督教有矛盾与转变的原因，我可以提出下列五点来略为说明。

一、最主要的原因就是门徒对于耶稣始终没有真正的了解，在这书第四章里已约略地说及了。门徒们于耶稣受死之后，很自然地抛弃了基督为王的信念而转到别一传统的观点，就是说：基督为人的罪受了死，他必要复活再来，审判世人，这样，就与耶稣最初要取得政权以改造社会的计划完全不合。虽然他们在团体成立时还能遵行耶稣要改革经济制度的要义，如《使徒行传》所记："信的人都在一处，凡物公用，并且卖了田产家业，照各人所需用的分给各人。"①又记："那许多信的人都是一心一意的，没有一人说他的东西是自己的，都是大家公用。"②可见教会成立之时本是一个共产的团体，具有耶稣底理想社会的雏形。可惜他们向外宣传，却不能以此为标帜，只重在个人得救，遂使耶稣改造社会的大计潜伏而不彰了。并且，因为门徒已不能了解耶稣，而《福音书》写成的时期，又在耶稣去世数十百年之后，书中所收集的材料，当然最初是门徒们

---

① 见新约《使徒行传》二章四四至四五节。
② 见《使徒行传》四章三二节。

的口传，又加上些当时一般人辗转附会的传说，更通过了写书人的理解而后写出来。他们——门徒，当时一般人，写《福音书》者——都是受了环境和思想的束缚，以致不能真正了解耶稣的，所以写出来的耶稣言行，就难免与耶稣行事的真像和训言的含义不能吻合，更无望其能将耶稣当时内蕴的情怀曲曲地传出。因此，基督教的矛盾与冲突甚至于不合理的假设——如果是有的话——就自然是不能避免，也是不必讳言的了。

二、犹太的都城耶路撒冷因经过纪元后66—70年之犹太民族革命斗争，终于为罗马帝国所破灭了。而《福音书》的写成，大约最早的一本也在耶路撒冷毁灭之后，这时犹太人复兴祖国的希望已等于幻想，并且在文字上也不能不有顾忌。所以不但门徒们早已不再宣传耶稣为王的企图，更使写《福音书》的人对于耶稣爱国的志事，也只能隐约地透露而不能显明地描写，也是当然的事。至于《新约》书里所采辑的使徒们的书信，多有劝勉在下者应当顺服在上者的话，将耶稣要反抗社会上一切不合理势力的革命性质完全消失，那更是不能否认的错误。

三、最初耶稣的门徒多半是属于无产阶级，至少也不是资产阶级的，并且他们也不求高深的知识，所以他们共产的生活，很朴素地保持在他们的团体中间，而对于贪恋财富的人们则充分地表示憎恶，加以恳切地劝诫。但到了后来教会的势力渐渐地扩大，容纳而且需要许多资产阶级的人们来参加，于是教会中不再留存有不便于富人的事态，且更注意于仪文、艺术和组织等等以适合知识阶级的兴趣。总之教会是努力要求通俗，就很自然地丧失了改造社会的使命。

四、初代的基督教会是在罗马统治之下危难困苦地生存着。

当时信教者常为异教的社会所轻看,政府更时常逼迫他们,在这种情形之下,教会总是以殉道者之血来浇灌自己的园地,因之团体格外坚固,能表显出高尚纯洁的精神。到了纪元后 313 年,罗马皇帝君士坦丁因为当时在军队中有不少信教的兵士,他想要藉着他们的勇力来战胜敌国,终于下诏容许基督教公开地传布,不久就定为国教,于是教会的情形就与先前大不相同了。教会大开方便之门,社会间腐化分子都可随意地加入教会。教会因为受着政治的影响,也就有了教皇、主教等等的阶级制度,只重权势而不以精神修养为务,一切专制无理的手段渐渐地在教会中发生。教会与国家式的行政机关无甚区别,又哪里能谈得到领导社会?

五、教会既失去了领导社会的功能,更忘记了自己原有改造社会的使命;于是就专一高谈神学,以拥护自己的权威,制定种种教条勉强人遵守,否则就要被逐出教,甚至加以伤害。他们简直是假托神权以剥夺人权。到了这种地步,耶稣的真正教训已受了神学的掩蔽,教会的缺点日见增加,明明地为人所指摘,他们也都悍然不顾了。

以上所举五点,其中以门徒不能了解耶稣为最重要的主因,尤以基督教成为罗马国教为最大的关键;因为成了国教,它就在欧洲的黑暗时代中,演出争取政权、营私舞弊、倡导十字军战争、遏抑科学萌芽种种的丑剧。直至 16 世纪德国修道士路德马丁昌言改革旧教,教会才重见光明,然而在历史上所留的污点已是不可磨灭。我们试再将中国的儒教来作一番比证。儒教本不是宗教,但历代对于集儒学大成的孔子,为他建立庙宇,岁时致祭,在形式上看来,他的地位已与宗教的教主无甚差异。我们再逐一检查儒教中的矛盾与转变。先是儒的名称所由来就考查不清楚,无论是说儒字有柔弱的意义,或说儒与殷族遗民有关系,或说儒只是当时社会生活一流品,①都只是一种推测之辞,找不到显明的证据。其次是孔子人格的伟大,也不是他的门弟子所能完全了解,因此后来分了很多的派别,如《韩非子·显学篇》所说的"儒分为八",又如韩退之所说"孔子之道,大而能博,门弟子不能遍观而尽识也,故学焉而皆得其性之所近……又各以所能授弟子,原远而末益分。"②又其次是有许多纬书造出不少奇异的事迹,使孔子由人而变为神。再其次就是自从汉武帝罢黜百家,尊崇儒术,读书之士,都号称以儒为业,实则藉此奔竞于利禄,与孔子的教义大相违反。这些情形岂不是正和基督教在欧洲的情事相似?固然,儒教之在中国,与基督教之在欧洲,都是因为藉着政治上的势力才能够推广,然而算起账来,纵使不能说是得不偿失,至少也是利害参半罢!

基督教因为有了上述的原因,造成了使人不能满意的许多事实;然而它在世界上的地位还是巍然永存,信仰基督教的人在世界全部人数中占着多数,它在各大宗教中还是首屈一指。所以考茨基氏虽然是一个怀疑于基督教者,他还是承认基督教是人类历史中一种最伟大的现象,对于基督教不能不表仰慕之意。试想:这一千九百年以来,先是亚洲的西部,后是欧洲,后是美洲,所有国家的政治制度,社会的风俗礼仪,以及学术思想、文学艺术,差不多都混合于基督教之中。再推至全世界各地方的演进,也无不与基督教的发展有密切的关系。世界若没有基督教,就没有进行到现在的世界,世界整个的历史,几乎可以说就是基督教的历史。我们生在

---

① 参看冯友兰著《原儒墨》,见民国二十四年四月《清华学报》。
② 见唐韩愈《送王秀才埙序》。

这世界之中,怎能抹煞了它在世界历史上的价值?

要从世界历史上认识基督教的价值,当然要先从看得见的事功来估计。美人魏廉士曾著有《基督教与文化》一书,①现在我就摘录他所列举的项目,并节取其说明,藉以考见基督教在世界上所作事功的概要。

(一)战胜异教 当罗马帝国时代,各民族各有其所信的宗教,神像之多,几乎和人口的数目相等。他们最大的缺点就是离弃道德,基督教向他们进攻,终使许多人觉悟而悦服。

(二)在北蛮中布道 罗马帝国未亡以前,已有宣教士至北方各蛮族中布道,使他们受基督教的感化,改变其气质,这是一件极重要的贡献。

(三)修道院在黑暗时代保存文化 当时修道院的修士们感慨时局的扰乱,和地中海一带并英法各境蛮族的横暴。他们保管并誊写了古书,更注意实用教育,不但保存了罗马丰盛文化的一部分,而且立了现代慈善事业和工业的初基。

(四)伸张公义 欧洲在黑暗时代,盛行封建制度,造成一般武装的权贵,法律因武力为转移,平民失去保障,当时教会能一面为贫弱无告者援助,一面抵抗强暴者的势力,为黑幕的明灯。

(五)发达医院 基督教的慈善事业,乃发动于人类皆弟兄的精神。最初的基督教医院始于第四世纪,即为此种精神表示的一端。

(六)改良看护术 19世纪中叶,英国女基督徒佛兰司奈丁格本其热忱服务的精神,提倡看护的改良,自此以后,始有受过高等教育的女子从事于看护一门。

---

① 《基督教与文化》,魏廉士著,文南斗译,1925年1月青年协会书报部刊行。

（七）红十字会的由来　1859年法意与奥地利开战,当时有瑞士人杜南著书描写战后伤兵的惨状,并劝各国组织战时救护队。此书一出,全欧皆受感动,遂于1864年开国际会议于瑞士日内瓦,议决各国应组织战时救护机关,此项机关人员必佩戴红十字徽章,交战国两方皆必加以保护。近代所有的慈善事业,没有比红十字会更能表示基督悲悯的精神。

（八）教育事业　在黑暗时代,各教堂与修道院皆设立学校,然办法甚不完备。12世纪以后乃大加改良,法国的巴黎大学、英国的牛津大学先后创立,教授多由教士充任。其间教会虽严禁新学的研究,但如培根与迦利罗诸人,仍本着基督的自由精神,进行探讨不已。后来美国的哈佛大学、雅礼大学、普仁斯敦大学,也都是教会所立的。现时欧美各国公立的大学遍于全国,但它们皆是发源于基督教的学校。又如中国、日本、土耳其、暹罗、埃及、印度等国的近代教育,其创始者也是基督教会。

（九）改良监狱　监狱改良始于英国,当时有热心的男女基督徒深感狱犯待遇的残酷,于是凭藉报纸,运动议院,鼓吹改良。最著名的是约翰何华德,他曾用十六年的工夫,游遍全欧,专事调查监狱的情形。

（十）废奴运动　废奴运动起始于18世纪英美两国贵格会会员的努力。后来英国又有基督徒多人为废除奴制的运动,卒使废奴的法案通过于国会。美国经过三十年的争斗,方达到自由得胜,而当初发动最有力的乃是富于毅力、勇敢、干练、热烈的基督徒威廉克雷逊。此外更有英国教士李文斯登为非洲中部黑奴的惨状用尽了一生的精力,在历史上没有第二人像他那样的勇敢、忍耐、牺牲,可追踪基督的。

（十一）节制会　关于节制运动,在英国有节制教会,成立于1853年,有儿童节制会,成立于1847年,又有蓝结队,为幼年男女所组织,他们佩戴蓝色的领结,表示反对饮酒。在美国有忠勇节制会,又有戒酒会。最大的是妇女节制会,它是于1875年成立在美国,后来逐渐扩充;到了1883年,成为世界的基督教妇女节制会。现在五十个国家里都有分会。

（十二）市政改良　先是英国教士巴奈德于1872年在白堂地方为贫民年长失学者开设学校,后来得着牛津大学教授多比与他合作。又提倡改造贫民区的住屋,又为儿童设立休假日期,到郊野去享受自然的生活,后来有许多大学的人们成立了大学贫民区服务团。到了1885年设立第一个社会改进社,名为多比堂,所办的事,是演讲常识班、音乐会、教育事业、工人俱乐部。不久别国渐渐地仿行,社中有种种工作去适应贫民的需要,实地工作者差不多都是基督徒。又有英国布施威廉的救世军,成立于1887年,专对于那些穷困受压迫的人们施行救济。还有一种救济会,也与救世军的工作大略相同。

（十三）慈善事业　13世纪时,意大利的基督徒圣法兰西,深感当时教会和修道院所办的慈善不过是一种"有无授受式"的举动,毫不能引起对于困乏的同情。他就决志自己到贫民窟里去度日,用各种的方法扶助他们。他的门弟子继续他的工作,约有二百年之久。今日慈善事业的宗旨,不是专在供给贫民,乃是要他们此后不再靠外来的帮助,那才是真正的慈善。

（十四）基督教青年会　1844年,英国卫良乔治爵士在伦敦创立青年会,未几各国均仿行。青年会的基本工作是宗教、体育与智育,就是所谓三育。特殊的工作则有童子事业、职工事业、学生事业，以及战地服务等项。

魏廉士氏列举基督教的事功，大要如上所述。但这些都是人所看得见的，我以为：基督教对于世人的贡献，不只是在各国各地所成就的许多伟大的事功，更是历代许多圣徒所表显的忠诚而活泼的人范。因为耶稣在登山训众时曾说："为义受逼迫的人有福了，因为天国是他们的。"①这就是说，世界上正需要肯为正义而艰难奋斗的人，只有这样的人才能使新社会实现于世。试看：自有基督教二千年以来，不断地有圣徒效法耶稣，为正义而奋斗致命。他们虽不必在社会上做成了甚么事业，但他们做人的法则，却如同将耶稣的圣范用活动电影向各时代的人们继续演照。这样，就自然能感动许多人愿意为谋人类的幸福而努力。所以西方各国事业都受到基督教的影响，人人都含有基督教的血液。类如历代发明科学的人们，竭尽一生的精力以造福人群，以及近代所提倡的群众化与合作，虽似乎与基督教无关，其实也都是基督教的种子在那里发荣滋长。我们追本穷原，哪能不深切地注意？

因了基督教对于人类已有不少的贡献，而现世界还尽有许多不良的景象，所以不但一般人要对基督教大肆抨击，尤其是基督教中人，也自以为社会的现象比较耶稣训言中所定的标准距离尚远，这总是基督教自身没有尽责之过。现今英美的基督徒中先觉者就多有这种论调。类如：英国各教会于1924年发起"基督教之政治经济公民资格会议"，要对于现代社会生活的各种问题作具体的讨论，同时并表明基督教的态度。从这个会议产生了一个运动，名为

---

① 见《马太福音》五章十节。

"基督教之政治经济公民资格制度"。它发行刊物,其中有《基督教训育小史》[①]一册,里面有几段话说:

> 教会最要紧的职务,是要在社会内擎起基督教所立圣善的标准,不让其有丝毫的差池……若基督教以静默为对付社会问题的政策,即不啻自认是一个出世的宗教。(第一章)
>
> 在新法治之下,人世间的一切不平等皆须除弃,与自然律相背驰的私人积聚产业,是人堕落后的一种遗毒。(第三章)
>
> 我们也必须承认:文艺复兴运动,果然是给了人类快乐力量和思想的解放……我们须要将基督教所看为基础的要义如牺牲和供奉,与科学所发明者互相调和。如此,可以使人知道基督教是要人丢去一切使人不圣洁之嗜好和恶习,但并不是强人牺牲一切合理的幸福,以致生活变为干枯无味。(第八章)
>
> 近代对于财产权显然是过重视了。所可惜者,始终没有一种制定的学说,可以评判其发展的限度,可以遏止其膨胀的势力……我们要获得一个新的社会制度,使各种阶级的人都得人格发展,有奇妙丰富的生活。(第九章)

又英国葛嘉尔主教于1927年在伦敦某大教堂内连作六次演讲,其演词汇订成册,名曰《基督与社会》,[②]其中有几段话说:

> 就现今的社会情形……全部着想,终是叫我们有许多不满意和可戒惧的地方,这种情形,明明是需要一种彻底的改

---

① 《基督教社会训育小史》,俞恩嗣译,中华圣公会书籍委办发行,1931年初版。
② 《基督与社会》,俞恩嗣译,中华圣公会书籍委办发行,1931年出版。

革,其势几乎非有一个惨酷的革命不可……我们不但要听从福音的教训,也当留意研究每一个时代的主义,尤其是现代的主义。福音要永久可以宣传,必须是合乎时代的。(第一讲)

欲予先取,是耶稣收人入社的政策。他所组织的这个社,范围固然是极广,但对于来入社的人,他必是先同他们讲道德的义务,不是先同他们讲权利的。(第二讲)

得救二字,无论是在《旧约》上或是《新约》上,根本的意义,都是含有社会性的……最初的教会是实行共产的。不过这个共产是完全出乎自动的。(第三讲)

教会目睹新工业主义的许多暴政,也确实知道穷困无告者受其虐待已至忍无可忍。但教会不但不效法基督替穷人抱不平,代其设法伸冤,反厚颜劝慰被压迫的穷人忍受一切,教他们以穷困为福气,以无产为高尚。我以为教会的羞辱莫此为大了……教会所兴办的一切慈善事业,只可算是消极的办法,毫无积极纠正社会恶习的能力。教会应当对着许多暴戾虐政和不公道的行为进攻,务必唤醒国人的良知,竭力纠正社会的积习,才算克尽厥职……我们千万不可忘记:革命要它成功,不可等到时局已至不可收拾的时候,乃是要在大多数人的情形有希望的时候动手。因为若要避免暴烈的革命,必须有个比较的有希望的环境供人改造,则和平改革才可以期望。所以要决定基督教如何可以恢复已失去的地位,在社会中重新做成它精神指导的本务……现在的实业、教育、法律,都是违背了公正的原则,以致造成了少数人的有产阶级,而使社会的多数人对于生活皆不满意。那些特殊阶级的人,因为害怕社会主义和共产主义所煽动的革命,乃竭力保守自己的利益,坚决拒绝改革的要求。而无产阶级则心中充满了种种的忌恨,迫之过甚,就用野蛮手段去对付享特别利益的人。苟非速将平民的痛苦根本铲除,则社会的前途实是十分可忧的。(第五讲)

　　一国的法律和制度,与人民的道德有莫大的关系。法律完备,可以使人民易于为善,法律废弛,也必使人民多行不义。所以法律和制度当先改变,则人心的改变,必更能收效……现时基督教的势力是比以前衰败了。大多数的哲学家、科学家、艺术家,都不愿承认自己为基督徒,显然有意叛离宗教。于是来信基督教者,虽未必再遇上古的逼迫,但必被人唾骂讥讽,其惨酷诚不减于上古的逼害。我以为这些情形,都是于教会有益的。或者教会可以从此改弦易辙,将基督教的真义重新表显出来。(第六讲)

又美国艾迪氏,是一个周游各地考察社会状况,宣传社会福音的热心基督徒。他曾著有《宗教与社会正义》①一书,在自述的一章中有几句话说:

　　自从宗教缺乏了它固有的精神能力,不能改造社会,于是遂使这世界变成了一种邪说纷起人欲横流的景象……所说的社会福音,它的意义是什么呢?简单说来,它不过在实业界中和全体的经济范围之内,拥护社会公道罢了……次之,社会福音所要求的,就是在种族的关系上要实现社会公道,没有什么黄种白种及黑种棕种的歧视。又在解决及法庭裁判的事情上

---

① 艾迪著《宗教与社会正义》,青年协会书报部译述刊行,民国十九年六月再版。

不许有什么野蛮武断,如备战和实行流血等事发生。在法律问题上,不分贫富贵贱,要人人平等,人人受同等的制裁。

艾迪氏又著有《现代的新信仰》①一书,在六章中有几段话说:

> 现在的更正教徒,竟然可以夸张不说谎、不狂饮和不吸烟的德性,而置工人的痛苦于不顾。一个基督徒在遵守礼拜和个人道德的时候,也许是很审慎的,但是他买卖的原则却完全违反基督的精神,这是最大的冲突……耶稣希望我们的,是财产的变卖和分配,而且又提出积财富在地上的危险,但是我们却把他的话当作耳边风。我们原来是要得到金钱,但是到末了金钱却得到了我们。钱财迷惑了我们,把我们的心硬化了,因为钱财到末了是一定要使我们失掉是非之心的……在欧洲历史中,有四种伟大的运动是值得我们注意的。第一是美国独立运动,第二是法国自由运动,第三是意大利民族运动,第四是俄罗斯共产主义的运动。但是无论华盛顿或卢梭,或玛志尼,或列宁,都是有一种群众为目的底热情的……所以最要紧的还是在我们的热情。冷酷理智是不能够造成革命的。只有热情才能使我们视死如归……所以我们只要有以人类为怀的那种热情,那么,虽星星之火,可以燎原,因为这热情是根据于耶稣的。

还有艾迪氏所辑的《近代名哲的宗教观》,②其中洛克客所著的

---

① 艾迪著《现代的新信仰》,青年协会书报部译述刊行,民国十九年再版。
② 《近代名哲的宗教观》,艾迪辑,青年协会书报部译述刊行,民国二十年十月五版。

第五章 基督教在世界历史上的价值

《基督教与社会的斗争》一篇文里说：

> 教会要恢复它昔日的光荣，要得到耶稣失而复得的生命，必须与当代掠夺人命的势力彻底奋斗……教会与社会经济方面已成立的制度发生关系，渐渐地积重难返，以至于它觉得反抗这些制度的任何运动，都是于它很为难的。教会不是有意地放弃了它的主义，实在是因为它依赖已成立的制度和财富来维持它自己……我们尝自夸美国的教会完全不受政府的约束，其实这是大言不惭的欺人之谈。因为教会表面上虽似独立，骨子里仍受政府无形的操纵，尤其当政府要利用教会达到它的国家主义的目的时候。近年以来，这种情形似乎比从前更进一步了。如果教会要恢复使徒时代的活力，必须把政府所束缚的枷锁挣断，无论它的代价是怎样。

我们看了以上所引诸人的言论，就可知现代欧美各国的基督教会中，正有许多不满意于现社会的人们，或是结合团体，或是公开演讲，或是著为论说，总是要唤醒基督教认准了它应当改造的责任，努力向社会进攻。他们各人为热烈的感情所驱使，都不愿徒然夸耀以往基督教所留存于历史上的价值，而专一指摘现今教会如何丢弃了它的使命，基督徒如何违反了耶稣的训言，希望基督教在未来世界中能有更大的贡献。他们所观察的，所批评的，较诸一般非基督教的人更为透彻，他们所主张的也不是墨守古训而忽视时代的要求。所以我们可说：现今基督教本身到了觉悟而力求改进的时期了。

总之：人类社会必须改造的原理，耶稣已经在二千年前启发了后人。他又用他的热血膏沐了无数信仰他底主义的人，不断地吸引他们为这事努力。所以这世界进化的历史，已足使基督教的价值不容藐视。但是世界的以往既是和基督教有不可分离的关系，因此现世界的令人不满，也就不能不归咎于基督教而啧有烦言。在这时候，要问基督教在将来的世界还有没有地位？它究竟对于将来的世界还能表显出何等重大的价值？那就只有等待着基督教本身用事实来证明。

第六章　基督教与中国的关系

　　基督教与中国发生关系，若从唐朝的景教说起，到现在恰好已有了一千三百年。然而中间屡经断绝，它所及于中国的影响，远不能与欧美各国相比并，它在中国的价值若何，也就不容轻易评判。今先将它来到中国传教的历史分成四个时期，略为叙述：

　　一、现时保存在西安碑林中的《大秦景教流行中国碑》①是唐德宗建中二年（781）建立的。所谓景教，原是罗马教的一个支派。创立这支派的是第五世纪一位名为内司妥利安的主教。当时各教会首领因为他的神学论与传统的说法不合，就判决他是异端，革去他的主教职分。但还有许多信奉他底学说的人，就成立了一派，传到波斯国。唐太宗贞观九年（635）这一派的教士阿罗本从波斯来到长安，太宗派人欢迎他，又下诏在长安建立大秦寺，度僧二十一人。唐高宗时，各地方都有景教的寺，又尊阿罗本为镇国大法主。唐玄宗时，曾将五朝皇帝的画像安置在寺内，又曾御题寺的匾额。唐代宗时，皇帝常送名香或御厨的食品给僧众。唐德宗时有印度僧人名伊斯，还有汾阳王郭子仪，对于景教多有布施，寺僧就在大秦寺

---

　　①　当时所谓大秦，是指罗马国。《册府元龟》引天宝四载九月诏曰："波斯经教，出自大秦，传习而来，久行中国，爰初建寺，因以为名。将以示人，必循其本，其两京波斯寺宜改为大秦寺，天下诸州郡宜准此。"正是说明景教虽是从波斯来到中国，但原本是从罗马分出来的。

前建立了《大秦景教流行中国碑》。可见景教在那时是很盛行的。到了唐武宗,信崇道教,大禁佛教。会昌五年(845)诏令天下僧尼一齐还俗,毁教寺四万余所,僧尼还俗者二十六万人。景教在那时被认作佛教一流,①教士也被称为僧,所以景教的寺和僧,当然也与佛教的寺和僧同被毁坏与解散。后来不久佛教又得恢复旧观,而景教却未能再兴。

二、景教虽然在唐末绝迹于中国,但在中亚细亚一带却还有信奉景教的民族——特别是回纥族。元世祖的母亲就是回纥族的景教徒,所以世祖对于景教也很重视。及世祖入主中国,景教就又随着东来。我们在元代公文书中常见到有"也里可温"字样,就是指着信奉景教一流的人。每次颁发诏令,总是将也里可温与僧人、道士并举,同得享受不隶军籍、蠲免徭役、免征税租等等的权利,有时还依僧人的例,赐给口粮,可见这一流的人也必不在少数。又元世祖时,罗马教的教士约翰到中国朝见世祖,于北平建大堂一所,传教十一年,得信徒六千人。其后罗马教王又派遣教士七人来中国,均封为监督,而以约翰为北平总监督,同时又派立杭州、福建监督各一人。又当公历1274—1295年间,有意大利人马可保罗游历中国,著有游记,其中述及在吐尔番、喀什迦、撒马更、雅更、敦煌、肃州、甘州、凉州、西宁、宁夏、归化、云南、河南、扬州、镇江、杭州、北平、彰德、太原、平阳、澉浦、山东等处皆曾遇见基督徒。这就可想见基督教在元代的概况。及明太祖平定中原,元朝的后裔退回蒙

---

① 敦煌石室所藏唐人写经,中有《三威蒙度赞》一卷,即是基督教的经典,又大同云岗唐代著名的石刻,多是佛教的象征,然其中有一山洞内尽是基督教的记号,有十字架,有绵羊与鸽子,可见唐代以景教与佛教相混合。

古,基督教在中国又暂时停止了活动。①

三、明万历八年(1580)罗马教第二次再到中国,当时称之为天主教。② 第一个来的是意大利人利玛窦氏。他来时,先在广东、南昌、南京等处住了二十年,最后才得来到京师。皇帝颇优待他,士大夫也多欢喜与他来往。他的交游很广,所著的书也不少。住在京师十年,至万历三十八年(1610)去世,皇帝特赐葬地在京师阜成门外安葬。当时罗马教士在利玛窦以后来的,又有龙华民、毕方济、艾儒略、熊三拔、邓玉函、庞迪我、阳玛诺、汤若望、罗雅谷诸人。他们也都能著书立说,传播科学,如数学、历法、测绘舆图、制造炮铳等等。明崇祯年间,宫廷中妃嫔王子多有信奉天主教的。③ 士大夫中信教的如徐光启、李之藻、杨廷筠、金声、瞿式耜、吴历都是有名的人物。至于天主教堂,在京师有三处,在十三个行省内共有二十七处。计自明万历二十八年至清康熙初年,五六十年之间天主教在中国可称极盛。康熙三年,曾因杨光先控告钦天监官汤若望、南怀仁推算日食错误,天主教一度被禁止传教,然不久又解禁,直至康熙五十九年(1720)始实行严禁。这是因为自从利玛窦以来,教士对于传教的意见分成两派,他们所争执的有三点:一是天主与上帝的中国译名;二是中国人祭祀祖先的事;三是中国人敬拜孔子的事。属于利氏这一派的以为这些事都不妨从中国的惯例,其他一派则极端反对。后来两派的人请示于罗马教王,教王不赞成属

---

① 本节多取材于陈垣氏所著之《元代也里可温考》及《中华圣公会报》第二十九卷第三四期所载沈子高主教景教来华一千三百年纪念礼拜之讲演词。

② 《明史·意大利亚传》,大都欧罗巴诸国悉奉天主耶稣教。

③ 《烈皇小识》云:崇祯初,徐光启进天主教之说,宫府尽毁诸铜佛像。又明永历帝之母后等信奉天主教,亦见前人记载。

于利氏的一派,于是定下了七条禁令,屡次派人到中国来向各教士宣谕禁止。及至康熙五十九年,这七条禁令竟上达于康熙皇帝。皇帝大怒,就用硃笔在教王禁令的后面写了"以后不必西洋人在中国行教,禁止可也,免得多事"几句话。① 于是教士都被驱逐出境,各省教堂一律改毁,历雍正、乾隆、嘉庆三朝以至道光朝的中年,对于传习天主教都有明文禁止。这时唯有俄罗斯所崇奉的希腊教,②因为康熙、雍正两次与俄国订约,都载明准许教士在北京设堂居住,并且他们的教士向无传教的动作,所以不在禁止之列。

四、清道光十九年(1839)两广总督林则徐烧毁英商贩运的鸦片二万余两,英国就派兵船侵扰中国沿海,攻陷厦门、定海、镇海等处,又分兵至乍浦、宝山、上海、镇江,进逼江宁,清兵屡战不利。道光二十二年(1842)就在江宁签立和约,许广州、福州、厦门、宁波、上海五口通商。和约中有一条是"耶稣天主教原系为善之道,自后有传教者来至中国,须一体保护"。于是耶稣教③与天主教就都在五个通商口岸先后设立教会,但还不能进入内地。到了咸丰八年(1858)因英法两国攻陷大沽炮台,清廷又与英法美俄四国订约于天津,其中关于传教的事,英约中有"耶稣圣教暨天主教……自后凡有传授习学者一体保护"等语。法约中有"天主教原以劝人行善

---

① 见英敛之氏影印之教王禁约及康熙谕旨。陈垣氏于民国十四年跋云,原稿约本在故宫物博院文献部之乐寿堂。
② 基督教盛行于罗马后,罗马分为东西二国,基督教会亦分为二。在西罗马之教会为罗马教,来到中国称天主教,亦称公教。在东罗马之教会为希腊教,来到中国亦称东正教。
③ 16世纪初年,德国人马丁路德攻击罗马教改正教规,欧洲北部各国教会闻风响应,于是此一宗派之教会遂不受罗马教会之统辖,名为新教。一名改正教,或名复元教,或称抗罗宗。在中国则通称耶稣教以别于天主教。

为本……入内地传教之人,地方官务必厚待保护……向来所有或写或刻奉禁天主教各明文,无论何处概行宽免"等语。咸丰十年(1860)英法联军攻入北京续订条约,法约中又有"应如道光二十六年正月二十五日上谕即颁示天下黎民,任各处军民人等传习天主教,会合讲道,建堂礼拜,且将滥行查拏者予以应得处分……并任法国传教士在各省租买田地建造自便"等语。于是从前的禁令一概无效,耶稣天主两教得自由在行省选择地点,设立教会,信教的人日见增加,而仇教的事也日见其多。及至光绪二十六年(1900)就演成义和团的惨变,国家受莫大的耻辱与损失,各地教士及教徒之死于难者约数万人。自此之后,政府屡颁明令,劝告民教相安,中外隔阂情形也逐渐减少,不再有从前所谓闹教的案件。但最近十数年来,世界基督教既受了大战的影响,在中国的基督教又经过一次知识界"反基运动"的震荡,也似乎不能像以前普遍进行顺利。还有所谓东正教,自从1917年苏维埃政府革命以后,受了重大的打击,所有在中国原不发展的东正教会,也感到经济来源的中断,其景象当然不足称述了。

假使我们要统计基督在中国所成就的事功,除了唐代的景教是依附于佛教,没有独立的性质,元代的景教与罗马教因为在蒙古族势力之下,与汉族文化少有接触,似乎都不必置论外,明末清初的天主教得着很好的机会,在中国文化方面也有过相当的贡献,然而也已成陈迹。至于现时在中国流行的耶稣天主两教,在这将近百年之中,从外国派来的热心传教士何止万人,从外国运来为教会用的金钱何止万万,各教会的热心布道固不让前人,对于社会上有益的工作且较之以前更为推广。这些状况,他们都各有出版的年鉴或统计报告,也不必于此一一称引。但有几件事是必须提及的,就是:(一)教育事业,(二)医药事业,我们决不能因为现时公私立的学校医院已遍于全国而忘了基督教开创的前劳。还有(三)社会服务事业,(四)学生事业,最初是基督教提倡,至今仍是基督教特殊的工作,这也早为一般人士所公认的了。

上述基督教在中国的历史及其所成就的事功,起初在教会中人看来,大概以为虽然还没有达到希望底目的,也已经可抱乐观。然而一旦受了国内外政治潮流的影响,就自然地感觉到基督教在中国还没有稳固的基础。这其间自有很多的原因,我姑且提出重要的三点来说:

第一是:宣传宗教而夹带着国际间的势力,就不啻抹煞宗教本身的真义。原来宗教与学术,总是要人心中受感自由信奉,绝不应藉着任何势力来推动它。所以从前中国的儒学以及佛教和道教,都曾凭着帝王的提倡而兴盛一时,其结果则有的是失去了本真,有的是与时俱谢,即基督教之在罗马,也正是在成为国教之后才生出种种的弊端,这些都只是本国势力的参加,尚且成为前车之鉴。乃不幸这末一次的基督教来到中国竟是利用外国的武力,在订立不平等的条约中,强迫着中国用政治的势力来保护传教,开千古未有之创局。这在当时的传教者或且以为得计,并且也许可以藉口于为目的而不择手段。但在现时代的人看来,确乎是铸成大错了。试想百年以来,为了这一件事,曾经使中国和外国发生了多少次的交涉?一次一次的赔款割地,国家丧权,人民痛苦,当时纵然忍受屈服,事后抚视创伤,痛定思痛,怎能不归怨于基督教?现时有些教会为了成立五十年或七十五年乃至百年的纪念,开会庆祝,其实教会所庆祝的恰是国家和人民所应当纪念的国耻,这种观念不同的冲突将怎样解释？这种冲突若不能解释，无论你讲说仁爱或讲说公义，都不能有所依据，又怎样能希望将基督教的道理栽种在中国人的心里？所以唯一的办法，只有由各教会的西国教士联合起来，呈请他们各本国的政府知照中国，将条约内关于传教的条款一律取消，西教士不受条约的保护，仍得自由在中国教会中服务。此事在前些年反基运动最激烈的时候也曾有所拟议，终因意见不能一致，赞成取消者固有其人，反对取消者究属多数，遂致终于搁置。大约不等到教会或国家再度发生重大问题时，此事很难望有何改变。只图应付目前，不知规划远大，这就是中国基督教根基不固的主要原因了。

第二是：教会固执成见，宗派分歧，反而将本身最大底目的置诸不顾。试看明末清初的罗马教士往来于京师各地，既得着帝王的优礼，又有许多士大夫信从，并且他们都具有渊博的学识，高尚的人品，热心传道，能将本教的道理与中国固有的文化沟通，不轻易反对中国的礼俗。又能将各种科学介绍于中国士大夫，自己也为中国政府效力。倘使来者继续不绝，各尽所长，中国士大夫相与研究他们所传的科学，更能自为发明，岂不是中国在三百年前早已可得到科学的利益？同时基督教的真义也必为士大夫所接受，广为传播，岂不是中国与基督教同受其福？乃当时罗马教王既不明中国的大势，又固执着遗传的规制，仅仅因为上帝或天主的名称，和祭祖与拜孔的礼节，严令教士不许通融，就因此断绝了传教的机会。试问：上帝或天主只是两个字名称的区别，于大道有何关系？祭祖是由于爱亲，拜孔是敬其为人师表，也都与教中禁止拜多神以求福的戒律无干，更何必斤斤计较？然而当时教会专制的元首，以及号称谨笃的教士都见不及此，竟甘心墨守成法而抛弃了可宝贵的事功，岂不是为小而失大？又如现今在中国的教会，除天主教不计外，单是耶稣教就有将近一百个名目不同的教会。它们也许能在同一地方联合起来办理地方公益的事业，但对于传教的事，却因为教政或教规不同的缘故，总是各不相谋，有时还要互相猜忌。假使它们真能事事联合，再和天主教合而为一，大约统计各教会的经费总不下千百万，教士和教徒也有数百万人。这许多的人和财源，照着共同目标去努力前进，我敢说中国大约没有其他巨大的团体能与教会比并，教会何患不能做成大事？然而各教会都抱着从西方流传过来的成见，认为宗派不同，合一决办不到。它们不想：基督教在欧洲是先合而后分，所以根本尚无大害，然而现时欧美教会尚且感觉教会合一之必要。至于中国，竟是从起头就各自分离，哪里能有根基呢？

  第三是：中国教徒分子不纯，不能有真正的团契，因而就没有全国联合自立的准备。依照上面所说，我们希望传教不要受条约保护，又希望教会不分宗派，成为中国合一的教会，那就必须中国基督徒对于教会负起绝大的责任，能够自养、自治、自传。然而观察现时中国所有的基督徒，哪有这样的能力？这个缺点，实在是中国基督教的致命伤。而究其原因，又不能不归咎于初来的教会。试再分三层来说明：（一）初时教会到内地来设立，一般人都怀着仇视与疑忌的心理，士大夫既不屑和教会接近，教会就只有向民众宣传，这原是无可如何的事。然而传教者的错误，乃在急于得人，就滥用金钱或其他利益以引人入教，遂使吃教的名词成为当时赠与教徒的称号。这类吃教的人，除了只求自己利益不知爱惜教会之外，还要倚仗教会的势力，欺压教外的人民，酿成民教相仇的惨案。我们追思往事，教会在开始的数十年中费了多少人的心血，用了数百千万的金钱，而首先得着的大半是这一类数十万的教徒，于教会有百害而无一利，真是万悔莫追了。（二）传教者不察中国的国情，不顾中国社会的需要，只知墨守传统的神学向人述说，就很容易养成一般名为奉教的教徒。他们有的是希望在天的永福，在教会中恪遵仪式；有的是因着家庭世代信奉，循例入教，而自己则对之毫无兴趣，亦无任何主张；更有的是在教会兴盛时则依附而来，过时也可以翛然而去。总之他们都是不理会基督教的真谛，因此就只知一己而对于社会绝不发生热情。试看自民国以来，有许多基督徒都得着非常的际遇，高据要津，也有些大资本家都是藉着基督教会才得发迹，他们尽有很大的势力，可以援助基督教使之改革兴起；但是他们对于基督教在中国的前途从不计及。所以教会也许因着有了他们好像一时显着兴旺，而其实则于根本的建立渺不相关。（三）除了上述的两类人以外，还有所谓知识界中一部分——青年学生当然在内——教徒。这一类的人，大半对于基督教都有新的觉悟，对于国家社会的复兴与改造更具有热诚。但是将他们和前两类的人比量，他们在教会中是最少数。并且因为他们往往偏于猛进的改革，现教会的人多不愿意与他们合作，甚至有时要防备他们。若是中国教会要想自养、自治、自传，而将预备人才和经济的重担一齐都加在这少数而又无实力的人身上，又哪里就能办到？中国基督教徒的现象如此，所以我们对于取消保护传教的条约及成立全国联合自立教会的两种希望，至今还只是空言评论，不能在事实上进行。这乃是中国基督徒全体最大的耻辱。

于上述三大原因之外，中国基督教会及中国基督徒自然也还有不少的缺失，我们也不必很琐碎地列举。并且我们若将这三大原因的内涵加以推想，也许就可以概括一切了。

基督教在中国没有立定根基，是由于教会与教徒有许多缺欠，自然就要受教外人的反对。中国反对基督教的事可分为两个时期，第一时期是自江宁订约起至辛丑订约止，其间有六十年；第二时期则是近二十年来的事。前者经过多时的酝酿，一旦爆发，祸害遍于全国，其事虽已过去，而隐痛犹在人心。后者起于少数知识阶级的号召，其影响亦已及于全国，现时虽暂时潜伏，将来还有随时爆发之可能。兹分别略述之。

一，自前清道光、咸丰两朝迭次与各国订有保护传教的条约，耶稣天主两教由通商口岸渐入内地，一般人方深恨外人之倚恃武力，侵夺我国主权，而教会的种种行动又不为一般人所习见，当然就很容易发生许多误会与歧视。当时仇教的原因又可分为两类：一类如光绪年间两广总督陶模覆西教士李提摩太书中有一段说：

> 夫中外开衅，特因通商之故，与教无预，唯传教之约既因兵事而立，于是中国人民意谓外国传教特以势力相驱迫，而疑畏之心遂生，此一原因也。基督教规本极严肃，唯闻教会定例以入教者多寡为教士之功过殿最，则立法不无流弊。在教会初意但以验教士之勤惰，从教之衰旺而已。然而神甫牧师唯欲教民之多以为功，于是教徒之来，不暇别择限制，贤否杂进，美恶混淆，教案之起每由于此。此又一原因也。入教之人良莠既不可知，于是争讼之案日甚一日。夫教士之干预词讼，初唯有关教务者不得不为之申理，积渐既久，虽寻常户婚田土案件亦往往出而关说。教士远来中国，于地方情形岂能深晓，但凭教民一面之词，与官争论，地方官以外交之故，不免有以曲为直，以是为非者，民既受屈，从而生怨。此又一原因也。虽然，安分良民，虽有冤抑，必不肯起而发难，其滋事者必奸民无

赖，藉仇教为名，耸动乡愚，乘闲起事，以便其夺掠之计。此种教案，大率以赔偿议结，而赔款唯地方及绅富认之，彼奸民无赖，贫无立锥，赔款虽多，于彼何预。在教士之意，岂不曰重重偿款以将来？不知赔款者甲，滋事者乙，各不相涉，何从示戒？且因此而绅民之忌教愈深，奸民且易得志。此又一原因也。前之一因，偶误于始，无可言者，且事在数十年前，亦已渐忘之矣。后之三因，则方今之事无有切于此者。①

陶氏所说，可谓切中事理，我在上文亦已经约略提及，这是教会不能不自承错误的。又有一类，如两湖总督张之洞所著《劝学篇》内《非攻教篇》其中有一段说：

> 至于俗传教堂每有荒诞残忍之事，谓取人目睛以合药物，以造镪水，以点铅而成银，此皆讹谬相沿，决不可信。光绪十七年宜昌教案，先哄传搜获教堂所畜幼童七十人皆无目者，百口一辞，及委员往会同府县一一验视，则皆无影响。止一人瞽其一目，眼眶内瘪，其睛尚在，其人及其父母均言因出痘所伤，群疑始释。又如光绪二十二年江阴教堂之案，乃系劣生向教堂索诈，埋死孩以图栽诬，城乡周知，其人当即服罪讯结。此皆近事之可凭者。试思西教创教千余年，流行地球数十国，其新教旧教争权攻击则多有之矣，从无以残忍之事为口实者，若有此事，则西国之人，早已尽为教堂残毁，无完肤无遗种矣。若谓不戕西人，唯残华民，则未通中华以前，此千余年之药物

---

① 见光绪三十一年南洋官报局印行之《教务纪略》卷四下所引。

镪水银条安所取之。且方今外洋各国所需之药物镪水,所来之银条,一日之内即已无算,中国各省虽有教堂,又安得日毙数千万之教民,日抉数千万之眸子以供其取求耶?语云,"流丸止于瓯臾,流言止于智者。"荐绅先生,缝掖儒者,皆有启导愚蒙之责,慎勿以不智为海外人所窃笑也。①

这一类的事,在现代看来原是不足置辨,然而当时张之洞氏特将此一段写入《劝学篇》中为士大夫说法,可见当时这种风说是极为普遍,不但愚民相信,就连知识界中人亦未能免于流俗之见了。

　　既有以上两类的情事在国内各方面鼓荡,积之既久,各处就接续发生闹教的案件。这时各国又往往藉着交涉教案的机会,续订条约,强争各项利益,就格外引起中国一般人的不平,再加上有些复杂的分子要藉此生乱,遂致有庚子之变。次年辛丑订约,前事告一结束,自此以后。教会是常常记念庚子年的教训,逐渐改善,而一般国人则每想到辛丑条约的痛苦,总是不能忘怀于条约之所由来。

　　二,辛丑订约以后,教会虽然又得安然无事,并且日见发展,然而它在前清时代还不能在社会中取得相当的地位。因为清代曾有过一百余年禁止习教的历史,其时拥护孔教的人都断然地斥基督教是异端,士大夫就莫不以信奉基督教为耻。后来虽有不少在教会学校肄业的学生信教,但为要避免亲友的讥笑,往往不肯公然宣布。所以当时一般的知识阶级,只知对于基督教十分藐视,绝不注意它能有何种的发展。到了民国成立,革命党人中既多有基督教

---

① 张之洞《劝学篇》,光绪二十四年两湖学院刊印。

徒,信教自由又已载诸约法,所有信教的人们都不再自隐讳而显然表白于众,并且能在各职业界中有相当的声望,一般人对于基督教的看法当然就与前不同。更有教会所办的各级学校,从前政府是采取放任主义,不承认也不干涉,后来因为教会成立的学校日见推广,成绩并不低劣,在这类学校肄业的学生又日见其多,政府就不得不改变方针,规定了几件法令,渐渐地有容纳教会学校立案的趋势,就更引起国内教育界对于基督教的注意。在这时期中,有少年中国学会通过了"有宗教信仰者不得入会"的议决案。又在北京及南京举行了几次宗教问题演讲会,其中有好几位当代名家的讲演都持反对宗教的态度。还有北京大学学生所办的《新青年杂志》以及其他报章杂志也都登载着讨论宗教及反对基督教的文字。及至民国十一年四月,世界基督教学生同盟在中国北京地方开会,并且借用清华大学的礼堂为会场,更引起学界的注目。于是在上海成立了非基督教学生同盟会,发出宣言及通电,北京各学校也组织了非宗教大同盟。不久,国民革命政府的势力日渐扩张,在国民党容共的时期中,反基督教的声势更甚,在上海又成立了非基督教同盟,在各城市及各学校成立支部,定每年十二月二十二日至二十七日为反基督教周,又编印反对基督教运动小册子,在各地有游行示威,散发传单,分队演讲,并到会堂扰乱秩序等举动,一时全国教会大受影响。直至国民政府在南京成立时,这种运动就暂时止息。

非基督教运动中,包含着理想主义、国家主义、共产主义三派。他们所持的反对理由,大致有下列的各种说法。

(一)反对一般宗教的。如:(1)阻止学术;(2)妨碍科学发展;(3)养成人的倚赖性等。

(二)反对基督教的。如:(1)它是倚靠着压迫掠夺阶级而存在的,就是与封建制度、资本制度妥协;(2)作帝国主义的先锋队;(3)利用传教破坏中国民族的独立性;(4)是害人的麻醉剂;(5)轻看妇女,专教她们顺从屈伏等。

(三)反对教会的。如:(1)假借名流,联络官场,逢迎财主;(2)利用物质的引诱与虚荣的心理而收教徒;(3)在中国传教多年,只把一部分乡人的菩萨换了个上帝,而且养成他们崇拜洋人,此外别无好处等。

(四)反对牧师的。如:(1)倚帝国主义为后盾,恐吓官吏,武断乡曲,袒庇罪犯,包揽词讼;(2)言喻矛盾,行为欺诈;(3)到外国讲演中国人的愚蠢野蛮,增加外人轻鄙华人的观念等。

(五)反对教会学校的。如:(1)专制;(2)恐吓;(3)守旧;(4)禁止爱国;(5)亡国奴养成所等。

(六)反对教义的。如:(1)赎罪说是造谎,又是奖励人作恶;(2)以忍辱退让为博爱是不可通;(3)不及佛教圆满;(4)与中国国情民性不合,中国知识阶级需要儒教,普通阶级需要佛教等。

(七)反对耶稣的。如:(1)历史的耶稣是无足轻重的;(2)圣经中耶稣与教徒所讲的耶稣,不过是口是心非、褊狭利己、善怒好复仇的一个偶像等。

以上各种的说法,有的是合乎事实,也有的是由于误会。有的是现时还存在的弊端,也有的只是历史上的污点而后来早已革除。但无论如何,这些都是教会和教会中人的过错,于基督教的根本教义并无关涉。至于他们批评教义和耶稣为人的几点,我们若是详细地研究耶稣的行事和训言,即可得着合理的解释。反教者对此少有认识,轻加评判,未能中肯,当然无足为怪。因此我觉得在反基督教运动的文字中,只有陈独秀氏所说的最为明通,他的态度也

第六章 基督教与中国的关系

最为诚恳。试看他于民国九年所写的《基督教与中国人》①一篇文里说：

> 我们今后对于基督教问题，不但要有觉悟，使他不再发生纷扰问题。而且要有甚深的觉悟，要把耶稣崇高的伟大的人格，和热烈的深厚的情感，培养在我们血里，将我们从堕落在冷酷黑暗污浊坑中救起。

又说：

> 最可怕的，政客先生现在又来利用基督教……他大骂无产社会是"将来之隐患"、"大乱之道"，他忘记了基督教是穷人底福音，耶稣是人的朋友。

后来他又于民国十一年写了《基督教与基督教会》一文，②在这文中，虽然也批评到教义的缺点，如上帝的全能全善及耶稣的降生复活行奇事等——其实这些乃是后来神学家的好为曲解与附会，与耶稣的教义根本无关——但他所说的却极其分明。他说：

> 我们批评基督教，应该分基督教（即基督教教义）与基督教教会两面观察……在现在人智发达的社会里，一切古代人智蒙昧社会所遗传的宗教教义底缺点，自然都暴露出来了，所

---

① 见《新青年》七卷三号。
② 见民国十一年三月非基督教学生同盟出版之《我们为什么反对世界基督学生同盟》。

以我们不必对于基督教教义的缺点特别攻击。至于基督教教会自古至今所作的罪恶，真是堆积如山，说起来令人不得不悲愤而且战栗……我始终总觉得基督教与基督教教会当分别观察，但是我的朋友戴季陶先生他坚说基督教教会之外没有基督教，不知道教中人对此两说作何感想？

我们看了他这两篇文字的大意，可知道他对于教会是深致愤慨，而对于耶稣的人格和耶稣的教训则十分敬佩——他在《基督教与中国人》那篇文里曾引了许多耶稣宝贵的训言——他的持论是平允的。我想：他虽然不是一个基督徒，他却真能了解基督教与将来的中国必有密切的关系，他正是一个有志于改造社会的人。

二十年来的反基运动，将基督教会所有的缺欠暴露无遗，使教会中人不能不感受这莫大的刺激。因此，全国教会所有普通的事功虽然受了相当的顿挫，但它们却能一齐顺应着潮流，自谋改进。并且有些早已觉悟的基督徒，更抱着积极的精神，要负起振兴中国基督教的责任，这也可说是反对者所促成的。类如：范皕海氏在《东方的基督教》①一篇文里说：

> 耶稣基督生于犹太……可见基督教本来是东方的……而他的教义却先到西方……他的形式免不了完全的西方化，变成西方的基督教了……我们要把基督教还诸东方……我们必须恢复原始的基督教，由我们东方人用东方性质发挥之，广大之……或

---

① 见《现代思想中的基督教》，民国十四年一月青年协会书报部出版。

者与原始基督教比较的符合,不致像西方那样的凿枘。……第一,基督教是东方的世界主义,不是西方的国家主义。第二,基督教是东方的未来主义,不是西方的现在主义……第三,基督教是东方的和平主义,不是西方的竞争主义……第四,基督教是东方的躬行主义,不是西方的学说主义……从第一端世界主义可见基督教决不做帝国主义的先锋。从第二端未来主义可见基督教决不做资本主义的后盾。这都是西方利用基督教,使基督教涉此嫌疑。从第三端和平主义,可见要铲除世界将来的战祸,非发展东方的基督教,使西方人都从私欲横行权利竞争的陷井里面提拔出来,转入正义人道的坦途,没有办法。从第四端躬行主义,可见东方的基督教乃是一个人把身体作为圣殿的基督教,不是高塔尖矗西洋式礼拜堂的基督教。我们须认明这是真正的基督教,这是原始的基督教。

又谢扶雅氏在《基督教与文化》序文里说:

我觉得中国人的责任异常重大。我们的人生哲学,实在是世上最肥沃的良田,凡属于精神的或道德的好种子撒在上面,每易开出最绮丽之奇花,结成丰甘之善果。试考佛教的最高思潮——大乘——不兴盛于本产的印度而转繁茂于移植的中州,同样,基督教的最高思想与精神,是否也将特别彰显于这一块无上美地?我们的使命岂不大么?

看了他们在十年前反基运动正激烈的氛围中,写出这样诚恳而兴奋的文字,不能不理会到反基运动对于基督教一切严厉的攻击,正是苦口的良药,于基督教是何等的有利!它乃不啻是基督教的良友了。

这些年来反基运动虽已暂时止息,然而在中国基督徒中却还是不断地产生出新的基督教观。这一类的新见解,可以我的朋友吴耀宗氏的言论为代表。他认定了耶稣的福音是改造社会的福音,曾写了《社会福音的意义》一篇很长的文字,①其中有两段说:

> 我们肯定了耶稣的福音是社会的福音,并且,在原则上是应付一切时代需要的福音……我们看见无数困苦颠连的民众,我们看见一个压榨掠夺的制度,我们看见没落时代许多矛盾纷乱的现象……于是我们大声疾呼地说:我们需要一个能应用在今日的社会福音。
>
> 这是动荡着的时代,演变中的世界。在现在,是痛楚中的呻吟,在未来,是血光中的斗争。受着压迫的人必要反抗,享着利益的人必被推倒,不平的都要把他填平。这是公道,这是真理,这是历史所昭示的事实,没有人能长久地违反真理,没有人能阻止时代的推进。现在,革命的局势已经展开了,光明的势力已经开始向黑暗进攻了。"天国是努力进入的,努力的人就可以得着。"在这当中,没有一个中立的安全地带,不前进的便只有往后退,不革命的就是反革命。"我来要把火丢在地上,倘若已经着起来,不也是我所愿意的么?""你们以为我来是叫地上太平么?我告诉你们:不是,乃是叫人分争。"我们爱和平,但我们更爱公道,我们爱人,但我们也恨罪。我们要有热烈的愤怒,但也要有深挚的同情,我们要有峻厉的威严,但也要有

---

① 见吴耀宗著《社会福音》,民国二十三年九月青年协会书局出版。

宽宏的度量。这一切,我们在耶稣的社会福音都找到了。

他所说明的社会福音底价值,的确可以应付现今中国的需要,我想凡是有志于改造社会的人都不能否认。更有将在下学年中召集的中国基督徒学生运动大会,它的动机是从民国十一年世界基督徒学生同盟在北京开会时起始,后来就成立了筹备委员会,在民国十六年规定学运的目标是:"本耶稣的精神,创造青年团契,建立健全人格,谋民众生活的解放与发展。"酝酿了好些年,到民国二十二年成立临时全国总会,对于本运动应有的许多问题经过详细的讨论,最近它发表一篇《中国学运信仰与使命的商榷》,①其中有很多重要的意义。现在摘录数段:

> 因为耶稣看重了生命的价值,所以他的宗教是革命的宗教。他对任何压抑和摧残生命的个人与制度,都加以猛烈的攻击。他的爱的表示,对压迫者是申斥与反抗,对被压迫者是援助与同情。
>
> 从基督教的立场来说,我们绝对主张现在社会不平等的经济组织的变革,但我们相信:物质基础的改变只是革命的初步。以实现人的价值为中心的社会,是需要多方面的革命,不断地革命的。我们认为耶稣的福音是对世界一个亘古的挑战。
>
> 我们肯定现在的中国需要一个社会革命。所谓社会革命,就是把根据私有、放任、竞争的原则而成立,因而产生剥削、压迫、不平等诸现象的社会,变成一个以共劳共享共有共治为原

---

① 见《中国学运》第二卷第四五期合刊。

则的社会。

  革命的步骤是先发动对外的抗争，从抗争中团结大众的力量，然后扫除一切的障碍革命的势力，以建设为大众谋利益的新社会。

  我们反对狭隘的国家主义，我们也反对被资产阶级所利用的爱国观念，但我们以为在目前的阶段，国家是应当存在的。忘却自己所属的国家而高谈大同，那只是一种浪漫的空想。

它这个团体的组织，是以在校的基督徒学生为主体，加入已毕业于国内外大学的基督徒，又有基督教中的领袖作顾问，所以它所发表的意见，也就可以代表中国基督徒最新的思想。试看上面所引的几段文字，就可知道现时基督徒的新思想中，凡是反基运动所指摘的种种缺欠，决不再有丝毫的存在。因此我又以为：自从基督教与中国发生关系以来，这个中基学运，也许是一个将来能结最大果实的种子。它现在虽然刚在萌芽，然而我深信——并且也切望：它必要先清理它自己的园地，用功夫培养这刚出现的萌芽，叫它根柢深厚，不急于发荣枝叶，在未来的新中国里，它必要为基督教立定了根基。

第七章　中国文化以往的检讨(上)
(学术思想之部)

在第一章引论中,我已提到本书叙述中国文化只注意于学术、政治、社会三部分。但这三部分的范围已极其广博,尤其是学术思想部分,含蕴深厚,想要在很小的篇幅中论到它的演变得失,真是谈何容易。所幸近三十年来,因着世界思潮的推荡,中国思想界早已顿改旧观。有些学者,或是在任何论著中透露出新的观点,或是有了新观点就截取本国文化的一部分来尝试着批判。他们都具有敏锐的眼光,对于中国既往的一切能够仔细地观察,又能不受传统学说的束缚,自由地发表言论。更有些人运用新的论理方法——类如所谓辩证法——来论断往事,也无不得着征验。总之,近代中国的思想家换了一副眼光,将中国以往学术思想的价值重行估定,就差不多将以往三千年的学术思想史改变了地位。因此我以为:要检讨中国以往的文化,最好就是从近代人的著述中采取其各不相同的评论,可以于他们的评论中得到各方面的大要,见解也不致倚于一偏。

本章要采取近代人关于中国学术思想的著述共有五种,依着年代的顺序,介绍各书的旨趣如下:

(一)夏曾佑的《中国古代史》　夏氏此书,原名《中国历史教科书》,其时在清光绪末叶,正是中国政制和学说新旧递嬗的时期。

在那时候，他确是一个具有新思想的学者。他所编的历史，既是为学校教科用书，那时政府方在提倡忠君尊孔，当然要有所顾忌，不能尽量发挥他的见解。然而他内蕴的情绪，还是要在书中随处流露。他于第一篇第一章第五节论《历史之益》说：

> 读上古之史，则见至高深之理想，至完密之政治，至纯粹之伦理，灿然大备……读中古之史，则见国力盛强，逐渐用兵，合闽粤滇黔越南诸地为一国，北绝大漠，西至帕米尔高原，褒然为亚洲之主脑……此思之令人色喜自壮者也。洎乎读近今之史，则五代之间，我之佣贩皂隶，与沙陀、契丹，狂噬交捽，衣冠涂炭，文物扫地，种之不灭者几希。赵宋建国，稍稍称治，然元气摧伤，不可猝起，而医国者又非其人。自此以还，对外则主优柔，对内则主压制，士不读书，兵不用命……此又令人怅然自失者矣。虽然，及观清代二百余年间……道光以后，与天下相见，数十年来，乃骎骎乎有战国之势，于是识者知其运之将转矣。又未始无无穷之望也。（6页）

可以想见他当时的忧愤与企望。尤其是"对外则主优柔，对内则主压制，士不读书，兵不用命"四句话，他是在前数十年描写中国的现象，却至今还可称为中国的一幅写实图，使我们感到"怅然自失"。

（二）梁启超的《先秦政治思想史》　梁氏在十年前学界中有相当的地位和声望，这是多数学者所公认的。此书于民国十一年十二月写成，他在自序里提到有徐志摩拟译为英文，刘文岛及其夫人廖世劭要译为法文，可想见当时人对于此书的推重。再看他在序论第一章《本问题之价值》有一段说：

> 中国学术,以研究人类现世生活之理法为中心。古今思想家皆集中精力于此方面之各种问题,以今语道之,即人生哲学及政治哲学所包含之诸问题也。盖无论何时代何宗派之著述,未尝不归结于此点。坐是之故,吾国人对于此方面诸问题之解答,往往有独到之处,为世界任何部分所莫能逮,吾国人参列世界文化博览会之出品恃此。(2页)

我们可知道他是何等爱护和推崇本国的文化了。

(三)冯友兰的《中国哲学史》 此书分第一第二两篇,前者于民国十九年八月写成,后者于二十二年六月写成。他在这两篇自序里说:

> 吾人今日研究中国古代史,所持之观点与前人不同,吾人今日对于中国古代之知识,与前人所知者亦大异……吾于写此哲学史时,对于中国古代史亦往往有自己之见解,积之既久,乃知前人对于古代事物之传统的说法,亦不能尽谓为完全错误。官僚查案报告中,常有"事出有因,查无实据"之语,前人对于古代事物之传统的说法,近人皆知其多为查无实据者,然其同时亦多为事出有因,则吾人所须注意也。(第一篇自序)
>
> 此书第一篇出版后,胡适之先生以为书中之主要观点系正统派的。今此书第二篇继续出版,其中之主要观点尤为正统派的,此不待别人之言、吾已自觉之。然吾之观点为正统派的,乃系用批评之态度以得之者,故吾之正统派的观点,乃海格尔所说之"合"而非其所说的"正"也。(第二篇自序)

他这样坦率地自白,纯粹是学者的态度。

（四）陶希圣的《中国政治思想史》　此书自民国二十一年九月至二十五年一月，陆续出版了四册。他在第一册《绪言》里说：

> 思想不能决定存在。反之，存在乃决定思想。社会之经济构造变迁，政治制度及政治思想相随变迁。我们如果寻出政治制度及政治思想的变迁，必更寻求他们变迁的决定的原因于社会经济构造的变迁。（绪言第 7 页）

> 社会的变化又与自然界一切现象一样是辩证法的。一个事物常变为相反的事物。此相反的事物乃原孕育于旧来事物之中，此相反的事物更变为另一相反的事物，然而并不是回复到旧来事物的意思。（第 10 页）

> 中国社会的变化有可寻的法则，与欧洲社会是一样的。但是欧洲社会与中国并不同一的，也不是始终相类，到处相类的……由上所说，我们可以看得出中国社会发达过程很难捺进欧洲社会发达过程的铜模之内。但这不是说两者社会发达之中，没有同样的法则可寻。相类的条件常产生相类的结果。（13—15 页）

看了他所说明的几条原则，我们就可知道他不但是以唯物的观点研究历史，并且更注意于社会上各种变化有时代与地域之不同。

（五）李麦麦的《中国古代政治哲学批判》　此书出版于民国二十二年六月，他在第四篇《先秦时代的社会变革与其哲学思潮》的序论里说：

> 历史上的新旧思想之争，在实质上，即是进步的社会势力

与反动的势力之争。因此,社会变革时代的哲学家,并不是全民利益的代言者,他们实是阶级斗争的前卫、先锋。(16页)

他也和陶希圣氏一样是以唯物的观点研究历史的,但他却更注意于阶级斗争。

上列的五种著述,从他们各人自己的叙论中,已可看出各书的旨趣显然各别。古人以"三十年为一世",这五种书中,从第一种至第五种出版期的距离,大约有三十年。所以我的采集虽只是偶尔举例,或者也可以代表这"一世"思想界演变情形了。

现在就要分别征引各书中对于学术思想的评论。为便于读者省览起见,我约略地举出若干类目,而后将各说分别列于每一类目之下,以资比证。

一、通论

夏　中国一切宗教、典礼、政治、文艺,皆周人所创也……然至两汉之后,去周渐远,大约学界之范围愈趋于隘,而事物之实验愈即于虚,所以仅食周人之弊而不能受周人之福也。(夏著《中国古代史》29页)古今人群进化之大例,必学说先开而政治乃从其后。春秋之季,老子孔子墨子兴,新理大明,天下始晓然于旧俗之未善。至战国时,社会之一切情状,无不与古相离,而进入于今日世局焉。(同上183页)

中国之教得孔子而后立。中国之政得秦皇而后行,中国之境得汉武而后定。三者皆中国之所以为中国也……中国之文化自当为东洋之一大宗,今中国之前途,其福祸正不可测,古人之功罪亦未可定也。(226页)

综古今之士类言,亦可分为三期:由三代至三国之初,经师时代也,经师者,法古守礼而其蔽也诬。由三国至唐,名士时代也,名士者,傲俏不羁而其蔽也疏。由唐至今,举子时代也,举子者,天地之大,万物之多,而唯应试之知。故其蔽也无耻。此古今社会升降之大原矣。(389页)

梁 此时代(指春秋末至秦始皇时代)全社会之变化至迅且剧,有详写背景之必要。(甲)政治方面:(一)贵族政治与封建同其命运,入后半期而特种阶级完全消灭,纯为布衣卿相之局。(二)各国境宇日恢,民众日杂,前此之礼文习惯不足以维系,故竞务修明法度以整齐画一其民。(三)既无贵族,则权集于一,成为君主独裁政礼。(乙)社会经济方面:(一)大都会发生,人民竞趋都市生活,前此宗法组织,农村组织等益不能维持。(二)交通大开,货币盛行,经济重心由农业趋于工商业。(三)工商业的资本阶级发生,其力足以广畜奴仆而资其劳作以自封殖,而当时征敛烦苛农业荒废之结果,农夫失业,迫而自鬻,于是新奴隶阶级起。(丙)学术方面:(一)贵族消灭后,知识下逮普及。(二)孔子开私人讲学之风,墨子继之,其宗旨又在有教无类,故知识平均发展之速率益增。(三)列国务延揽人才以自佐,士之争自濯磨者亦日众。(四)大都会为人文所萃,知识交换之机会多,思想当然猛进。(五)当时书籍传写方法似甚发达。(六)社会变迁太剧,刺戟人类心理之惊诧及疑闷,亟求所以解决慰藉之方,故贤智之士,自能画出种种方案以应当世之求。(梁著《先秦政治思想史》100—105页)

春秋战国间学派繁苜,卓然自树壁垒者儒墨道法四家。(一)道家……吾名之曰无治主义。(二)儒家……吾名之曰人治主义或德治主义或礼治主义。(三)墨家……吾名之曰新天治主义。(四)法家……吾名之曰物治主义或法治主义。(同上107—109页)

儒墨可谓主张联邦的统一,平和的统一,法家可谓主张帝国的统一,武力的统一……我之统一,虽物质上环境促成之者亦与有力,然其最主要之原因,则圣哲学说能变化多数人心理,抟之以为一也。(268页)

真理者,固常为最后之胜利者也,学说渐渍既久,形成国民心理,则又非一时之物质现象所能久抗……我国民养成爱和平之天性……其有以勇见称者则守土捍难以死勤事之人耳。故中国人可谓为能守的国民而绝非能战的国民,墨家之教也。(272页)

冯　守旧之意见,不能变当时现实政治之趋势,盖此趋势乃社会经济组织改变所生之结果,本非一部分人之意见所能遏止也。(冯著《中国哲学史》385页)

自汉武用董仲舒之策,"诸不在六艺之科,孔子之术者,皆绝其道,勿使并进",于是中国大部分之思想统一于儒,而儒家之学又确定为经学。自此以后,自董仲舒至康有为,大多数著书立说之人,其学说无论如何新奇,皆须于经学中求有根据,方可为一般人所信受……故就历史上中国学术思想变迁之大概言之,自孔子至淮南王为子学时代,自董仲舒至康有为则经学时代也。(同上485页)

盖人之思想,皆受其物质的、精神的环境之限制。春秋战国之时,因贵族政治之崩坏,政治经济社会各方面皆有根本的变化。及秦汉大一统,政治上定有规模,经济社会各方面之新秩序亦渐安定。自此而后,朝代虽屡有改易,然在政治经济社会各方面皆未有根本的变化。各方面皆保其守成之局,人亦少有新环境、新经验。以前之思想,其博大精深又已至相当之程度。故此后之思想不能不依傍之也。(493页)

两汉时代,以儒家与阴阳混合之思想为主体,魏晋时代,以儒家与道家混合之思想为主体。(577页)

盖清自中叶以降,中国渐感觉西洋人之压迫……引起各种问题。其中较根本者,即:(一)西洋人有教,何以中国无之?岂中国为无教之国乎?(二)中国广土众民而在各方面皆受西洋之压迫,岂非因中国本身有须改善之点欤?当时有思想之人为答此问题,即在思想方面有新运动,此运动之主要目的即为自立宗教,自改善政治以图自强,简言之,即为立教与改制……而西汉盛行之今文经学家之经学最合此需要……盖人处于新环境时,最易有荒诞奇幻之思想,而今文家之经学中,有阴阳家学说之分子,其荒诞奇幻,最适宜于处新环境之人之用。周末至秦汉,由列国而统一,为一新环境,近世各国交通,昔之所视为统一者,今不过为列国之一国,亦一新环境也。(1011—1012页)

陶 战国中期,随小农经济及商业资本之发达,新社会、新政治及新伦理规范已有决定的可能。个人不独感觉行为法则的必需,抑且从小己之中自有确定的法则,足资个人为伦理的抉择。个人自觉有如此抉择的能力,同时感觉如此抉择的能力必有所秉有所受于自然。如此的伦理法则固然潜在于个人的心胸,然而伦理的法则又表现为神秘的现象,存在于自然之间。为寻求此神秘的伦理法则,乃有战国时代各派的伦理哲学。(陶著《中国政治思想史》第一册113页)

在独立小农及商品经济之中,独立者生产之间已没有严密的规划与统制,生产是独立的。生产者为购买而出卖,及商人为出卖而购买,皆一任个人。消费及享乐也皆一任个人,成为个人的私事。其结果是从个人乐利的需要去寻求伦理法则的基础。凡能使个人乐者为善,反之使个人苦者为恶。这个方法最初的运用,必达到纵欲主义。在战国时代,如它嚣、魏牟及子华子之徒便属于这一派……农业生产者对于都市的商品经济是反对的。目前的肉体的享乐在他们为不可能,或受商品经济操纵的痛苦。于是这一派的知识分子乃进一步求精神上的安逸,不驰骛于交换社会商人资本操纵的漩涡。杨朱便是这一派的显学……否定小己,而于人我互助及相爱求精神的乐利,于此乃有与为我主义正相反的博爱主义。内弃物质的享乐而外致身于救世,这一派的显学是墨子。(同上第一册112—117页)

李　春秋战国时代的阶级变化与阶级斗争达于极复杂极尖锐的程度,这正是产生先秦哲学之真实原因。(李著《中国古代政治哲学批判》135页)

二、论儒家

夏　诸子虽号十家,其真能成宗教者,老孔墨三家而已……其后儒墨独盛,皆有可为国教之势,周秦间人,以儒墨对举之文殆数百见,而其后卒以儒为国教,而墨教遂亡。兴亡之际,虽因缘繁复,然至大之因,总不外乎吾民之与儒家相宜耳。然而自此以还,遂成今日之局。(夏书178页)

综两君(秦皇汉武)生平而论之,其行事可分为三大端。一曰尊儒术……其尊儒术者,非有契于仁义恭俭,实视儒术为最便于专制之教耳……若夫尊儒术,则功罪之间,尚难定论也。(256页)

梁　儒家言道言政,皆植本于仁。仁者何?以粗浅之今语释之,则同情心而已。(梁书114页)

儒家之理想的政治,则欲人人将其同类意识扩

充到极量,以完成所谓仁的世界。此世界名之曰大同,如《礼记·礼运篇》所说。(121页)

一切政治由君子出,此儒家唯一的标帜。顾所最当注意者,君子非表示此位之名词,乃表示品格之名词。换言之,则君子者人格完成之表称也。与君子相对者为小人,谓人格未成如幼小之人也……儒教最终之目的,在教化流行,德泽大洽,使天下人人有士君子之行,夫天下人人皆成为君子,则儒家全民政治实现之时矣。(311—312页)

冯　或谓儒家在政治上主张尊君抑臣,故为专制君主所喜,然于专制皇帝最方便之学说为法家,非儒家。后来君主多"阳儒阴法",阴法即阴法矣,而又阳儒何哉……人不能离其环境而独立,天下无完全新创之制度,即秦汉大一统后,欲另定政治上社会上各种新制度,亦须用儒者为之。盖儒者通以前之典籍,知以前之制度,又有自孔子以来所与各种制度之理论……若别家则仅有政治社会哲学,而无对于政治社会之具体办法,或虽有亦不如儒家完全,在秦汉大一统之建设时代,当然不能与儒家争胜也。再有一点,即儒家之六艺,本非一人之家学,其中有多种思想之萌芽易为人所引申附会,此富有弹力性之六艺,对于不同之思想,有兼容并包之可能。儒家独尊后,与儒家本来不同之学说,仍可在六艺之大帽子下改头换面,保持其存在。儒家既不必制别家之死命,别家亦不竭力反对之,故其独尊之招牌终能敷衍维持。

经学在以后历史上中国思想中之地位,如君主立宪国之君主。君主固万世一系,然其治国之政策固常随其内阁改变也。迄今中国与西洋接触,政治社会经济各方面又有根本的变化,于是此二千年来为中国人思想之君主之经学,乃始被革命而退位,而中国人之思想乃将有较新之局面焉。(冯书487—489页)

后来之儒家哲学颇受有道家哲学之影响。一部分儒家之政治社会哲学之受道家影响者,可以《小戴礼记》中之《礼运》首段所说代表之……此所谓一般儒家所提倡之政治社会仅为小康之治,于其上另有大同之治,此采用道家学说之政治社会哲学也。此儒家之新政治社会哲学,最近人极力推崇之。(455—456页)

陶 自孟子到荀子都是主张统一思想的。焚诗书的李斯不过是荀子的支派。董仲舒虽反对李斯,却仍然主张统一思想,以此主张来完成他的绝对王权学说的体系。由此数个大师而降,儒者对于思想永久是取专制的态度的。(陶书第二册164页)

社会是矛盾的综合。矛盾爆发则是社会的形式变迁。社会形式的变迁是辩证法的。一个形式常变成相反的形式。社会变化是两端间的运动……中是很难有的。儒者偏要执中。土地兼并与农民破产之两端,儒者想以限田为中。奴隶主与非人生活的奴隶群之两端,儒者想以人道(制生杀之威)为中。小农经济的封君政治变化为奴隶经济的君主政治之两端,儒者想以诸侯王推恩政策为中。儒者是在封君及农奴两阶级之间,制裁前者而压抑后者,依附君主以发展地主奴隶的政权的。他们不敢以农民的力量倒封君,他们反对两极端的争斗。他们调和,他们折衷。他们发现社会辩证法里面中道的困难。他们太息中道的不易。《中庸》说:"子曰,中庸其至矣乎!民鲜能久矣!"(同上211—212页)

三、论孔子

夏 孔子一身,直为中国政教之原。中国之历史,孔子一人之历史而已。(夏书62页)

梁 同类意识与同情心发达到极量,而行之以自强不息,斯则孔子之所以为孔子而已。(梁书141页)

　　《论语》有"民可使由之,不可使知之"二语,或以为与老子愚民说同,为孔子反对人民参政之证。以吾观之,盖未必然。"不可"二字似当作"不能够"解,不当作"不应该"解。(同上309页)

冯 孔子是中国第一个使学术民众化的以教育为职业的教授老儒。他开战国讲学游说之风,他创立至少亦发扬光大中国之非农非工非商非官僚之士之阶级。(冯书70页)

　　孔子……非只述而不作,实乃以述为作也。此种精神,此种倾向,传之于后来儒家,孟子、荀子及所谓七十子后学,大家努力于以述为作,方构成儒家思想之整个系统。所以《易》是本有,是儒家所述,而《系辞》、《文言》等，则儒家所作，而《易》在思想史上的价值，亦即在《系辞》、《文言》等……所谓古文家以为六经皆史，孔子只是述而不作，固然不错，而所谓今文家以为孔子只是作而不述，亦非毫无根据。由此言之，后来之以孔子为先圣兼先师即所谓至圣先师，亦非无因……不过所谓今文家及以孔子为至圣先师者，应知其所谓孔子已非历史的孔子，而乃是理想的孔子，儒家之理想的代表。（同上92页）

陶　孔子是春秋末期士人的大师……他的学生大抵是士……孔子时代，士人阶级将近取得社会政治上重要的地位。士人阶级的觉醒，使孔子不得不以贵族的伦理哲学传播于士人，并为士人指出立身行事的准绳规矩。（陶书第一册72—76页）

　　孔子主张维持封建的等级，所以他与贵族与农民奴役的对立，分划极明。贵族与农奴的差别，他称为君子与小人的差别。他对于农民与妇人是轻蔑的。他说："唯女子与小人为难养也。"他把农奴与盗常相联系。他说："色厉而内荏，譬诸小人，其犹穿窬之盗也欤！"为什么农奴与盗成为联想呢？原来"君子喻于义，小人喻于利"。……所以他们常戚戚于求利，孔子说："君子坦荡荡，小人常戚戚。"求利而不得，农奴便滥了，孔子说："君子固穷，小人穷斯滥矣。"所以孔子以为农奴去盗不远。孔子说："君子有勇而无义为乱，小人有勇而无义为盗。"（同上95—97页）

　　天命论与等级制是相伴的。孔子既主后者，必主前者。孔子说："不知命，无以为君子也。"……君子知天命,所以虽事父母竭其力,事君致其身,然而并不强求其道之行及名之达。于是我们看见孔子留下许多明哲的处世术……"天下有道则见,无道则隐"。这都是很圆融的处世术,开后代明哲保身的路。(107—109页)

李　孔子的思想之出发点是仁……孔子的仁,真如梁启超所说是泛指人类的同情心而言么?是又不然。孔子的仁,在实际上只是指封建阶级的善心,这种善心不是一般人所能有的,只有具有布施条件的封建阶级才能有。所以孔子说:"君子而不仁者有矣夫,未有小人而仁者也。"(李书150—151页)

　　孔子的齐之以礼,和法家的一切人在法律前平等的精神完全相反。所谓齐之以礼,就是荀子说的"维齐非齐"。这就是说人类生来是不平等的,而各还其不平等之分际即为真平等。拥护孔子思想的梁启超厌恶荀子的"礼主分"的解释,实则荀子对于礼的解释是很正确的。因为……礼实是封建社会等级维持的一个工具而已。(同上157)

　　我们在古今中外的历史上,从未见过有像孔子这样一个十足的封建思想家……他完全要把人埋没在封建意识圈内——埋没在封建等级制中、宗法制中、大家族中。(166页)

四、论孟子

梁　儒家论政治,本有唯心主义的倾向,而孟子为尤甚。

"生于其心,害于其政",此语最为孟子所乐道。孟子所以认心力如此其伟大者,皆从其性善论出来。(梁书 142 页)

孟子所以大声疾呼以言利为不可者,并非专指一件具体的牟利之事而言,乃是言人类行为不可以利为动机……此种见解,与近世实用哲学者流专重"效率"之观念正相反。究竟此两极端的两派见解孰为正当耶?吾侪毫不迟疑的赞成儒家言。(同上 146 页)

权利观念,全由彼我对抗而生。与通彼我之仁的观念绝对不相容。而权利之为物,其本质含有无限的膨胀性,从无自认为满足之一日,诚有如孟子所谓"万取千千取百而不餍者"。彼此扩张权利之结果,只有"争夺相杀谓之人患"之一途而已。置社会组织于此观念之上而能久安,未之前闻。欧洲识者或痛论彼都现代文明之将即灭亡,殆以此也。(147 页)

冯　依传统的观点,一切政治上经济上之制度,皆完全为贵族设。依孟子之观点,则一切皆为民设。此一切皆为民设之观点,乃孟子政治及社会哲学之根本意思。(冯书 145 页)

陶　为论定平民即中间阶级生来与贵族平等,但孟子先建立人性同一的理论……这种人性同一说是解释中间阶级士人对贵族的政治进取的。(陶书第一册 149—150 页)

孟子说明人性同一之同时,极力主持身分的差别……下两种解释以说明身分差别的由来。(一)分工。孟子假借分工的道理来辩护身分的差别……"劳心者治人,劳力者治于人"……(二)修养。……他最明了的贵族与农民对立论,便是以修养不同来解释的。他说"人之所以异于禽兽者几希,庶民去之,君子存之"。这明白是说农民无异于禽兽了。(同上152—155页)

由此孟子对于大人则说精神的修养,对于小人则谈物质的影响……孟子说:"无恒产而有恒心者唯士为能,若民则无恒产因无恒心。"孟子对士与民的两重伦理观是这样明白无庸疑的。由这样的两重伦理观出发,所达到的结论是:士人对贵族主张民主主义及身分平等,而对于农民则主张封建制度及身分差别。(156—157页)

孟子以为统治者应当贵民,断不是以民为政治的主体。他所说"民为贵,社稷次之,君为轻",只可以叫做贵民思想,决不是农民参政的意义。(158页)

李　孟子说"无恒产者而有恒心者唯士为能",这是高抬贵族身价的浮夸之言。我们知道,破产的贵族和武士,他们无恒产则无恒心,比一般的贫民更凶。孟子说这话时,他是想以志节来提高士人的人格,好使他们不和一般不安于现状的人民一起去造反罢了。(李书174页)

孟子时代正是宗法的大家族破坏的时代。孟子他所说的"好货财,私妻子,五不孝也"的话,简直是小家庭和个人对大家族之革命表现。因此,孟子这

种大家族制度的伦理的提倡是阻碍经济发展的,是反动的。(195页)

　　孟子的全部思想都是反动的……孟子的土地改革方法与其改良主义永未实现过,而他的被人采取的思想是他的心灵主义和精神享乐说。因为这是一切统治阶级和剥削阶级所需要用来麻木人心的……他的心灵美满主义是危害无产阶级的毒刺。(196页)

五、论荀子

夏　李斯之学出于荀子……韩非之学亦出于荀子……荀子……所独揭之宗旨乃为性恶一端……本孔子专制之法,行荀子性恶之旨。在上者以不肖待其下,无复顾惜,其下者亦以不肖自待而蒙蔽其上。自始皇以来积二千余年,国中社会之情状犹一日也。社会若此,望其乂安,自不可得。(夏书234页)

梁　荀子不承认欲望是人类恶德,但以为要有一种度量分界,方不至以我个人过度的欲望侵害别人分内的欲望。此种度量分界名之曰礼。(梁书157页)

　　荀派之言礼也,其说在"立隆以为极而天下莫之能损益"……儒家所以不免有流弊为后世诟病者,则由荀派以活的礼变为死的礼使然也。(164—165页)

冯　礼之用除定分以节人之欲外,又为文以饰人之情,此方面荀子言之甚精……此可于荀子论丧祭礼中见

之。丧祭礼之原始,皆起于人之迷信。荀子以其自然主义的哲学,与丧祭礼以新意义,此荀子之一大贡献也。(冯书368页)

陶　荀子以为知的修养是要用人为的方法,即所谓积善。以知来节制欲,荀子以为这是以人工节制自然。因之,荀子否认孔子和孟子的有意志的天及义理的天的理论……他既主张以人为节制自然(以知节欲),所以他以为与其靠天命,不如制天命。他说:"大天而思之,孰与物畜而制裁之?从天而颂之,孰与制天命而用之?……思物而物之孰与理物而勿失之也?"我们不要误解荀子是主张人工与自然环境相斗争。他所说的是顺应自然环境而利用之。《天论篇》就于这一点说道:"裁非其类以养其类,夫是之谓天养,顺其类者谓之福,逆其类者谓之祸,夫是之谓天政。"这就是"理物而勿失之"的解释。所以荀子所说的"物畜而制裁之"没有征服自然环境的意味。(陶书第一册257—259页)

六、论道家　老子　许行　庄子

梁　道家以自然界理法为万能,以能为先天的存在,且一成不变。(梁书167页)

　　道家之大惑,在以人与物同视。(同上175页)

　　故彼宗之说,徒奖励个人之怯懦巧滑的劣根性而于道无当也。此种学说,实形成我国民性的主要部分,其影响于过去及将来之政治者非细。然则道家思想竟无价值耶?是又不然。其一,彼宗将人类缺点无容赦的尽情揭破,使人得反省以别求新生命。其二,道家最大特色,在撇却卑下的物质文化去追寻高尚的精神文化,在教人离开外生活以完成其内生活。(180—185页)

冯　古时所谓道,均为人道,至老子乃予道以形上学的意义。以为天地万物之生,必有其所以生之总原理,此总原理名之曰道。(冯书218页)

老子以为宇宙间事物之变化,于其中可发现通则……事物变化之一最大通则,即一事物若发达至于极点,则必一变而为其反面。此即所谓"反",所谓"复"。(同上223—226页)

老子之理想社会,非只是原始社会之野蛮境界,乃包含有野蛮之文明境界……可套老子之言曰:"大文明若野蛮。"野蛮的文明,乃最持久之文明也。(注)民族若仅有文明而无野蛮,则即为其衰亡之先兆。中国人文采彬彬,以弱不胜衣为可贵,此即仅有文明而无野蛮,中国民族若真衰老,则即因其太文明也。(238页)

如孟子哲学中有神秘主义,其所用以达到神秘主义的境界之方法,为以强恕求仁,以至于"万物皆备于我矣,反身而诚,乐莫大焉"之境界。庄学所用之方法,乃在知识方面取消一切分别,而至于"天地与我并生而万物与我为一"之境界。此二方法,在中国哲学史中,分流并峙,颇呈奇观。不过庄学之方法,自魏晋而后,即无人再讲。而孟子之方法,则有宋明诸哲学家为之发挥提倡,此其际遇之不同也。(304 页)

陶 《老子》虽然是辟世之士的书,"其学以自隐无名为务"。但在战国时代,一般伦理哲学大抵以寻求伦理法则以代替传统的伦理为任务。老子也是一样的,而且一样从个人小己里面寻求伦理的法则。老子以为在封建庄园分解中的商业社会,个人的精神的安逸,不独须从封建的剥削关系解放,并且须从商品经济的引诱及操纵之下解放,始可获得。小己既从这两种束缚解放出来,则个人便可以从无组织的交换社会与军事国家里面,求得精神的安逸。个人离开社会是不可能的。而商品交换社会却如此的物物相交,人人相贼。则个人无妨于躯体屈辱之中求精神的解放。老子之道是从顺世之中求辟世的。(陶书第一册 179 页)

如果说战国时代有社会主义,只有许行的学说够得上。他显然是想在商业资本及土地私有社会里,用劝喻的方法,组织一种团体,其中以劳动所得去交换团体所需要的事物,其中没有剥削及被剥削的阶级。他所想建立的社会是物价全经法定,没有那为利润追求而操纵物价的商人。但是这种社会主义乃是中间阶级士人的空想社会主义。(同上 176 页)

变化无常,是庄子观察事物的方法,与老子的反复观是有异的。庄子与老子不同,所以他们学说的流行时会也各异。老子在西汉初期与黄帝的传说相结为"黄老"而为统治阶级支配的思想。东汉末年以后,庄学才盛大起来,老子在此时才与庄学化而为"老庄",为魏晋以后士大夫间的流行思想。(205 页)

庄子只看见对立物的转变,却忽视对立物的综合。他们仍与老子犯同样的毛病,只有正之否定为反,却没有看出否定之否定则为较高于正之合。原来,战国时代,旧生产方法因商业发达而分解,却并没有较高于旧生产方法的新生产方法代兴。所以无论是老子或是庄子都只能否定旧社会,却不能看出较高于旧社会形式的新社会形式。因之,老子止于反复论,而庄子也止于循环论。(210—211 页)

李 老子与许行是代表农民利益的,他们是农业社会主义者。(李书 196 页)

老子的时代,是文化尚未显示它可以解放全人类的时代,所以老子和一切古代共产主义者一样,由反对剥削以致走到反对产生剥削的文化。(同上 199 页)

老子反对文化,完全是出于阶级的偏见,是落后农民的反动思想。(214 页)

庄子与陈仲子的思想完全是先秦时代失败的无能的破产贵族的生活之反映。(219 页)

庄子与韩非……同是辩证法者,因为一是代表破产的贵族,一是代表有产阶级。破产的贵族社会发展前提下得不着利益,所以他要求回复到古代去。反之,

有产阶级的出路是在历史发展,所以韩非重法治。阶级背景之不同,是若何的左右了思想家。(229 页)

七、论墨子　宋钘

梁　墨子兼爱之旨,虽善而不可用……墨子仅见人类平等的一面,而忘却其实有差等的一面为事实上所不能抹煞。(梁书 199 页)

　　墨家所谓利,皆含有两利的意思,故曰交相利。(203 页)

　　古今中外哲人中,同情心之厚,义务观念之强,牺牲精神之富,基督而外,墨子而已。(212 页)

　　墨家只承认社会,不承认个人……结果能令个人全为社会所吞没,个性消尽,千万人同铸一型,此又得为社会之福乎?(222 页)

　　墨家唯物论色彩太重,宋子宗其说而加以唯心论的修正。墨家以社会吞灭个性,宋子则将被吞之个性从新提挈出来作社会基础。(225 页)

冯　墨子之学说,盖就平民之观点以主张周制之反面者。(冯书 110 页)

　　墨子以为吾人宜牺牲一切以求富庶,此说亦极有根据。依生物学所说,凡生物皆求保存其自我及其种族。依析心术派之心理学所说,吾人诸欲中之最强者,乃系自私之欲及男女之欲。中国古亦有云食色性也。

墨子之意,亦欲世上之人,皆能维持生活,又皆能结婚生子,使人类日趋繁荣而已。兼爱之道,国家之制,以及其他之方法,皆所以达此目的者也。(136页)

陶 兼爱说与儒家的仁说不同。儒家的仁,客观的说是在封建等级所应守的规矩(礼)之下安然做去的意思,主观的说是推己及人的意思。仁以等级的分限为条件,所以是差别的爱。反之,墨子的兼爱则以个人为我主义为出发点,由个人的自利转变为个人的互利。所以兼相爱与交相利,在墨子是相提并论的。个人互利的爱乃是平等的爱,不是差别的爱,所以叫做兼爱。(陶书第一册130页)

墨子的学说是自由民的学说,但其宗教团体及任侠行为却似为无产自由民的组织与活动。(140页)

李 墨子和墨者的确是古中国有产阶级之宗教的和道德的开创者。墨子是完全代表有产阶级利益的。(李书260页)

墨子的天和基督教的上帝没有一点不同……这种天道思想,不仅反映了当时的有产阶级的意识,而且与他的尚同思想得到内容的逻辑的符合。墨子的尚同思想,实际上就是有产阶级法制统一要求。(276页)

墨子的兼爱哲学完全是适应商品生产的"四海之内皆兄弟也"的有产阶级的利益……墨子说:"兼相爱,交相利。"这是明白说出兼爱是商业道德。(283页)

如果我们说,因为古代的民族问题,使初期的基督教是一个战斗的组织。那么,中国的墨教,在其一开始便是一个为有产阶级利益而麻醉人民的组织。假如说:"日杀不辜……"的盗跖是代表还未失去斗争性的无产者,那么,墨教抚恤的便完全是那一部分失去斗争能力嗷嗷待哺的无产者。(277—278页)

八、论法家　韩非

梁 后儒动诃法家为刻薄寡恩,其实不然。彼宗常言,"不为爱民亏其法,法爱于民"。以精神论,彼辈固怀抱一腔热血,如子产铸刑书时所谓"吾以救世"者。(梁书250页)

彼宗以治者与被治者为画然不同类之两阶级,谓治者具有高等人格,被治者具有劣等人格。殊不知良政治之实现,乃在全人类各个人格之交感共动互发而骈进……此中消息,唯儒家能窥见,而法家则失之远矣。(258页)

冯 尊君权,重法治,禁私学,乃当时现实政治之自然趋势。法家之学,不过将其加以理论化而已。贵族政治破坏,人民在农商方面皆自由竞争而富豪起,此亦当时社会经济之自然趋势,法家亦以理论拥护之。(冯书387—388页)

陶 所谓法,与过去的礼与刑不同。礼专是贵族阶级的组织及行为规范,刑专是贵族对农奴的制裁方法。因中间阶级出现而过去贵族与农奴的对立逐渐消失。中间阶级既没有贵族的血统及贵族身分,不能适用所谓礼,中间阶级既是新兴的经济权力,也不愿俯受所谓刑,于是礼与刑乃依于中间阶级而综合,这就是法。(陶书第一册235页)

在战国中叶以前,中间阶级正向贵族作政治的斗争,所以其时的思潮,以国君尚贤及士人民主为特点。战国中叶以后,各国政府外交军事乃至内政渐多起用士人,所以其时的思潮,渐由在野的"民主"思想转变为执政的"法治"思想。依于社会发达程度的限制,所谓民主思想不外士人的政治要求,所谓法治思想不外君主的专制主义。(242页)

李　韩非是有产阶级的代表……他的历史论认政治道德都是随经济变动而变动。因此,经济应当是社会的基础,因此也就是他的社会论之出发点。(李书300—302页)

韩非是以孔孟派所代表的阶级和思想为其批判对象的。他说"儒以文乱法"……便可以看出韩非是如何忌恨寄生贵族和其腐败思想了。我们把韩非这些话拿与孟子所说的"无君子莫治野人,无野人莫养君子"的鬼话对比一下,我们便可以看出哲人因阶级的不同其所表示的面孔是多么差异。那般说思想家是全人类代表的人在此又遇到相反的证明。(321—322页)

九、论《大学》《中庸》

冯　《中庸》大部分为孟学,而《大学》则大部分为荀学。

此二篇在后来中国哲学中有甚大势力。而此二篇亦即分别代表战国时儒家之孟荀二大学派,盖亦非偶然也。(冯书454页)

陶　反身而诚,便达到神秘的境界。《中庸》说:"唯天下至诚为能尽其性。能尽其性……则可以与天地参矣。"地主奴隶主阶级觉得如果每一地主奴隶主能修身齐家,换句话说,能各治其子女奴隶,则政权可以安定。因之,他们以为社会秩序的转移,只系于自己的寸心,由社会秩序以变动自然秩序也只系于自己的寸心。他们的学者儒生便就于孟子所发挥的神秘主义大加发挥了。他们接着说:"诚者物之终始……故时措之宜也。"这就是物我一体的境界。(陶书第二册219页)

十、论周易

冯　《易》本为筮用,以后则虽不于筮时,亦常引申卦爻辞中之意义,以为立说之根据……《易》传之作者非止一人,然皆本此观点以观《易》,本前人之说,附以己见,务与《易》之卦爻及卦辞爻辞以最大之涵义,以使《易》成为一有系统的哲学书也。(冯书458—460页)

　　《易》之为书,依《易》传说,即所以得宇宙诸事物及其发展变化之公例,以简明之象征,摹拟之,代表之,以便人之取法。(471页)

陶 儒者的见解以为农民奴隶的道长为否为剥，反之，地主奴隶主的道长为泰为复。所以同一爻，君子吉则小人凶，君子凶则小人吉……《易传》以为社会的变化是地主奴隶主与农民奴隶两阶级的推移使然。统治阶级的全胜是泰是复，被治阶级的抬头是否是剥。一切事物，不利于统治阶级，必有利于农民奴隶。反之，不利于农民奴隶的，始有利于地主奴隶主阶级。（陶书第二册236—237页）

《易》传不独以为男女尊卑贵贱之等差是恒久的，并把经济政治社会生活都以《易象》来说明。《易传》以为一切生活方法都有形而上的根据，都是起源于圣人，抑且非圣人不能改。《系辞》说"古者包牺氏之王天下也，仰则观象于天……"这样的附会是有用意的。儒者把民众生活方法所必需的工具技术等都指为古统治者的发明，更以祭礼施之于民众，使之报本反始，一则使他们感觉现状不可动摇，二则使他们增加服从统治者的意识。《观彖》说得很明白，"观天之神道而四时不忒，圣人以神道设教而天下服矣。"（243—245页）

十一、论淮南书

陶 唯心论者以为存在是思想反映。《淮南王书》便取这个观点，以思想的过程说明自然及社会发展的过程。

他以为道是一个原理,又反映为一个境界……他以为宇宙是由那包含着"有"的"无"之道产生的。这一点他与老子相似。(陶书第二册77—79页)

老子是反法治而主无治的。西汉初期的封君不能无治是当然的。他们要统治农民奴隶,但须以安集政策去统治。所以《淮南》书一面取老学的无为,他方取韩非、慎到的法治。(第二册92页)

十二、论阴阳家 道教

冯　阴阳家之主要的动机,在于立一个整个的系统,以包罗宇宙之万象而解释之。其方法虽误,其知识虽疏,然其欲将宇宙间诸事物系统化,欲知宇宙间诸事物之所以然,则固有科学之精神也。秦汉之政治,统一中国,秦汉之学说,亦欲统一宇宙。盖秦汉之统一,为中国以前未有之局,其时人觉此尚可能,他有何不可能者。其在各方面使事物整齐化系统化之努力,可谓几于热狂。吾人必知汉人之环境,然后能明汉人之伟大。(冯书573页)

西汉之际,阴阳家之言混入儒家。此混合产品即董仲舒等今文经学家之学说。及古文经学家及玄学家起,阴阳家之言一时为所压倒。但同时阴阳家言即又挟儒家一部分之经典,附会入道家之学说而成所谓道教……阴阳家言可以与道教学说混合,似系奇事。然老子之书言辞过简,本可与以种种之解释。其中又有

> "深根固蒂长生久视之道"等言，更可与讲长生不死者以附会之机会。以阴阳家之宇宙观，加入此等希望长生之人生观，并以阴阳家对于宇宙事物之解释，作为长生方法之理论，即成所谓道教。(813页)

陶　战国时代的阴阳及五行之说，是受那时正反相生的辩证法的影响而成立的。正反相生的辩证法乃是那时社会形式转变中的产物。详细一些说，当时社会正由传统的封建制转变为商品经济与土地私有制，依于此种转变，使学者对于事物的观察法因之转变。他们感觉自然及社会一切都是变化的，而一切事物必然变化为其反对物。阴阳家依于此种观察法而有阴阳相反相成的理论。五行家依于此种观察法而有终始五行之说。(陶书第一册228页)

十三、论汉儒

夏　盖汉儒之与方士不可分矣。其所以然之故，因儒家尊君，君者，王者之所喜也。方士长生，生者，亦王者之所喜也。二者既同为王者之所喜，则其势必相妒，于是各盗取敌之长技以谋独擅，而二家之糅合成焉。(夏书337页)

虽然，鬼神术数之事，虽暂为儒者所不道，而此欢迎鬼神术数之社会则初无所变更。故一切神怪之谈，西汉由方士并入儒林，东汉再由儒林分为方术，于是天

<table>
<tr><td>陶</td><td>文风角河洛五星之说,乃特立于六艺之外而自成一家。后世所相传之奇事灵迹,全由东汉人开之。(342页)
东汉……儒学盛大之中,已孕育儒学衰落的胚胎。谈士风的人总推后汉最好。但是,依《潜夫论》……《昌言》所说……当时的儒者自己批评如此……儒学已经成了钓取功名的手段,已经解决不了当时的政治社会问题。社会的思潮已经转向老学佛教去了。(陶书第三册44—47页)</td></tr>
</table>

土地兼并所造成的社会大分裂,必然结局于两极的势力大决斗。决斗以后,土地所有者发展为辖治庄田的庄主,农业劳动者转化为半自由的部曲佃客即农奴。在决斗之时,农民的反抗意识结为太平道。在决斗以后,家长制生产变为庄园生产,家长制尊祖教变为寺院财产制的佛教。社会的变化既如上述,思想的变化由此而追寻两条显明的道路。一条是阴阳五行学的发达,转向于农民宗教。一条是反阴阳五行的自然主义的发达,引起老庄哲学的再兴,由老庄哲学转变为佛教的哲学。两条线索都是从儒学的正中心发展出来的。儒学依于这两条线索而转变为自身的反对物。(第三册47页)

十四、论玄学　佛学

<table>
<tr><td>冯</td><td>在古代思想中,道家最重自然主义……东汉及三国</td></tr>
</table>

之际,道家之学说又渐占势力。如王充《论衡》中即有道家学说……自王充以后至南北朝时,道家之学益盛。道家之学,当时谓为玄学……所谓三玄者,《颜氏家训·勉学篇》谓系《老》、《庄》、《周易》……所须注意者,即此等人虽宗奉道家,而其中之一部分,仍推孔子为最大之圣人,以其学说为思想之正统……不过此时即以孔子为最大之圣人者,其所谓孔子之学说,已道家化而为另一派之经学矣……道家之学既盛,人之行事,亦多以放达不守礼教为高。如阮籍、嵇康、刘伶等,其行事皆一时风尚之代表也。(冯书602—614页)

南北朝时,中国思想界又有大变动。盖于是时佛教思想有系统的输入,而中国人对之亦能有甚深了解。自此以后以至宋初,中国之第一流思想家皆为佛学家。佛学本为印度之产物,但中国人讲之,多将其加入中国人思想之倾向,以使成为中国之佛学。所谓中国人思想之倾向者,可分数点论之。(一)佛学……大体之倾向,在于说明诸行无常,诸法无我,所谓外界,乃系吾人之心所现,虚妄不实,所谓空也……中国人对于世界之见解,多为实在论……故中国人讲佛学者,多与佛学所谓空者以一种解释,使外界为"不真空"。(二)佛之最高境界,乃永寂不动者,但中国人又注重人之活动……如《易传》所说"天行健,君子以自强不息"……故中国人讲佛学者,多以为佛之境界并非永寂不动。(三)佛学中有一部分谓有一种人无有佛性,不能成佛。但中国人以为人皆可为尧舜,故中国人讲佛学者,多以为人

人皆有佛性……又为顿悟成佛之说,以为无论何人,"一念相应,便成正觉"。(661—663页)

十五、论《列子》

冯　《列子》一书,为魏晋时代人之作品,其中有纯粹的唯物论、机械论,及快乐主义。其持唯物论机械论之处,如《力命篇》。力代表普通所谓人力,命代表所谓天命。事物之变化,皆自己进行,人力与天命皆不能控制转移之。事物之变化又是不得不然者……天然之变化及人之活动皆是机械的。神或人之自由、目的等,皆不能存。诚一极端的决定论也。《列子·杨朱篇》放情肆志之人生观,似以此等唯物论机械论为根据……"且趣当生,奚遑死后"即《杨朱篇》人生哲学之全部。人生之中,只有快乐享受为有价值,而人生之目的及意义亦即在此。(冯书519—622页)

十六、论鲍敬言

陶　士族政权所给与农民的痛苦,驱使他们"脱耒为兵,裂裳为旗""二十余年,河洛为虚"(干宝的话)。他们所反对的士族以老庄哲学为苟得苟免的装饰和辩护。这不是老庄哲学的罪。老庄哲学本来是反对

"上食税之多",反对伎巧,反对商业,反对国家权力及法令的。嵇康非汤武,薄周孔,反对司马氏军事专权。他虽以此杀身,却未以系统的理论排击君主制度。在西晋灭亡东晋成立之际,与葛洪往返辩论的鲍敬言才大胆主张废除君权及官禄……鲍敬言的思想,是对于士族政权强烈的反抗。(陶书第三册148页)

十七、论王通　韩愈　李翱

冯　唐代佛学称盛,而宋明道学家即近所谓新儒家之学,亦即萌芽于此时。隋唐之际有王通……弟子……谥为文中子……今所传文中子《中说》亦无甚可称述者。所可注意者,则在佛学方盛之际,有人如此推崇王通,以为能继孔子之业。直接推崇王通,即间接推崇孔子。视此事为儒学复兴之一幕,则似可也。(冯书800页)

真可为宋明道学先驱之人,当推韩愈。韩愈《原道》……有几点可使吾人注意者。(一)推尊孟子以为得孔子之正传……而《孟子》一书,遂为宋明道学家所根据之重要典籍。(二)于此特引《大学》……此后《大学》遂亦为宋明道学家所根据之重要典籍。(三)提出道学,又为道统之说……而道学亦遂为宋明道学家之新名。由此三点言之,韩愈实可为宋明道学家之先河也。(801—804页)

与韩愈同时又有李翱……李翱所作《复性书》，可注意者又有数点。（一）《中庸》本为《礼记》中一篇，此特别提出之，此后《中庸》遂为宋明道学家所根据之重要典籍。《易·系辞传》此亦特别提出，后亦为宋明道学家所根据之重要典籍。（二）……礼乐之意义，在原来儒家之学中，系伦理的。在此则系宗教的，或神秘的。即在原来儒家之学中，礼乐乃所以养成道德完全之人格，在此则礼乐乃所以使人得到此所谓"诚"之一种方法。（三）……李翱及宋明道学家所说之圣人，皆非伦理的，而为宗教的或神秘的。盖其所说之圣人，非只如孟子所说"人伦之至"之人，而乃是以尽人伦，行礼乐，以达到其修养至高之境界，即与宇宙合一之境界。盖如何乃能成佛，乃当时所认为有兴趣之问题。李翱及宋明道学家之学，皆愿与此问题以儒家的答案，欲使人以儒家的方法成儒家的佛也。（804—809页）

十八、论道学家

冯　横渠《西铭》"存吾顺事，没吾宁也"一语，表出道学家之儒家的人生态度，所以与佛家及道教所提倡者不同……佛教求无生……道教求长生……若知气之"聚亦吾体，散亦吾体"，则"生无所得"，何必求无生？"死无所丧"，何必长生？吾人不求无生，亦不求长生,生活一日,则作一日人所应作之事,一日死至,复合太虚,此所谓"存吾顺事,没吾宁也"。此儒家之人生态度,道学家仍持之。故道学家虽受佛道之影响而仍排佛道,仍自命为儒家,其理由在于此。(冯书667—866页)

陶　宋儒的大事业是在把佛道宗教的哲学和训练,转化为王权国家与父权家族的理论根据。中古时期,哲学与实际政治及伦理分离,这时在儒家的手上结合起来了。儒家为什么不像南齐的范缜一流的唯物论者一样,用反宗教的唯物论把宗教从根底与以打击,反而去继受佛道的哲学呢?唯物论不适于建立王权父权的神圣信条,不适于镇伏臣民子女妻妾等等人间世最大多数的弱者。唯物论是人间世最大多数的弱者用来反对教会的压迫的。但是,他们如果反对教会的压迫,他们也会反对世俗地主豪商的压迫。地主豪商之上的王权,和他们用以统制子女雇工的父家长权,只有援引教会的信条来保障。所以,道学家的方法是综合佛道的哲学与儒家的伦理。(陶书第四册122页)

　　靖康之乱,道学之徒乘机抗议新法,此后道学就发达起来了……这时的性命之学,轻视生产,讳言恢复,可以比于西晋的老庄之学……士人回避民族问题及社会问题,植党营私,排斥异己。性理空谈,正是合于这种需要的。南宋末,王伯大说他们回避现实问题的趋势道:"……人臣之罪莫大乎知危亡而不言"……他们

哪里还看得见外面的强敌,里面的困穷?(第四册163—165页)

元室为了治中国而用中国的治术。中国治术之中,把握君臣父子夫妇的纲纪最固的便是道学。在两宋,道学的势力虽渐渐地大起来,终没有取得正统的支配地位。到了这时,蒙古为了统治汉人,替道学确定了正统。1313年,以宋儒周敦颐、程颢、颢弟颐、张载、邵雍、司马光、朱熹、张栻、吕祖谦及故中书左丞许衡从祀孔子庙廷。

明代的皇帝对官民始终以残杀树威……皇帝对臣民没有看做人格,只是看做奴才……这些奴才也利用皇帝的高压来做党争……最可注意的是在道学影响之下,一唱百和的争论君主本身的行为尤其是君主个人的父子夫妇关系……内忧外患无论怎样严重,不能阻止这种争论的进行。在道学家说,国之本在家,并且身修而后家齐,所以这些伦理的事件当然比任何外患任何内忧都要重大些。(第四册292—294页)

东林党学者最能叫动人心的,是他们在国家危亡的时候高倡气节……但是他们的气节用到哪里去了呢?他们的气节用到君臣父子夫妇大义上面去,丝毫也无补于危亡。他们扩大的做各种伦理的争议(一)夺情议……(二)建储议……(三)妖书案……(四)福王出阁案……(五)梃击案……(六)移宫案……(七)红丸案……士大夫们正热烈争论这些有关君主个人夫妇妻妾父子的伦理事件,社会中下层的民众也正在苛税横政,兼并操纵摧残蹂躏之下,由逃亡而反抗,由反抗而蜂起。有明政府在国内骚动与满族侵入之下,归于灭亡。(377—381页)

十九、论二程　朱子　陆象山

冯　伊川所谓之理,略如希腊哲学中之概念或形式,以后道学中之理学一派,皆如此主张……至于明道所谓之天理或理,则即具体的事物之自然趋势,非离事物而有者。以后道学中之心学一派,皆不以为理乃离物自然而是者。故本书谓明道乃以后心学之先驱,伊川乃以后理学之先驱也。(冯书875—876页)

　　一般人之论朱陆异同者多谓朱子偏重道问学,象山偏重尊德性。此等说法,在当时即已有之。然朱子之学之最终目的,亦在于明吾心之全体大用,此为一般道学家共同之目的。故谓象山十分注重道问学可,谓朱子不注重尊德性不可。且此点亦只就二人之为学或修养之方法上言之……若以一二语以表示此二派差异之所在,则可谓朱子一派之学为理学,而象山一派之学则心学也。(938页)

陶　他们(二程)追随司马光,力主无为政治。无论如何,他们是反对一切改革的。明道说:"天之生物也,有长有短,有小有大,君子得其大者矣,安可使小者亦大乎?天理如此,岂可逆哉?"依他说的小不可使大,很显然的是改革运动不当做了。贫富不均,本是天理,岂可使贫者富?最好还是让贫者贫,富者富,各安天分罢! 天理,天理,原是要弱者永世不抬头的。(陶书第四册第141—142页)

朱熹一流道学最烂熟的一套,是把一切事物都嵌进天理对人欲,君子对小人的公式里去。依他的烂调,战国以下为人欲,只有三代合于天理,荀子以下是异端,只有孔孟周程是道统。(第四册201页)

二十、论王阳明

冯　良知是知,致良知是行。吾人必良知于行事,而后良知之知方为完成。此阳明知行合一之说之主要意思也……依心理学说,知行本是一事。如人见可畏之物即奔避,此知行本体也。其不奔避者,必有他种心理或生理状况以阻之,非知行本体矣。阳明知行合一之说,在心理学上实有根据。不过其所谓知,意多指良知,而良知之有无,则心理学不能定也。(冯书952—953页)

二十一、论汉学与宋学　戴东原

冯　至于清代,一时之风尚,转向于所谓汉学。所谓汉学家者,以谓宋明道学家所讲之经学,乃混有佛老见解者。

> 故欲求孔孟圣贤之道之真意义,则须求之于汉人之经说……讲汉人之经学者,以宋明人所讲之道学为宋学,以别于自己所讲之汉学……汉学家之贡献,在于对于宋明道学家之问题,能予以较不同的解答,对于宋明道学家所依经典,能予以较不同的解释。然即此较不同的解释,明末清初之道学家已略提出,汉学家所讲义理之学,乃照此方向继续发展者。由此言之,汉学家之义理之学,表面上虽为反道学,而实则系一部分道学之继续发展也。(冯书974—975页)

> 戴东原以为宋明道学家之学,皆杂袭老释之言以解经者,自以辟道学家之学为己任,如孟子以辟杨墨为己任然……东原与理学家异者,实只在于东原以为理学家以为理在气上或气先,而其自己则以为理在气中。用西洋哲学中之术语言之,则东原以为理学家以为理乃超世界之上,而其自己则以为理在世界之中。此蕺山、梨洲、船山、颜、李、东原一致的见解也。(995页)

> 东原立理与意见之分。理是客观的,公的;意见是主观,私的。东原以为宋儒以为理具于心,故往往以意见为理……此批评宋儒甚中其弊。盖宋儒皆受佛学之影响,理学家虽以为万物莫不有理,而同时以为万物皆具于心中。至于心学家更以为心即理。故其所说之理,虽不必皆非理,然其只是主观的意见之可能则甚大也。(1003页)

上面采取夏、梁、冯、陶、李五书对于中国学术思想的见解,归纳为二十一类目，大致从春秋到清代各派的学术思想都已约略论及。虽然在这五种书之中，只有冯书是从春秋到清代首尾完备，其余梁、李两书仅限于先秦，夏书止于南北朝，陶书已出的四册也只到明末，似乎使我们有得不着全部比较的缺憾。然而中国学术思想，本是以周秦间为极盛时期，汉以后只是推衍前代的绪余，没有很多新的发展，所以即此已可得其大凡了。

我采辑各家的见解时，为要力避繁复，就定了一个标准。大致是：每一类目之下，凡各说并列的，必是他们的见解互有不同。凡只列一家之说的，必有各家对此事项的见解相同，故只录最前一家之说，或是此一事项只一家有特殊的见解。但如此择别，所占的篇幅还是太多，并且又难免有疏漏之处。这是我应当对于读者道歉的。

本章中我仅仅做了这选择排比的工作，有如常语所谓"借花献佛"，将各家的见解陈列在读者眼前。这许多的见解，是否都"持之有故，言之成理"？又其中是否有"阿其所好"或"吹毛索瘢"之处？请读者自由地鉴别。至于我个人的一些意见，当于下章说明。

第八章　中国文化以往的检讨(下)
　　　　　(政治社会之部)

本章当论及中国文化关于政治与社会的两部分。但在未论及此两部分之前，我将根据前章所采取各家对于学术思想的意见，先说明讨论中国文化所当注意的几点。

（一）中国自春秋末期以迄于秦并六国，为时约三百年。此三百年间，为学术思想最发达的时代，也正是封建制度崩溃，世无共主，列国纷争的时代。所以生在当时的大思想家，除了避世者流不谈政治，及自然主义如老庄等，无政府派如许行等反对一切制度之外，其他如儒、墨、法三大家发表政论，莫不趋向于统一王权。孔子虽是封建制度的维护者，然其所说"天下有道，则礼乐征伐自天子出"，也是以王权统一为唯一的企望。及至秦始皇成立帝制，下逮满清覆灭，又经过二千一百余年，中间虽朝代屡更，而政体则毫无改变，中国人对于君主专制的制度，久已认为固定的范畴，等于天经地义，毫无疑问。试看道家本是崇尚"自然"，但到了西汉时代，《淮南王书》专辑一篇《主术训》，却将"自然"与"无为"奉作人君统治的密钥。又如葛洪本是道家，所著《抱朴子》中有《诘鲍篇》，特提出鲍敬言反政府的主张，他自己却综合儒道两家的理论，对于鲍说痛加驳诘。可见凡是在君主制度下生存的个人或团体，无论其为学说为宗教，如果要想在当时社会上有所活动，纵使他们明知君权不合公理,也必得对之加以相当的拥护。于是既有许多博辩的学理启导于前,又有历代因仍的法令钳制于后,中国文化就是这样随着君主专制的制度而生长,这是我们不能否认的。

(二)中国向来以帝王所统治的区域为天下,如《诗经》所说"普天之下,莫非王土;率土之滨,莫非王臣",就等于说王土之外别无天地。因此,对于中国以外的民族,就加以含有兽性的蛮夷戎狄等名称,不看作与本民族同等。自秦汉以降,虽然不断地与外族交通,总是抱着传统的观念,不以平等待遇外族,也不愿与外族多有往来。直至近百年来,世界交通便利,海禁大开,中国方始明白地承认自己也只是世界各国中之一国。然而回溯以往唯我独尊的成见,已蒙蔽了二千多年了。其实在二千多年中,曾有东晋至南北朝时匈奴、鲜卑、氐、羌等族的割据,有赵宋时辽金的侵占,更有元清两代的统治中原,这几次的外族侵略,通计也有七百余年。但是他们统治中国,多半是因仍汉俗,并且能治事者又多半是汉人,他们终于随着时势的推移,全归消灭。以致至今夸耀中国历史的人,还是以汉族的文明自诩,高谈同化。中国人执着这种夸大狂的心理,蹈常习故,任其自然地生活了二千多年,所有一切事物,得不着因比较而竞争的益处,当然是进步迟滞。

(三)君权本是托始于神权,所以大君称为天子。但在古代,虽然认君权为天赋,同时亦必说明立君所以为民。如《春秋》文公十三年《左传》载郑文公说:"天生民而树之君,以利之也。民既利矣,孤必与焉。"又襄公十四年载晋师旷说:"天生民而立之君,使司牧之……天之爱民甚矣,岂其使一人肆于民上。"可见这个原则早为人所公认。后来儒家自孔子以至孟荀,都以爱民为王政的必要条件。墨子《尚同》说,虽然有启导专制的流弊,然《尚同》说是推原于天,而《天志》则明说天爱天下之百姓,所以本位仍是人民。至于老庄一派是主张人民各得自由,其反对君权,更是显而易见。唯有法家的政论,与儒、道、墨各家不同。他乃是专为国家设想,专讲人君如何能使人民为国家所制伏。这在国家立场上说,原也无可非议,但事实上就很容易演成"朕即国家"的强横了。并且自从法家的学说盛行之后,历代的政策虽名为尊儒,实则采用法家的谋略,所谓"阳儒阴法"。于是"民为邦本"之说,仅仅用来装潢门面,实际上的体系,乃是要巩固君位不得不保守国家,要保守国家就不得不顾及民众。而其所谓法治,又只成为人君驾驭臣民的一种工具。幸而人君贤明,则上下同心守法,就可成为治世;不幸而人君昏乱,竟可以任意废置成法,而又随时增订不良之法以毒害人民。黄梨洲《明夷待访录》《原法篇》说:

> 后之人主既得天下,唯恐其祚命之不长也,子孙之不能保有也,思患于未然以为之法,然则其所谓法者,一家之法,而非天下之法也……利不欲其遗于下,福必欲其敛于上。用一人焉则疑其自私,而又用一人焉以制其私。行一事焉则虑其己欺,而又设一事焉以防其欺……故其法不得不密,法愈密而天下之乱即生于法之中,所谓非法之法也。

这真可谓切中流弊。所以在君主专制之政体下,所谓"民本"与"法治"往往成为虚说。其他一切古先圣哲的名论,每因经过君主的利用以致不免受后人的指摘,这也是数见不鲜的。

(四)中国在以往的二千年中,既没有外族较高的文化可资比较,于是一般热心救世的人们不满意于其时之现象,著书立说梦想古初,就成为必然的趋势。因为一个民族的文化,当其由蒙昧而日进于昌明,"总以为是前人缔造艰难,使后人得受其赐",这种纪念前人功德的善意,本是足以嘉许的。既以前人为有功德之人,当然以前人所贻留之一切设施为美善,而于当前不良的现象,则谓为后人不能恪守成规之过,因而主张复古,自有充分的理由。在现代人看来,这种以黄金时代为过去的观念,诚然是阻碍进化,然而一想到古人所处的环境,我们就不能轻于诋毁。试看现时著论或演说的人们,总喜欢提到某种学术在某国是如何演进,或某种制度在某国试验的成绩如何。这在写的或讲的人自然是确有知见,所以毫不怀疑地如此引证,而一经他们如此引证之后,就很能取得多人的信从,以为他们所引证的实为中国所不及。但这种境遇,在古人既不可得,所以就只有援古以证今之非了。况且自君权确定之后,儒家"则古称先"的学派又已成为正统,所以在韩非正当提倡君权的时候,敢于说"明据先王,必定尧舜者,非愚则诬"。及至宋代王安石主张变法,他是一个最能效法韩非的人,他因为要改革弊政,也曾明说:"天变不足畏,祖宗不足法,人言不足恤。"然而他所写的《上仁宗皇帝言事书》,却开首就说:"方今之法度不合乎先王之政。"接着说:"当法先王之意……法其意则吾所改易更革,不至倾骇天下之耳目,嚣天下之口,而固已合乎先王之政矣。"在他这一篇万言书中,每论述一事必要提到先王是如何处理。以王安石之勇于改革,尚且不能不称颂先王以适合当时人的心理,就可知传统观念的范围人心,真是坚韧而不容易冲破。

上述的几种情况,意在说明中国以往的文化,乃是长期孕育在特殊环境之内,现时中国的环境完全改变,我们来检讨以往的文化,当能感觉到许多地方不合时宜。关于此点,我不妨再引几个人

的说法作一比较。类如夏曾佑氏在中国与各国通商订约,外交屡次失败,清政府又正因革命潮流鼓荡而岌岌可危的时候,说:

> 道光以后,与天下相见,数十年来,乃骎骎乎有战国之势,于是识者知其运之将转矣,又未始无无穷之望也。(夏著《中国古代史》第6页)

可见他对于以往锢蔽的情形是表示失望,也可以说他是表同情于古人的苦闷。若如梁启超氏所说:

> 今之少年,喜谤前辈,或摭拾欧美学说之一鳞一爪以为抨击之资,动则诬其祖曰古之人无闻知。嘻!何其伤于日月乎?多见其不知量也。(梁著《先秦政治思想史》313页)

这样的爱好古人,就难免引起后人的反辞。再看冯友兰氏在《中国哲学史》中论及"自董仲舒至康有为皆中古哲学,而近古哲学则尚甫在萌芽"。他就推论到中国文化说:

> 直至最近,中国无论在何方面,皆尚在中古时代。中国在许多方面不如西洋,盖中国历史缺一近古时代。哲学方面特其一端而已。近所谓东西文化之不同,在许多点上,实即中古文化与近古文化之差异。此亦非由于中国人之格外不长进,实则人之思想行为之改变,多为适应环境之需要。已成之思想,若继续能应环境之需要,人亦自然继续持之,即时有新见,亦自然以之附于旧系统之上,盖旧瓶未破,有新酒自当以旧瓶

装之。必至环境大变,旧思想不足以应时势之需要,应时势而起的新思想既极多极新,旧瓶不能容,于是旧瓶破而新瓶代兴。(冯著《中国哲学史》495—496页)

这可算是平实的论断了。我们必了解上述的一切,才可进而论及政治社会各方面的文化。

论到政治,似乎是经纬万端,难于列举。但我以为仅提出用人与理财两大事,也就可以概括一切。因为万事的成功,总离不了人才和经济。如《大学》论平天下之道,特提"有人此有土,有土此有财"。及王安石主张变法,以理财为首务,而其《上仁宗皇帝言事书》则专论用人,就是显明的例证。

王安石《上仁宗皇帝言事书》论用人,分作教之、养之、取之、任之四项。我们也可以依照他所分的四项来说:

(一)古代教育人才的设备,据《礼记·学记》篇所说,是"家有塾,党有庠,术有序,国有学"。但《礼记》是秦汉间人所纂辑,而《礼记·王制》篇所记虞、夏、殷、周四朝的学制,孟子所说夏、殷、周三朝的学制,又与此各不相同,所以古代的学校制度,我们很难详考。后来西汉时于京师建立太学,唐时各府州县皆立学,历代因仍无改,才成为国家的定制。然而政府所注意的也只是太学,府州县学多半等于虚设。当北宋时王安石已公然地对皇帝说:"方今州县虽有学,取墙壁具而已。"这是何等的滑稽!又马端临《文献通考·学校考序》说:"秦汉以来……政与教始殊途……所用非所教,所教非所用。土方其从学也,曰习读,及进而登仕版,则弃其诗书礼乐之旧习而从事乎簿书期会之新规。古人有言曰,吾闻学而后入政,未闻以政学者。后之为吏者,皆以政学者也。自其以政学,则儒者之学术皆筌蹄也,国家之学宫皆刍狗也……于是所谓学者,姑视为粉饰太平之一事,而庸人俗吏直以为无益于兴衰理乱之故矣。"说得更为痛切。下逮明清,大抵各府州县学的教官固然永不与所谓生员等有教学的关系,就连京师的太学也是同样有名无实。总之,从前国家对于教育人才这一件事,是完全放任的。

（二）养士的条件,不外《中庸》所说"忠信与重禄"两端。重禄所以养其廉,忠信所以养其耻。历代对于重禄的事,总没有彻底的计划,更不知道随时注意。如汉宣帝时,诏益吏百石以下俸十五,是说"今小吏皆勤事而俸禄薄",晋武帝诏增吏俸,也是说"今在位者禄不代耕",就可见原定的俸禄总是太薄。又如唐大中六年,中书门下奏:"但以厚薄不同,等级无制,致使俸薄处无人愿去,禄厚处终日争先。"宋咸平间,知制诰杨亿上疏:"今之结发登朝,陈力就列,其俸不能致九人之饱,不及周之上农,其禄未尝有百石之人,不及汉之小吏。"使现象至于如此,政府才知注意,岂不已晚？明代百官禄米俸钞之制,从九品月给禄米五石,岁给俸钞三十贯,而禄米又是米钞兼支。成化时,钞法不行,一贯仅值钱二三文,米一石折钞十贯,则米一石仅值二三十文。故《明史·食货志》言"自古官俸之薄未有若此者"。清代俸给较明为厚,外官并有养廉银两,然因生活程度日高,所得实远不逮所需。以致外官贪取不法之财,京官则莫不举债,同治间冯桂芬《校邠庐抗议》言之甚详。由是可知历代制禄,常是使人不得所养,那里能说到重禄？至于忠信之说,大抵都为严密的法令所破坏。即如顾炎武《日知录》言:"今日考试之弊,在乎求才之道不足,而防奸之法有余。"又引朱子论学校科学之弊,谓"上以盗贼待士,士亦以盗贼自处"。又引《金史》泰和元年省臣奏："搜简之法虽严,至于解发袒衣,索及耳鼻,殊失待士之礼。"似此情形,尚有何忠信之可言?

（三）历代取士之法,有选举与考试两途。汉代举人之权,操诸地方官吏之手,很容易受地方豪族之操纵。魏文帝时,改用九品官人之法,州郡皆特置中正官主持其事,晋及南北朝因仍不改。然当晋武帝时,刘毅已指陈其弊说："今之中正定品……爱恶随心,情伪由己,上品无寒门,下品无世族。"可见此等选举的制度,往往使世族侵占了平民的出路。隋唐以至于清,沿用分科举士之名,实则专重考试。考试是自由竞争,固然可免除偏重门阀的弊病,但所试的不论是经义或词章,只凭一日之短长,究不足以定去取。所以初时于衡文之外,有时也可兼采其人之乡评士论,参酌取录。至宋时起,为防弊起见,凡试卷皆须糊名,于是就明白地表示取人专凭文艺,不问其人之品行如何了。历代于选举或考试之外,又有保荐、门荫、纳赀各途,而纳赀一途最为有害。清代京官自郎中以下,外官自道员以下,皆可以纳赀取得。先时还要经过大臣的保举方可准其纳赀,后来又立出"捐免保举"的名目,只要多捐一笔钱,就可以不经过保举的程序,因此就漫无限制。在清代末叶,京外纳赀而得的官员,比由科举而得的官员多几倍。还说什么取士之道?

（四）量能授职,是任官唯一的原则。但历代的习惯法,大抵是以官职为官员升转的阶梯,也就是朝廷表显恩威的用具。好像官职是为人而设,不是为事而设。这种情事,有王安石的一段话可以引证。他在《上仁宗皇帝言事书》里说："至于任之,又不问其德之所宜而问其出身之后先,不论其才之称否而论其历任之多少。以文学进者且使之治财,已使之治财矣,又转而使之典狱,已使之典狱矣,又转而使之治礼,是一人之身而责之以百官之所能备,宜其人才之难为也。夫责人以其所难为,则人之能为者少矣,人之能为者少,则相率而不为。"这说得透彻极了。又历代任官,总是重内而轻外。尤其是明清两代,凡是科举考试所谓文学优长楷法工整,可以选作皇帝侍从之臣的,就列为一等,而其最末等的乃用为亲民之官的知县。他们所认为第一等与最末等的标准恰当与否是另一问题,然而即此一端,已充分暴露了重君主而轻人民的凭证了。

以上将历代用人的情形约略论及,以下当论及理财。原来所谓理财,是就着国家立场说的。但财用必取诸民,国家要理财,还须顾到国民的生计。因而此一问题,要分国家与人民两方面来说:

(一)中国谈论财政的人大致有两派。其一是正统派的儒家。他们的原则有"百姓足,君孰与不足?"所谓藏富于民。他们的策略是"生之者众,食之者寡,为之者疾,用之者舒。"这就是所谓奖励生产,节制消费。而古代人民的生产只是农业,所以这一派的主张就是重农。这在国家范围较小,社会经济不发生什么变化的时候,原没有多大问题的。但到了秦代统一中国,国家各种设施日益繁密,国用当然要增加。同时又因商业经济发展,农民受商人操纵的影响,容易陷于破产,农事就不免于荒废。这时国家的财政,论理必要重定办法,然而儒家一派的人总还有笃守成说。在汉文帝时贾谊主张积贮,他说"苟粟多而财有余,何为而不成?"汉景帝时晁错主张贵粟重农并且痛斥商人。他说:"今农夫五口之家,其服役者不下二人,其能耕者不过百亩,百亩之收不过百石。春耕,夏耘,秋获,冬藏,伐薪樵,治官府,给徭役。四时之间,亡日休息,勤苦如此,尚复被水旱之灾,急政暴虐,赋敛不时,朝令而暮改。当其有者半价而卖,无者取倍称之息,于是有卖田宅,鬻子孙以偿债者矣。而商贾大者积贮倍息,小者坐列贩卖,纵其奇赢,日游都市,乘上之急,所卖必倍……无农夫之苦,有阡陌之得,因其富厚,交通王侯……此商人所以兼并农人,农人所以流亡也。方今之务,莫若使民务农而已矣。欲民务农,在于贵粟。贵粟之道,在于使民以粟为赏罚。"后来如桓宽《盐铁论》、王符《潜夫论》、崔寔《政论》、仲长统《昌言》、荀悦《申鉴》等,都有类似的主张,同时并主张节制消费。直至清末,中国已与各国通商,而徐鼎拟上《谏开矿封事》,还说:"今之筹国用者,在于重农桑而已矣。重农桑必先贵粟帛,贵粟帛必先禁淫侈,淫侈禁而后商贾之利微,商贾之利微而后耕织之人众,耕织之人众而后粟帛之所出多,粟帛之所出多而后银价贱,银价贱而后钱货之源通。"这种传统的观念竟是牢不可破,可见善职世变之难了。

另一派是近于法家的主张,他们以为应当于田赋之外,为国家多辟利源,同时就统制经济。如《管子·国蓄篇》之政策,梁启超氏谓"以今语说之,即资本国有,商业官营"。管子"官山海"之说,梁启超氏谓"盐铁两业收归官营,即加价以为税,如此,既合于租税普遍之原则,亦使私人无由独占而罔利。"后来汉武帝时之平准、均输、盐铁、榷酤,王莽之六管令,宋代王安石执政时之市易务都是导源于此。又如唐代著名善理财的刘晏,史称其"能权万货轻重,使天下无甚贵甚贱而物常平",也正是所谓平准。但凡属此等理财的新法,正统派必要反对,斥为与民争利,又有时因用人不当,办理过激,成为怨府,所以结果总是不能推行无阻。至于历代国家因有特别用款如军费及赈灾之类,原有的收入不足支应,就于原定税额之外加新税,这是常有的事。尤其当国家危弱的时候,如南宋时之经总制钱、月桩钱、板帐钱等等,名目烦琐,催科急迫,毫不顾民生的疾苦,那只是一时救急的办法,等于饮鸩止渴,说不到理财政策。

中国还有一种特殊的现象,就是:无论何种赋税,总是商民所输出的多于国家所收入的数倍。其所多的乃全归于官吏中饱,所以如果能剔除中饱,则国家的收入立即可以增加。大抵政府在国家立场上讲财政,往往忽略了人民,而官吏为国家经营财政,不但没有人民的观念,并且没有国家的观念。所谓上下交征利,其弊害乃集中于人民,因而也就不是国家之福了。

（二）谈到国民生计,唯一的办法当然是计口授田,使人人都能从事生产。但古代所谓井田的制度如何及其曾否实行？古今来聚讼纷纭,莫能详考,也就无从评论。我们所确知的是:从春秋战国以来,土地早为人民所私有。而且豪强兼并,贫富悬绝,富者连阡陌,贫者无立锥,已成为普遍而永久的现象。历代贤哲论政,也莫不以此事为要图,但一想到如何能使人人各得所需,大致是除了梦想井田之外别无办法。试看孔子是没谈过井田的,而他于子路问君子时告以"修己以安百姓",接着就说"修己以安百姓,尧舜其犹病诸!"于回答子贡问博施济众时,又说"尧舜其犹病诸!"就可见于此一大问题,从古就没得到解决的方案。后来王莽的"名田",晋代的"占田",北魏的"均田",唐代的"班田",虽都有趋向"平均地权"的办法,然或是议而未行,或是行之不久即已破坏,渐致无人提议实行。至于历代重农的政策,我们想到史传及地方志所记载循吏的事迹,他们确是能尽心民事,类如奖励耕织,振兴水利,为一时一地的人民计划安全。但如求其在中央政府的立场上为全国人民谋根本的利益而又有所成功,则历史上尚绝无闻见,这就是历代变乱相寻之大原了。近人杨东莼氏在他所著的《本国文化史大纲》第一编第四章里,引了《史记·货殖传》上所说"故壮士在军,攻城先

登……终不余力而让财矣"一段话之后,他说:

> 读了司马迁这段话,便知道因为当日兼并的炽烈,就产生出无田可耕无业可执的失业者。这些失业者为要穿衣吃饭,才不得不去替统治阶级冒矢石,到了没有兵当的时候,便顾不到法禁而不得不去做土匪。妇女们没有饭吃,就不得不去卖淫,又那里能顾到贞节与廉耻?替公家服务的人,眼见得人家累巨万,衣必文采,食必粱肉,又那里能顾及科禁而不去贪赃枉法呢?民生的困迫到了这种地步,所以只要机会一到,就群起骚动……不过农民每一次的骚动,都为狡黠者所利用,立刻变成一种新的支配阶级。因此,朝代只管改变,而封建制度的经济组织与政治组织却依然无恙。结果,被压迫的被剥削的仍旧是农民。总括一句,从秦汉直到清亡前约八十年止,中国的民乱——农民的骚动——都无不是由这样而起的,也无不是这样而终的。

中国所谓民生问题,在君主专制的制度之下,就这样地经过了二千多年,而至今还成为悬案!

关于社会礼俗的部分,可以提出三件事来讨论。就是:(一)家族(二)礼教(三)宗教。

(一)人类的社会组织,始于以母系为主体的血缘结合,其后由母系转变为父系,就形成了现时所谓家族,这是各民族社会演进的一般程序。但在中国,于家族制既成之后,接着就有一种拥护贵族政治的宗法组织发生,而此宗法组织,又随着封建制度的演进,成了一套极精密的理论。如《礼记·大传篇》所说"人道,亲亲也。亲亲故尊祖,尊祖故敬宗,敬宗故收族,收族故宗庙严,宗庙严故重社稷,重社稷故爱百姓",使家族与政治在理论上结合为一。所以中国的家族显然有特殊的作用,就是使一家的家长与一国的君主同走上绝对专制的路,重礼法而遏抑天性,保权威而抹煞情感。类如《礼记·内则篇》说:"子甚宜其妻,父母不悦,出。子不宜其妻,父母曰是善事我,子行夫妇之礼焉,没身不衰。"这种不近人情的说法,居然也垂为经训,我们也不必再提到什么"父命子死,子不敢不死"的谬论,已尽够想见家庭专制黑暗的情形了。这种偏重尊长轻视卑幼的惯例,在中国实行了几千年,对于国民人格发展上当然有极不良的影响。

依照春秋文公十八年《左传》,季文子说五教是"父义,母慈,兄友,弟恭,子孝",再证以《易经·家人卦象辞》所说"父父,子子,兄兄,弟弟,夫夫,妇妇,而家道正"——此所谓夫妇,是就家主本身而言,若对子而言就是父母。更据汉代诸儒所传"古者三十受田,六十还田"及"三十曰壮,有室"的说法来计算:人到了有室之年,便是受田之年,自然就别立一家。此时已届"六十还田"的父母,当然要受其子之奉养,或是有多子俱已受田有室,必是轮流着受诸子的奉养而不为其子家中的主体。可见古代家庭必是现代所谓小家庭的制度,其家中的人位,通常只是一夫一妇及其子女。大约到了社会经济制度变更之后,受田之制不行,土地兼并,贫富不均,才渐渐地有大家庭的制度出现,因而就有些学者依据当时的现象,以大家庭为理所当然,转以人子离其父母为体俗之薄。如汉贾谊在《陈政事疏》中论及秦俗日败,特举"家富子壮则出分,家贫子壮则出赘"之事为例,即其明证。大家庭于父子兄弟夫妇之外,更添出祖孙嫂叔及舅姑妯娌等复杂的关系,人事既繁,分争易启,调和容忍,很是为难。古往今来有无数壮年有为的男子,为家事所累,将一生的精神志趣消磨殆尽,不能有所贡献于社会,其妇女之受磨折而自杀或抑郁以死者更不可胜计。这个问题,固然因为与社会经济制度有密切的关联,不能单独解决,然而中国的国力民情,因着大家庭而遭受的损失,确乎是太多了。

在事实上讲来,起初家族在宗法组织的体系中,本是维持封建制度的基本因素。及至封建制度崩溃,渐变而为大一统的国家,民族繁滋,疆宇辽阔,所有原来宗法的一套理论早已不适于用,应当重订新的规模。但因专制集权的办法,既是有利于君主及家长,虽然家族与国家间已失去密切的联系,而旧有空泛的理论却无人敢于推翻,就听其有名无实地空言笼罩。于是家庭中父母之教子,多半只是盼望他能光耀祖宗,并且自己晚年得所依靠,这一类的家庭教育世代相继,就使后来的一般人都只知有家而不知有国,如何能有健全的国民?所以家族这个单位,先时是对于国家有直接的利益,后来却成了国家与人民间绝大的障碍物。中国民族对于国家观念的薄弱,这岂不是根本的原因?

(二)随着家族制度而在社会上占有绝大势力的就有所谓礼教——或说是名教。礼教中最大的条件是孝。关于孝的原理,姑不论人类间父母与子女之互相亲爱为根于天性,即论报施之道,子女之孝养父母,也属事理之当然。所以自古以来,孝道早为一般人所公认,本不待烦言以解。试问历史上有名的孝子,有哪一位不是出乎自然而是由于人的教导?即如《小雅·蓼莪》一章,诉说思念父母的情绪,缠绵悱恻,那种至性真情的流露,岂是勉强遵从礼教的人所能写得出来?乃自从有人因为重视孝道,就首先规定许多礼节来教人遵守,又制成许多理论以范围人心。并且理论愈演愈多,就难免有些言辞不合于事理,有如古语所谓"言多必失"。及至汉儒提出了三纲——父为子纲,君为臣纲,夫为妻纲——之后,分明是借父权来陪衬君权。尤其是后人所伪托的《孝经》一书,统计不过二三千言,其中就有许多处是将君与父并举。"夫孝,始于事亲,中于事君","资于事父以事君","以孝事君则忠","事亲孝故忠可移于君"又如先说。"父子之道天性也",接着就说"君臣之义也"。先说"五刑之属三千而罪莫大于不孝",忽然接着说"要君者无上"。说到"敬其父则子悦",下边又说"敬其君则臣悦";说到"教以孝是敬天下之为人父",下边又说"教以臣是敬天下之为人君"。更有第十九章是专论事君的,完全与孝无关,却也列入《孝经》之内,所以就这本书的内容来推求编书人的主旨,与其说是教孝,毋宁说是教忠更为恰当,诸如此类矫揉造作的理论,汉以后的人推演的很多,一经识破,就很容易引起人的反感,转而将孝是本乎天性的真意隐蔽了。

《礼记·坊记篇》说:"礼者,因人之情而为之节文以为民坊者也。"冯友兰氏在《中国哲学史》中申论其旨,以为:"礼之用有二方面,一方面为节人之情,一方面为文人之情,其文人之情之功用,依《荀子》及《礼记》所说,在丧祭礼中最可见……吾人对待死者,若纯依理智,则为情感所不许;若专凭情感,则使人流于迷信而妨碍进步。《荀子》及《礼记》中所说对待死者之道,则折衷于二者之间,兼顾理智与情感。依其所与之理论与解释,《荀子》及《礼记》中所说之丧礼祭礼,是诗与艺术而非宗教,其对死者之态度,是诗的艺术的而非宗教的……例如古时为死者预备器具,未尝非以为死者灵魂继续存在,能用器用。但后来儒者则与所谓明器以新意义。《礼记》云'孔子谓为明器者知丧道矣,备物而不可用也。'专从理智之观点待死者,断其无知,则为不仁。专从情感之观点待死者,断其有知,则为不智。折衷于二者,为死者备物而不可用。为之备物者,冀其能用,所以副吾人情感之期望也。不可用者,吾人理智明知死者之不能用之也……。《礼记》云'唯祭祀之礼,主人自尽焉耳,岂知神之所飨?'自尽以得情感之慰安,不计神之所飨,则不以情感欺理智也……以上为《荀子》、《礼记》对于丧礼之理论。其对于祭礼之理论,亦全就主观情感方面立言……《荀子》云'祭者,志意思慕之情也……事死如事生,事亡如事存,状乎无形影,然而成文。'因主人主观方面对死者有志意思慕之情,故祭之。然其所祭之对象则无形影……一方面郑重其事以祭祀,一方面又知其状乎无形影然而成文,此其所以为诗也……此等诗的态度,荀子不但于讲祭祀祖宗之祭礼时持之,即讲任何祭礼亦持此态度。《荀子》云:'云而雨,何也?曰,无他也,犹不云而雨也。日月食而救之,天旱而雩,卜筮然后决大事,非以为得求也,以文之也。故君子以为文,而百姓以为神。以为文则吉,以为神则凶。'旱而雩,无非表示惶急之情。卜筮然后决大事,无非表示郑重之意。此所谓以为文也。若以为神,则必为迷信所误而凶矣。"我以为:如果丧祭之礼或推而至于其他之礼,其文人之情一方的功用,有如《荀子》及《礼记》所说,那就是说,人情本是出乎自然,但自然之情,有时觉得太率直而朴素,所以要有礼以文饰之,使之纡徐而闲雅,有艺术的意味,总之是要加上一番人为的工作。我们因此可想到:《礼记·礼器篇》说"忠信,礼之本也",又说"忠信之人可以学礼",大约必是因为礼既有文饰的作用,就有虚假的弊病,所以积极教人要保持着忠信。这就难怪老子专从消极一方面看而说"礼者忠信之薄"了。总起来说,中国所谓礼教,在节人之情一方面,持之太严,不免违反自然,使人屈伏。而在文人之情一方面,又因为过于文饰而斫丧了自然,就引人走入诈伪的路。礼教显然有此两弊,是研究社会底人值得注意的。

(三)关于宗教一类的事,在中国历史上的演变也极其繁复。如杨东莼氏说:"战国以前的宗教思想,含有浓厚的入世观念。(上古之祀天神地祇人鬼,盖以人生衣食,系得天时地利而来,己身所出,系由祖先而来,故其祭祀,均含有崇德报功的思想,而少有出世的思想。)此后的宗教思想,却带着出世的观念。由战国末年求三神山之事,可窥见此种转变的关键。"(见杨著《本国文化史大纲》252页)陶希圣氏说:"自古以来就有宗教,但宗教的实质却不断变化。商周的宗教是氏族的尊祖教,秦汉的宗教是家族的尊祖拜灶教,中古时代的宗教是教会的神佛教,8世纪以后的宗教,便走上自由信仰的路。"(《中国政治思想史》第三册小序)又说:"宗教不是一个思想,乃是一个包含思想的社会组织。西周以前,社会组织最大的是氏族。那时的宗教,以祖为所祭,以巫为司祭。西周以后,基本的社会组织是家。那时的宗教,以祖及门户井灶中霤为所祭,以家长为司祭。东汉末朝以后,家族以外的宗教组织开始发达。"(同上186页)这都是论宗教在中国变迁的大概。至于宗教在社会上活动的范围及趋向,我试分作四类,略为叙述:

(甲)贵族利用宗教来取得平民的信服。如君主自承为天子,又凡事皆称天而行,这是常见于古书,不必列举。只要检查《诗经》,凡是称说上帝或有意志之天的,都是在《大雅》、《小雅》或《颂》的篇什之内,而雅颂却都是贵族阶级所作的。至于平民所作的《国风》,则从不见有一处提到上帝,偶然有几处说到天,也只是指着自然之天或命运之天而不是有意志之天。就可知道贵族之称说帝天,必是别有作用。后来如元明清三朝因为要羁縻西藏,所以特别崇奉喇嘛教,更是明显的事例。

（乙）一般人因企图福利或求免苦难而信奉宗教或迷信属于宗教的术数。关于这类的事,于中国社会有极大的影响。古代所说之天神、地祇、人鬼、物魅,及《汉书·艺文志》所举之天文、五行、历谱、蓍龟、杂占、形法六种术数,经过数千年之久,至今尚流行于民间。如清代政府所颁行的历书,为预备民间择日之用,特载宜嫁娶、祭祀、造屋、出行、上任等事项,多与汉代流行之所谓《黄帝书》相同。（参看夏曾佑《中国古代史·黄老之疑义》）其势力可谓普遍而永久。至于一般的敬神念佛,礼拜祈祷,以及求签问卜、算命看相,乃至修真养静,企望长生与往生或死后得永生,总之是为个人求福而免害的心理所驱使,不但无益于社会,且足以阻碍进化。夏曾佑《中国古代史》论秦皇汉武说:"综两君平生而论之,其行事可分为三大端。一曰尊儒术,二曰信方士,三曰好用兵……其关系于天下后世者,则功莫大于攘夷,而罪莫大于方士……方士之罪,则使鬼神荒诞之说,渐渍于中国之社会而不可去,至今中国之风俗,触目无非方士之遗传者,自汉末之黄巾至庚子之义和团,皆由此起,其为祸于中国,何其烈哉!"（夏书256页）可谓有慨乎其言之了。

（丙）因哲学思想与宗教思想相结合而研究宗教。吕思勉氏在所著《白话本国史》里说:"无论哪一种哲学,决没有能完全否认宗教的。无论哪一种宗教,也总有几分哲学上的解释……中国是进化极早的国,它的宗教决不是'拜物教'等劣等的宗教,它宗教上的崇拜和哲学上的思想是可以一贯说明的。"（吕书182页）冯友兰氏也说:"古代所谓术数中之天文历谱五行,皆注意于所谓'天人之际',以为天道人事互相影响。及乎战国,人更将此等宗教的思想加以推衍,并将其理论化,使成为一贯的宇宙观。并骋其想象之力,对于天然界及人事界作种种推测。此等人即汉人所称为阴阳家者。"(冯著《中国哲学史》200页)此等说法,皆足证明宗教与哲学自有其相当的联系。所以人研究宗教的教义或类似宗教的学理,不必就信仰某种宗教。如汉代董仲舒讲阴阳五行,及其他讲象数之儒者,以至晋代南北朝的人因讲玄学而接受佛学,唐宋后一般学者将道教佛教之说与儒说相混合而成所谓新儒家,皆是属于这一类的。

（丁）宗教是不满意于政治现象的反动及其与无产阶级的关系。关于前者,如夏曾佑氏《中国古代史》上说:"循夫优胜劣败之理,服从强权,遂为世界之公例。威力所及,举世风靡,弱肉强食,视为公义。于是有具智仁勇者出,发明一种反抗强权之学说,以扶弱而抑强,此宗教之所以兴而人之所以异于禽兽也。佛教基督教均以出世为宗,故其反抗在天演。神州孔墨皆详世法,故其教中皆有舍身救世之一端。虽儒侠道违,有如水火,而此一端不能异也。顾其为道必为秉强权者之所深恶,无不竭力以磨灭之。历周秦至魏晋,垂及千年,上之与下,一胜一负,有如回澜,至司马氏而磨灭殆尽,至于今不复振。其兴亡之故,中国社会至大之原因也。"(夏书383页)夏氏所说,可谓能见到真正宗教之功用。关于后者,如陶希圣氏《中国政治思想史》叙东汉时张角之太平道及张衡子张鲁之五斗米道说:"张角等所取于病家的很少,但所受于信徒的捐纳却积少成多。这些财富用于教徒的共同生活,决不是少数首领自饱私囊的……张鲁的组织……'诸祭酒皆作义舍,如今之亭傅,又置义米肉,悬于义舍,行路者量腹取足。'……即义舍一制,足见他们的钱财是共同消费的。这种消费共同体,是贫农无产者的组织是无疑的……张角的暴动虽终于失败,张鲁的宗教国却存立于汉中垂三十年。太平道五斗米道的根基原在农民,更不因黄巾之散及张鲁之降而崩坏。从此以后,屡次活跃于农民革命中的,例如东晋的孙恩、北宋的方腊、元末的韩林儿,都有一系相关。"(陶书第三册54—56页)又叙北宋时的白云菜及南宋时的白莲菜说:"宗教史是一部腐化及改革史。禅宗对于隋唐的腐化的等级差别的教会予以改革,但随禅宗的发达,他们从三间茅棚两亩田地的小农教会,发展为官许的寺院。宋初的政府往往改教寺为禅寺,禅寺与教寺、律寺鼎足而三。财产加多,住持及执事僧便官僚化了……官僚化的教会渐无力吸收一般的民众。在财政及经济剥削之下,无力自救的小农,纷纷投身新起的教。这些异教里面,专门攻击禅宗的,应推北宋时起的白云宗或白云菜。白云菜是杭州白云庵比丘孔清觉创始的。'其说专斥禅宗''依仿佛经,立四果十地,分大小两垂',著《证宗论》。他的行持,极为勤苦,他们的躬耕自治,是值得崇敬的。他们在当时被指为邪教,清觉流放恩州,但教徒仍广播浙右……白莲菜起于南宋初,创教的吴郡延祥院沙门茅子元。他'依仿天台,出圆融四土图,晨朝礼忏文,偈歌四句,佛念五声。'吃菜的是全家入道,并不离弃家庭。这教传播于白衣(俗人)之间,南宋政府常常禁止白衣会,白莲教便是其中之一种。"(同上第四册149—150页)又叙明代山东白莲教徐鸿儒等起事说:"白莲教会的活动是秘密又严密的。吕坤的《忧危疏》说道'白莲结社,黑夜相期,教主传头,名下成千成万,越乡隔省,密中独往独来,情若室家,义同生死,倘有招呼之首,此其归附之人。'教会集合的群众,多半是受豪富势家蹂躏的人们。徐鸿儒的教徒攻滕县时'民什九从乱,(知县姬)文允徒步叫号,驱吏卒登陴,不满三百,望贼辄走,存者才数十。问何故从贼,曰,祸由董二。董二者,故延绥巡抚董国光子也。居乡贪暴,民不聊生,故从贼。'这不是一个很显明的例吗?"(同上382页)又吕思勉氏《白话本国史》叙清代义和团之乱说:"义和团本是白莲教的支派,元末的韩山童,就是教内一位种族革命家。所以清初的时候,明代遗老也利用他们图谋光复。到嘉庆年间,就有川陕楚白莲教之役、天理教之役。他的历史既长,支配也就很多。乾嘉年间,其中八卦教一派党徒最众,遍布河北、河南、山东等省。八卦教内最著名的是震卦、坎卦、离卦三教。离卦教中又分许多支派,有大乘教(又名好话教)、金丹八卦教、红阳教、白阳教、如意教、佛门教、义和门教等派。义和门教就是义和团。"(吕书778页)依照陶吕两书所叙述,可见民众因为受了政府及社会的摧残和压迫,就往往要借着秘密的教派而反动,这又是常有的事了。

依理而论,上述四类之中,以利用宗教统治民众为最不合于理。而一般人认宗教为个人得福利的途径也当归于淘汰。唯有发扬哲理,拯救生民,才是宗教真正的义谛。然而在中国以往数千年中,宗教的活动,却是前二者占绝大的势力,而后二者还未得到正常的进展。这正是社会的隐忧!

看了本章所论政治上及社会间的几件大事,和上章所引诸家对于学术思想的评论,也许有人以为:这种是今而非古的态度,有意贬损本国文化的价值,分明与现时要提倡民族复兴的主旨相悖。这是一般人所容易误会的。但我于此要说明三点:(一)因为从前的人过于尊古,以为经传就是法典,圣贤的行事都无可非议,正和基督教有一派人说《圣经》中一字一句都是上帝所启示,有同样的固执。所以就很容易引起反动的批评,甚至于矫枉过正。(二)批评古代文化的人们,纵然有些偏激的言论,或者有时口不择言,但这决不是咒诅自己的民族,乃是爱好自己的民族。有如子女纠正父母的过失,正是敬爱父母。像《易经·蛊卦》所说:"干父之蛊,有子,考终吉。"我们指出古代文化的缺点,是要使我们祖宗所辛勤积聚的文化,随着时代而日新,永为我民族的光宠。(三)后代人的思想总是接着前代人的思想而演进,这是任何人不能否认的。以中国民族的现状而论,诚然有些处是受了古代的遗毒,然追溯我民族数千年来之发展,前人已为后人奠定了美好的根基。即如于此时能觉悟往失,谋求复兴,亦属前人之嘉惠。所以我们正不必徒抱悲观。

更有一点应当注意的是:宇宙间一切事业,皆待其人而后行,尤其是在艰难困苦中奋斗以求生存的时候,更需要有健全的人格来担当重任。我中国先圣先贤所垂示的人格修养论,比较任何民族都更为详尽,并且此等个人修养的条件与方法,又与政治社会思想之有时代性者不同。所以古代政治上的设施、社会间的礼俗,尽管有许多事因为国内外情势变迁,现今决不能再仍旧贯,其理论也可以一概推翻。然而古人所讲的立身修学处事接物之道,还是亘古常新,为今人所当遵守。何况历代的仁人志士,诚心毅力,遗范昭垂,尤足使生于百世之下者闻风兴起。这都是中国文化超时代的菁英,也就是文化各部分总汇的源泉了。

第九章　中国文化未来的展望

　　宇宙间一切事物总是新陈代谢,随时随地在变动之中。中国文化在以往的期间,虽然因为没有遇到比较竞争的机会,好像是长期停顿;其实它的由盛而衰,由发荣滋长而至于僵化,也正是在那里变动。只是彼时中国人不曾觉察,听其自变而已。及至世界大通,就渐渐地发生中西文化比较的问题。尤其是最近二十年来,全世界的形势更有重大的变动,中国于此时感受着严重的压迫与剧烈的刺激,就又有人提出"中国在文化领域中是消失了"的警告。这警告,是因比较而觉悟的呼声,就从这呼声中给人以竞争的启示。因为如果是中国以往的文化在那里消失,同时就必要有未来的文化在那里推动了。

　　原来凡事都误于不自觉。不自觉就没有办法,既自觉就必要想办法。中国以往的不自觉,是受了二千多年君主专制和没有外族文化相比较的害处,现时的自觉,当然是受了世界文化交流之赐。所以中国现时的一般学者,无论他是要复兴中国固有的文化,或是要充分承受世界的文化,抑或是不守旧不盲从而创造建设此时此地需要的文化,总之是要为未来的文化想办法。这就是中国民族自觉的起头,也是足以引起我们底展望的。

　　因此,我们不但要像医生治病一样,认清了自己的弱点,然后对症下药;更要像战士临阵一样,常想到利用自己的优点,才能坚固自己的信心,增加自己的勇气。关于前者,如江问渔氏于《中国过去的文化与将来的教育》一文中举出五点:第一,能适应环境而不能征服环境。第二,善于保守而不善于进取。第三,善于模仿而不善于创造。第四,洁身自好而缺乏侠义的精神。第五,安分守己而没有团体生活的习惯。他以为"这几种民族特性,都是由历史的文化陶铸而成的。""我们中国人真要想起死回生,决不能安故蹈常,一定要全国上下振奋起来,另造成一种风气,另创造一个局面。"①他所说可谓要言不烦了。至关于后者,我们不要再提从前中国人有许多自夸的话,却不妨看一看外国人对于中国民族的颂赞,好使我们的心胸一为开拓。类如英国罗素于前些年来到中国住了些时,就称说中国民族有尚实际、耐劳苦、爱和平的美德,我们已不免"受宠若惊",最近更有美国人威尔·杜兰在他所著《文明的故事》第一册《我们东方的遗产》论及中国的部分,最后有两段话说:

> 但在下面,我们可以看到恢复与再生的因素。这样广大的土地与复杂的形式,富于矿产,有尽使其成为大工业国家的可能。以工业向内地的发展,必然的像百年前美国矿产与燃料之富完全为一般人所未知一样,中国将出于意外的见其蕴藏之富。这个国家,三千年来,时有盛衰,屡有叛乱,但直至今日,精神与肉体两方仍现着活泼的生机。世界任何民族,实无一能如其勇气、明敏,能适应环境,抵抗疾病,而在疾病之后易于恢复,且以历史的训练善于忍耐者。故若这种富于物质、劳力及精神资源的民族,一旦能与近代工业的机械工具相结合,

---

① 《复兴月刊》三卷十期江问渔《中国过去的文化与将来的教育》。

那时候的文明,是谁也不能想象的。彼时中国的财富将为美国所未梦见。于是中国遂将如过去一样,再成为世界繁华与艺术生活的领导者。

武力的胜利,外国财政的专制,已不能再压制这富于资源与活力的国家了。在中国的子孙面前,那些侵入者都要丧失其款项与耐心,一百年内,中国就要吸收并同化其侵入者,学得所谓近代工业的技术。由道路与交通,中国将统一起来。由经济与节俭,中国乃积有资金以经营事业。而以强固的政府,使中国得以秩序整然,保有和平。一切混乱的现象都不过是暂时的。到了最后,混乱消灭,由独裁政治来保持均衡。旧的障碍都被扫清,于是清新的长成便可自由发展了。革命像死亡与时髦一样,原是所以除去垢污,排斥无用,这只是在有许多东西将要死灭的时候才发生的。中国从前曾死亡过许多次,然而每次他俱得到更生。①

他这种预言式的颂赞,也可以说就是他对于中国文化未来的展望,但他的预言将来能否证实,却还看现代我们的态度如何。我们若徒然引以自豪,他的颂赞就成为我们的鸩毒。但如果我们能因此益自策励,负起我们所当负的责任,那么,他的颂赞就不啻是我们的兴奋剂了。

所以现时中国虽然正在危难的过程中,但文化的建设,也就在这过程中工作。据我看来,要展望未来的文化,现时就有两方面可以着眼。一是知识分子的思想言论方面,一是政治社会经济的实

---

① 《文化建设月刊》二卷一期139—140页。

施方面，以下试分别略述之。

"思想不能决定存在。反之，存在乃决定思想。"①这是说：一时代人的思想，必是依据其时代的背景，为其时代之所要求。但前一时代人的思想，至后一时代而逐渐地演成事实，这又是所谓"思想为事实之母"了。所以我们要推测中国未来的文化将若何转变，就可以从现时一般思想家所发表的言论中，窥见他的动向。况且近几年来，国家社会间总是不断地有些问题，引起人公开讨论。尤其是像文化建设一类的问题，范围极其广阔，一般人讨论起来，纵然因为牵涉到许多性质重大的事件，不能不有超过限度的主张，也可以无所顾忌。这种情况，较诸专制闭关时代已进步得很多，正是民族自觉的良好现象。我现在试提出近人讨论各项问题中比较重要的几点，并简略说明如下：

第一是民生问题。孔子说："既富后教。"《管子》说："仓廪实而知礼节，衣食足而知荣辱。"这是人人都知道引用的恒言。尤其是孟子所说"圣人治天下，使有菽粟如水火。菽粟如水火，而民焉有不仁者乎？"更是蕴蓄着无尽的深意。大抵古来圣哲论政，没有不首先顾及民生的，虽然他们不一定有彻底的办法。可惜后来有些人错认了正谊而不谋利，又有些人高谈复古而不知革新，遂使此一主要的问题迁延未决。但现在民生困苦，已经到了图穷而匕首见的时候，就强迫着凡是讨论中国任何问题的人，都不容他对此问题避而不论。所以有些人讨论文化建设，也首先提出此问题而有明显的主张了。类如：陈高佣氏说："今人皆知道德之建立是以经

---

① 引用陶希圣《中国政治思想史》绪言中语。

济为基础,道德之发展是随经济而发展。"①又邵爽秋氏说:"中国本位文化的建设,应该根据多数人的急待解决的民生问题,求得民族的复兴……我们应该在三民主义里摘取二义,以民生为基础,以民族复兴为目标。"②又俞颂华氏说:"我总觉得要推进中国的文化,必须改善中国千疮百孔的国民经济。须使一般大众的生活达到足衣足食的水平线上面。"③这种因论文化而提出民生或经济的论调,已是数见不鲜。又有因此提出社会主义的,以叶青氏说得最为透彻。他在《资本主义与中国》一文里说:

在资本主义方输入中国时,为近代革命之父的孙中山却说:节制资本,国营大实业。他的意思也就是说:资本主义的道路走不通,必须采取社会主义才好。但又有不能采取者在,所以只有把他拿来修改,变成一个民生主义。这是他自己说的话……如果要前进成为资本主义国家,那就非打倒帝国主义不可……打倒帝国主义么?是的。但这除了发动广大的群众运动外,有什么办法?可是群众一起来,在资本主义崩溃的今天,必然要求新的方案,这不免又是由"五四"而"五卅"而一九二七的故事之重演。那么,恐怕帝国主义打倒之日即中国幼稚的资本主义打倒之时。中国于是走"非资本主义"道路了。这样,不独资本主义没有发展的可能,而且反转消灭得快。这是为现实地支配中国命运的社会层所不愿意的。世上固没有愿意消灭资本主义的资本阶级。因此他们不打倒帝国主义,对于

---

① 《文化建设月刊》一卷一期陈高佣《中国的伦理思想》。
② 《文化建设月刊》一卷五期《中国本位文化建设座谈会》邵爽秋谈话。
③ 《文化建设月刊》一卷五期《中国本位文化建设座谈会》俞颂华谈话。

维护中国资本主义一事,概采妥协政策……怎样办呢?多引进外国资本,"以夷制夷"。因为引进外国资本是有利于双方的事……因而所谓资本主义也当然不是独立的。那么是什么样子呢?我想必然是殖民地的资本主义。这就恰恰指明中国在资本主义途中的前进,不是步英国的后尘而是步印度的后尘。我想只要经济决定政治之说是真的,借一分债就必然丧失一分自由。所以经济的臣服即是政治的臣服,国家不能独立自由了……殖民地资本主义是沦中国于万劫不复的陷阱。那么,他不唯不能解决问题,而且把问题弄得更加严重。是的,民族压迫一天未解除,民族生活就一天不能改善。而加深的压迫,还使生活更加痛苦,要求改善的心更加迫切。所以社会的安宁不能获得。于是民族解放的呼声将继续存在。而且那时,一方面是世界社会主义运动更加扩大,要影响到中国来;一方面是中国社会主义运动也必然随着资本主义而发展,且将随着殖民地化的程度而增加其革命性。于是殖民地资本主义也要动摇起来……与其走不通,徒延缓中国的进化,何如走那正在期待着中国将来去走的前途呢?这个前途不是别的,就是欧洲已经发现了并正在追随着的前途。那就是说,资本主义之路不通,可通的是社会主义。在此世界趋于大同的时代,中国不能离开先进的欧洲而有其自己的发展路线……殖民地资本主义只有对于少数资本家才有好处;而对于大多数人,不独没有好处,却是增加痛苦。在这里,我觉得我们对于中国的经济制度,应以民族利益为立场,不能站在少数资本家立场上说话。如果这样,那我们首先就须知道资本主义与殖民地化相连,要走资本主义便只有殖民地的形态,独立国的资本主义是不会有的。而民族解放则与社会主义相连。反帝国主义就是反资本主义。不仅逻辑如此,事实也如此……那么打倒帝国主义便始终是不可免了。而这样,我们就必须准备民族革命的力量。换一句话说,就是要唤起广大民众来与帝国主义周旋。此外我觉得不应该顾虑什么……我们要殖民地化么?抑要民族解放?如果要殖民地化,那就走资本主义道路;如果要民族解放,那就是社会主义亦所不惧。这才是真正的民族立场。目前,甚嚣尘上的"民族复兴",如果叫的人是出于真心,那就应该考虑这个先决的问题。①

他这篇文,是为《文化建设月刊》征求关于论经济建设的文字而写的。他却明说中国只有走社会主义的一条路,并且是必要革命,必要打倒帝国主义,可算得是为中国计深远了。

关于论文化而提出社会主义并说到革命的这一点,现时思想界有好些人都不为隐讳。类如张崧年氏说:"文化建设可有硬的与软的两种。硬的就是根本建设,软的则是表面建设。要作根本建设,不可不先打点物质基础,不可不改革社会制度,这自然极难。"②他所谓硬,自然就是革命。不过他是含意未申。又如漆琪生氏在《中国本位文化运动的历史意义与实质》一文里说:"中国本位的文化之真义,应该是指该种文化:第一,必须以适应于中国经济社会现时之需要为本位。第二,必须以有利于中国经济社会当前之发展为本位。第三,必须以适合中国经济社会之特殊条件为本

---

① 《文化建设月刊》一卷九期78—85页。
② 《文化建设月刊》一卷九期《文化通讯》。

位……在现今中国前资本主义的农业经济社会中,当前最切要的是:障碍农业发展的前资本主义因子之扬弃,与资本主义经济发展的领导权之把握,以及未来的社会主义经济建设之准备。可是同时在此小农经济绝对优势的农业经济社会中,比较和缓而逐渐变革的经济改造之方式,较与现实的经济发展之条件相适合。因此,凡属能够完成上述二大任务之文化,皆为现阶段的中国经济所需要,皆与中国经济社会相适合,而皆于中国经济社会之发展有利……可是,上述任务的实现与完成,是具有壮烈的斗争的革命意义,因之未来的真实的中国本位文化,又是具有革命的斗争的与创造的要素,而不是单纯的模仿与翻译,同时也不是妥协与奴化,再不是安命与乐天,更不是颓唐与幽默等倾向。"[1]漆氏论经济,以能适应中国现时的需要为前提,所以不能不兼采比较和缓的方策。然而中国未来的经济制度,必是属于社会主义,在他是认准了的。所以他说未来的真实的中国本位文化具有革命、斗争、创造的要素,也就是说中国本位文化的建设必要经过革命。

第二是教育问题。经济是建设文化的基础,教育则是推进文化的工具,所以讨论文化不能不谈到教育。中国自从停止科举,开办学校,实行新教育制度,于今三十余年,先是抄袭日本,后又模仿美国,单是教育宗旨,就改订了许多次,至今也不能实行,以致无论是教育家或非教育家,对于现行的教育政策及其现象都深致不满,教育之必需改造,已是"人同此心,心同此理"。试举一段批评教育的话,如"未受教育者,尚秉其家庭社会递相传习之技能与道德,各自安于艰苦生活。而既受教育者,则知识技能修养既不充足,德行

---

[1] 《文化建设月刊》一卷五期39页。

气质往往涉于浮夸及游惰,驯至学校多一毕业之学生,社会上即增加一消费之分子,家庭即少一有用之子弟。"这是国民会议时中央提案所说的。可见现时教育不合实际的需要,就是党政当局也不否认。至于改革的建议,近些年来所发表的论文很多,有的是偏重理论,也有的是根据事实,论到全部分的如变更学校系统,重订教育宗旨,厉行生产教育,提高民族教育等等,论到一部分的如厘定课程、严格训练、注意德育、减低学费、减少留学外国的名额等等,多半是就着教育的范围,对于制度加以修改或补充。唯叶青氏有《我对于教育的意见》一文,是从国家民族立场上说明中国现时的需要,因而决定教育所应当采取的方针,所以依着他的主张,教育必得要整个的改造。现在将他这篇文的纲要摘录在下面:

> 要明白中国的需要,宜分成两方面说。从内部的历史发展来观察,中国是处在由封建到资本的过渡期……但世界上资本主义发展到高度的国家即帝国主义国家,却用经济的力量来阻止其独立自由的发展……因此中国遂被束缚在殖民地状态中,变成了一种被压迫民族。从外部的历史发展来观察,世界社会主义的革命和建设都开始了。资本主义的崩溃,成为一般的必然趋势。中国既是大通世界中的一部分,当然受其影响。所以早就有人看出来了中国不能成为资本主义国家,必须跟着社会主义走。把这两种发展统一起来,中国便处在一个大变革的局面中,成为世界上最有革命性的国家之一。他要反对帝国主义,他要反对资本主义。这样一来,就非有革命的民族运动和社会运动不可。否则就不能发展下去,便要陷于绝灭和退化之境,无法生存。所以中国的需要,在政治上

是达到民族解放的运动,在经济上是达到社会解放的制度。用简单的方式来表达,即民族革命和社会主义……走到社会主义是我们的目的,而完成民族革命则为必要的手段。因此中国教育的方针应该是民族主义……中国在变革时期,实行政治教育是必要的……一般人不懂知识即权能和知识即意志的见解,总把民族主义看成单纯的民族感情,而不知这是民族主义的干枯化和简单化,所以民族主义的教育是以政治教育为基础而体化于其中的……但要使政治教育不流于浅薄,必须施行一种理论教育。理论教育之于政治教育,有如泉源之于水流……所谓理论教育……可分为哲学教育和社会科学教育两种……外部的历史发展,如我所已说,是从资本到社会的过渡期,因而教育也是从个人本位过到社会本位。中国对于世界文化如果要迎头赶上去,那就必须采取社会本位即已实现于俄国的社会主义教育……社会主义并不是可怕的东西。像俄国现在所行的,计划经济、大企业国营、集体农场等等,究竟有什么可怕?你不愿人人都有饭吃有衣穿么?谈到平等,大家愿意,为什么经济平等一出来就反对不已呢?……至于我们谈的社会主义教育,其社会主义一词还不是与资本主义对待而言的意思。他的意义在与个人主义对待而言……这样的教育,不仅合于民族主义,亦合于那与资本主义对待而言的社会主义。在将来他实现时,社会的成员就与他相适应。那么,以社会本位为原则的教育,就不止为民族主义培养斗士了。如果允许我用两个新名词来说话,则教育的社会主义即是经济的社会主义之前提……所以我对于中国目前教育的意见,从内容上说,是民族主义和社会主义。从形式上说,是政治教育和理论教育。此外除科学教育,便都没有意义。①

他于此提出社会主义的教育,并且说教育的社会主义即是经济的社会主义之前提,这可看出他对于作为文化基础的经济制度和推进文化的教育宗旨,是有一贯的主张。

第三是个人与集体问题和自由民主与独裁统治问题。此两问题之所以连带的提出,可以看日本人林癸未夫的说明。他说:

> 原来自由主义与民主主义,言其根底,都是个人主义的思想,而统制与独裁主义,则其基础在全体主义……个人主义原来是一种对封建时代的绝对主义,即对贵族僧侣之专制横暴而起的叛逆思想,因了这种思想在近代国民的社会——即国家上的适用,于是产生了民主主义政体与自由主义经济。民主主义对于个人的价值作平等的估计,不论知识、道德、才能、经济之高下,凡一般国民都有参政权,一切政治问题都由多数以为决定。而自由主义经济(资本主义)则保障一切经济行为的自由,将生产、交换、分配、消费等都委之个人的意旨,对于自由竞争,自由契约都不加以法律的干涉。因之,这二者之思想的根柢,可说全是个人主义……所以我们若否定自由主义经济,就非更进一层否定个人主义思想不可。而由这否定,我们遂势必要进于全体主义。全体主义是什么呢?便是对于超越个人的实在的社会全体加以尊重……我们的物质生活与精神生活,实都须受社会的节制。所以人间可说是社会的动物,世上决没有离去社会而独

---

① 《文化建设月刊》一卷十一期20—24页。

立存在的人间。由个人主义者的说法,社会是由个人集合而成,这是错误的。反之,个人乃生存社会之中,始终为社会的一员而生活着。因之,社会一方面包含着个人,同时并为超越个人的一个全体的实在。所以社会倘不是全体都进步发达,那么个人的生活也决不能有所进步。换句话,即为社会全体的政治、法律、道德、经济等若无改善,那么要使个人的利益与幸福趋于完善,势不可能……若把个人作为社会的一分子来看,那么个人决不是平等的。在社会上,各个人的价值有非常的殊异。因为各人的知识、道德、才能、经验,彼此不同,故各人对于社会的机能及其服务社会的能力决不能相同。并且,即假定各人的价值都彼此平等,若便以此主张各人的待遇均等,那也是根本的错误。当然这不是说价值高者可以对于价值低者加以压迫与榨取。全体主义的思想,乃是说不论价值高价值低者,都当各如其分,为社会全体而服务。把这种全体的思想适用于国家,那就是国家主义。故在国家主义之下,其所要求的政治形态为独裁主义,经济机构则为统制主义。所谓独裁主义者,盖为与民主主义相对立的概念,而决不是封建时代专制政治之复活。质言之,还是指政治上的指导权由其国民的优秀分子掌握,而否认那种以国民平等多数表决的政治而言……原来个人主义的使命,在19世纪已告厥终,故支配20世纪的世界史者当然属于全体主义。如自由主义经济之衰退与统制主义经济的勃兴,自亦为必至的大势。①

林癸未夫这一篇文的说明,可算是十分清晰了。我所以引用他的

---

① 《文化建设月刊》一卷十期143—147页。

话,只是要我们了解此两问题与现世界各国政治社会间的动向有若何密切的关系,所以目前中国也有许多思想家的言论涉及此两问题的。如上面所引叶青氏《我对于教育的意见》所说"教育要从个人本位过到社会本位",就是这个意思。此外有孟真氏在《自由主义的没落》一篇文里说:"自由主义,只有在悠闲的客厅中,与红茶咖啡一样,为使人迷醉的珍品。我们的时代,我们的环境,既非由全民族的团结无以求得生存,故由此时地的需要,自由主义为无用,个人主义乃大害。"①又有晦堂氏在《集团主义》一篇文里说:"个人主义发展到今日,在劳动者的集团中固然是不能存在,就是在资产阶级的心目中亦觉着有点不合时宜。所以社会主义的苏俄固然是在集团主义的原则下从事建设,资本主义的美国亦由个人主义渐向集团主义的路上转换,至于意大利、德意志,则在独裁政治之下,更不许有个人主义的发展。由此可知,时至今日,无论社会主义国家与非社会主义国家,其具体设施尽管彼此不同,而要希望有所作为,则绝不能不采取集团主义的精神……唯有此时的中国,封建的侠义之风既随封建社会之崩坏而消灭,民族工业又因帝国主义者之束缚而不能自由发展,于是在此社会凌乱、毫无定型之时,西洋个人主义之输入,适成为一部分官僚政客与高等华人之自私自利的护身符,民族前途亦可悲矣。有志建设文化者宜如何振此颓风!"②也都说得极其真切。至于讨论民主与独裁的言论更多,主张也不一致。归纳起来,约有四类。即:(一)主张独裁政治。(二)主张民主政治。(三)立于国民党之立场而主张独裁政治。

---

① 《文化建设月刊》一卷九期2—3页。
② 《文化建设月刊》一卷九期3—4页。

(四)立于国民党之立场而主张党治。四派之中,尤以(一)(二)两派的辩论为多。大抵主张民主的,其理论是拥护宪政,当然有充分的理由。而主张独裁的则是以现实作证,甚至有人以为现时中国还在安内攘外的军政时期,没有能实行训政的工作,更讲不到宪政。又有人明说应当放弃民主政治,实行独裁制度,并且主张在民族情绪没有减低以前,国家权力是无所不包,即是所谓"极权国家"。因为有俄、德、意三国的事例在先,所以这一派的主张更是理直气壮。关于此点,我们只要看讨论文化建设的都是于三民主义中提到民族民生而从不提到民权,就可知道现时思想家的趋势了。

总之,近些年来,中国已经有了民族复兴的觉悟,所以一般人对于经济、政治、社会各方面的问题,都具有新的看法,提出新的意见,有如上面所述。中国虽然处在这内忧外患交迫的时候,而思想言论界却充满了曙光与朝气,这是足使我们抱着乐观的情绪而深切地企望的。

中国处在这内忧外患交迫,国势十分危急的时期,我们看见有许多思想家本着迫切望治的情怀,发为救时的言论,固然是很容易引起热烈的同情的。但如考察到现时经济社会政治各方面所实施的几件大事,却又很容易使人不能满意。所谓"言之匪艰,行之唯艰"的古语,往往为事实所证明了。类如:

(一)土地政策 这是民生主义中最重要的条件。依照孙中山先生所讲,其目标共有两点:一是平均地权,一是耕者有其田。后来国民政府于民国十九年六月公布土地法,又于二十四年四月公布土地施行法。有人以为:"平均地权的理论,已在土地法第四编土地税中得到充分的表示,而关于耕者有其田一点,土地法几乎没有提到具体的办法,这是很令人惊异的。""这两种法规各编的施行日期及区域,依法是要由国民政府分别以命令定之,但一直到现在,我们还没有听到施行的日期"①。解决民生问题的第一件要事,而进行如此延缓,现时仅仅有些地方在那里办"土地陈报",已引起不少反对的风潮,就可见实行改革真是不易。至如军事委员会所规定组织之农村利用合作社,在章程说明书中有一节说:"利用合作社推行于农村,依据上述之理论,其结果在农业上,各村农民力量集中,次第完成各项必要之设备。初由小农个别经营,因共同管理及共同利用,渐进而具备集产农场之形态。次则由利用合作社购置本村土地,渐进而达于共同经营之时期。共同经营实现,则村田尽为社有,社员尽为佃户,社为社员所有,社员耕社田,即等于自有其田也。故利用合作,谓之为温和的土地革命亦无不可。"②这究竟只是一种比附的解释。并且所谓农村利用合作社,也只是在所谓收复匪区内试办,并没有逐渐推行。

(二)经济统制 所谓经济统制,是现今各强国新兴的政策。中国于民国二十二年十月成立全国经济委员会,其内部组织,经过数次变更,现时设有公路、水利、农村建设、教育、卫生、棉业统制、蚕丝改良、合作等委员会。近人叶乐群氏著有《一年来全国经济统制之情况及其效果》一文,其序言中说:"数年以来,该会对于全国经济事业之进行,即为较有系统之规划。至一年来全国经济统制所收之效果如何,据官方之报告,未免有所夸张,似与事实不无出入,据民间反对者之言论,亦似诽谤过甚,未免仅顾及其一方面或

---

① 《独立评论》一九一号吴景超《土地法土地政策》。
② 《文化建设月刊》一卷十二期漆琪生《中国的农业建设与农村利用合作社》文中所引。

少数分子之利害,而忘一国全体或大多数之利益。作者现以客观态度,立于国家全体主义之立场……试作批评,俾为政者知所警惕加勉,而民间各业领袖亦深反省其各自为谋之弊端,严守先公益而后私利之原则,以图挣扎我全民族之生存,踏上国民经济复兴之大道。"篇中所列,有建设公路、兴办水利、棉业统制、蚕丝业统制、粮食经济统制、金融统制、渔业统制、火柴统制、糖业统制、盐业统制、劳动统制共十一项目。每一项目之下,都记述其进行之概况,或记载其章程与办法,似乎是大有规模。但细察其实际,只有公路建设一项确有成绩,其他各项统制,都是收效甚微,或竟是有名无实。至于兴办水利,则一方面设立了许多水利机关,一方面各省水旱灾荒,层见叠出,在民国二十四年一年中,农作物因水旱灾而受损失者约为四万万元,可谓完全失败。所以叶氏于结论中又说:"我国经济之统制,备受内外各方之种种阻力,距达美满之境域尚远,且已施行者多为零星散漫,未能受全国经济委员会之通盘筹划与集中统制,而全国经济委员会之组织未臻完善,实力未充,亦为无可讳言之事实。"①又政府当局曾有国民经济建设运动的谈话,略谓:"欲挽救今日民族之危急,与解除全国民众之痛苦,须有一个运动继新生活运动而起,其名为国民经济之建设运动。此国民经济运动,乃以振兴农业,改良农产,保护矿产,扶助工商,调节劳资,开辟道路,发展交通,调剂金融,流通资金,促进实业为宗旨。而以革除苛捐杂税,减免出口税则,要求新矿法之实施,禁止纸币滥发,为建设国民经济之初步。"②因此就有人发表言论,说了许多颂扬或勉励的话。但谈话中所列举的事项,多与全国经济委员会所要办所

---

① 《复兴月刊》四卷五期又六七期合刊。
② 《复兴月刊》三卷九期时事摘要。

当办的相同,似乎这所谓国民经济建设,未必是别有一种组织。而中国近年来的经济状况,有人作概括之叙述说:"就农业方面言,根据中国银行的营业报告,近几年粮食收获,每年皆逐渐减少,地主受生产低落之影响,以致入不敷出,而小农及佃农则几于不能自存。近年粮价比五年前平均价格低落百分之二十六,棉花及丝茶情形比此更惨,因此农田价格亦继续跌落,农民多有抛弃田舍,入城市以谋生者。于国内农村经济凋敝,农产跌价之际,外粮进口反日见增多。民国二十年洋米进口约一千零八十万担,嗣后日渐激增,常超出二千万担以上,洋麦进口数年前不过一百万担,近年亦增至一千万担以上。至于工业,因人才资本缺乏,经营不善,本不能与外人竞争,近年因外货倾销,更趋凋落。中国工业之较为发展者,首推纺织业,其次为缫丝、面粉、卷烟、火柴等等。纺织事业之发达,近年多为外商纱厂,至于中国厂商,因近年花贵纱贱之结果,多已无法维持。缫丝业之衰落,更为国人所共见,二十二年江浙两省所有一百八十余家丝厂,缫丝车头四万余部,至二十三年大半停顿,其主要原因则为受外商人造丝之压迫。面粉、卷烟、火柴等业之情形亦复相类。至于对外贸易之入超,年须负担五六万万之数额,近年更发现吾国民购买力逐渐减低,及多种洋货成为生活不可缺之恶现象。国民经济既整个衰落,国家财政自然涸竭,近年政府之收支,每年不敷之数皆约在一万五千万之多。吾人试加以分析,则更见此年近十万万之支出,其百分之八十以上皆用于债务及军事二者,而生产及教育二项实数甚微末也。"① 又有人历举中国实行统制经济,有几个重要的先决问题。类如:

---

① 《文化建设月刊》二卷六期刘振东《国防经济政策论》。

"想实现统制经济,必须收回租界,取消不平等条约……统制棉业而外资的纱厂不能过问,统制航业而外资的船只不能就范,统制煤业而外资的煤矿不受支配。如此,统制的目的怎能达到呢?统制经济的重要项目,当然是交通与金融,今我国的银行大部在租界里面,可以利用的资金大部在外国银行里面,从内地到租界,从中国银行到外国银行,没有关卡稽查,一旦有统制消息,资本立刻可以逃避殆尽。"又"企图中国统制经济的实现,必须先打倒国际经济帝国主义。除东北的经济权完全落于他人手中而外,所谓华北中日经济提携及中日全国提携,都是骗人的口实。因为彼强我弱,怎谈得上彼此平等的相互提携?实际上,无非是他人之经济侵略,破坏中国经济整个的组织而已。国内的市场,早已被国际经济帝国主义者占据得干干净净,中国要统制市场或统制价格,而国际经济帝国主义者从中扰乱,则统制的目的何能实现?"又"要有统一的健全的集权的中央政府,始能实行统制经济……没有中央来计划或管理全国的经济行为,是不足以抵抗国际经济帝国主义的侵略的。要应付或抵抗经济的国家主义,非由中央政府管理全国经济行为不可。因此,所谓统制经济,就是经济政治化……没有强有力的中央政府,而又要厉行统制经济,其结果,各政治机关必各行其是"①。中国现时在以上所述的各种状况之下,却高举经济统制的旗帜,当然是无多成绩之可言。

(三)乡村建设运动 所谓乡村建设运动,是综合了农村救济、农村复兴、农村改造,许多不同的口号,而假定为一个共同的名词。近些年来,这一类的运动曾有一个乡村工作讨论会的组织,每年开

---

① 《文化建设月刊》二卷六期郑独步《中国统制经济问题论》。

会一次。第一次年会在山东邹平县召集,到会代表七十余人;第二次在河北定县召集,到会代表一百五十余人;第三次在江苏无锡县召集,到会代表已增至二百余人。所代表的,有包括政治性的机关,有学校、有民间团体、有学术机关、有工业机关,可见这种运动日渐普遍,不只是政府提倡,且为教育界实业界所联合注意。"就其出发点和目的说,有普及平民教育的,有宗教的社会服务的,有便利行政的,有发展交通的,有救济都市和流通金融的,有增加工业原料供给的,有推销工业制品之存货的,有充实地方保卫和为士兵的供给之便利的,更有从教育的立场谋求农村的现代化,以达民族改造之目的的,有以论理本位的乡村建设,开辟乡村文化的第三条道路,民族自救,并以救济世界为理想的。"①总括起来,大致不出乎教、养、卫三项。这些年来,集合了许多有志于社会服务的人才,在各地切实地工作,不能不说是政府与人民合作的一桩大事。然而在这国难日亟的时候,也还有些人认为这种工作是迂缓而不切于事情。他说:"目前虽然有这样多的人士在为乡村工作努力,然而无论他是从教育入手,从自卫入手,从改革县政入手,从合作社入手,从推广优良品种入手,对于中国农村根本病症,还少有确切的诊断,所以他们入手的那几点尽管有相当的成功,而大多数农民的吃饭问题仍不见有根本的改善。"②更有人从整个民族经济上观察而加以严酷的批评说:"农村破产之直接的原因……可归结为三个根本原因:(一)外国的经济侵略;(二)国家的负担过重与军阀割据;(三)地主、商业及高利贷资本之剥削。后两个原因,都与在

---

① 《中国乡村建设批判》李紫翔《中国农村运动的理论与实际》。
② 《中国乡村建设批判》孙晓村《中国乡村建设运动的估价》。

外国资本压制之下经济的停滞,列强之直接的干涉及民族内部的矛盾有密切关系……解决这个问题不外三点,即:(一)民族独立,包括关税自主,领土保全,取消外债赔款及取消外人在华之一切特权等;(二)土地之重新分配,实现耕者有其田,并取消高利贷;(三)政治的改革。必须有这样的解决,才可以复兴农业,进而复兴工业以至整个的民族……现在所进行的农村建设,约有建筑工路、改良水利、改良品种、农业放款、合作运销与购买等项。这些建设对灾荒后农业生产的恢复,农业购买力的增加,商品的流通及政府财政的收入当有一时相当的效果,但它们不能有裨于民族经济(即民族工业),亦不能从根本上改进农业的生产,因而这一时的效果——如果能收到的话——将加深中国之殖民地化及走近最后的破产。其弊害可言者约有数端:一为外资和外资之深入……;二为公路建设本身又增进外国汽车和汽油之输入……;三为因防治水旱灾及疏濬灌溉对于土地之垄断……;四为农业放款对于穷困农民之榨取……信用合作也并不如理论家们所想象的是农民自动的互助的组织,它是当地地主、富农、商人、高利贷者在城市资本指导之下盘剥贫农的机关……;五为仓库储押、运销和购买合作,棉业烟叶放款等,都是造成金融资本对于农业生产品之控制。总之,现在的农村建设,只有外国资本和国内的金融资本可以大得其利,政府亦可从中收得一些手续费,至对于国计民生,非徒无益而又害之。"①这一类的批判,是以中国民族解放为前提,更使乡村建设运动的人们无法解答。

(四)新生活运动 新生活运动始于民国二十三年军事当局在

---

① 《中国乡村建设批判》张志敏《从整个民族经济上观察现在的乡村建设》。

江西省提倡,后来就通行全国。它的纲要是礼义廉耻,所包括的事项是衣食住行,所提出的条件是整齐清洁简单朴素。当这个运动开始的时候,就有人将它与农村复兴运动相提并论。以为:"过去中华民族在农业社会的经济组织之下,几千年来都保存着忠孝仁爱礼义廉耻种种优美的民族德性。然而自从资本主义文化随着资本主义经济势力传播到东方,我们这个不善消化的民族便遗弃了原有民族文化上的优点,而吸收他人的糟粕,这种现象表示得最显现的便是在都市。所以新生活运动在都市方面最重要的意义,便是恢复民族固有的优美的德性,以补救只知求取物质享受的现时都市文化生活的畸形状态。农村中淳朴的民风,还相当地保存下我民族的优点,只是经济却日趋崩溃。所以农村复兴运动便是设法挽救这农村经济的危机。假如占中华民族人口最大多数的农民生活情况不能改善,根本便无从建树起中华民族的文化。这两个口号既各有其特殊适应的场合,故必须同时合流,然后能创造出中华民族文化的新生命。"①后来又有人称颂各都市流行的集团结婚,和限令各省市在乡村划定公墓区域,为实行新生活有效的凭证。②但也有人认为:"今日人民贫困已极,在此颠沛流离之中,不先安定其生活,而欲其实行礼义廉耻,此诚所谓'救死不瞻,奚暇治礼义哉?'贾子曰:'安民可与行义,而危民易与为非。'此千古不磨之论也,甚愿今之当局深长思之。"③并且新生活运动既是注重在都市,是一种精神建设,就必要在上者以身作则。如周佛海氏所著的《精神建设与民族复兴》一书,反复申明精神建设之重要,书中所提出

---

① 《文化建设月刊》一卷五期《文化月旦》《新生活运动》与《乡村复兴》。
② 《复兴月刊》三卷八期《复兴春秋》《婚葬新礼俗之开创》。
③ 《复兴月刊》三卷九期蒋维乔《礼义廉耻说》。

的五个方案,第一是领袖人物要根据精神建设的目标以身作则。第二要根据精神建设的目标登用人才。第三要根据精神建设目的标明定政府赏罚。第四要根据精神建设的目标制造社会舆论。第五要根据精神建设的目标厉行训练。这五个方案中,最重要的还是第一个,所谓领袖人物要根据精神建设的目标以身作则。如果这一层办不到,其他的方案都等于虚设。像今日的一般官吏,尤其是党政军当局,习于奢侈,肆行贪污,恬不为怪,监察院虽也有时弹劾,总是舍豺狼而问狐狸。这样的现象,分明与新生活的意义违反,如何能使都市的人民知所效法?孟子所说:"上无道揆,下无法守,朝不信道,工不信度,君子犯义,小人犯刑,国之所存者幸也。"①正是为今日的中国写照。那么新生活运动的效果也就可以想见了。

我们若从上面所述各家的言论及各方面的事实来展望中国未来的文化,其中就含有两个问题。一是精神与物质的问题,二是个人与社会的问题。而此两问题,恰是梁启超氏在十余年前所曾提出的。梁氏对于此两问题的各方面曾经反复寻思,兼顾到古今中外的理论与事实,所以我们现时正可以引用他的话作为探讨的资料。他说:

> 吾侪今日所当有事者,在如何而能应用吾先哲最优美之人生观使实现于今日。此其事非可以空言也,必须求其条理以见诸行事。非可恃先哲之代吾侪解决也,必须当时此地之人类善自为谋。今当提出两问题以与普天下人士共讨论焉。

---

① 《孟子·离娄篇》上。

其一：精神生活与物质生活之调和问题。吾侪确信人之所以异于禽兽者,在其有精神生活,但吾侪又确信人类的精神生活,不能离却物质生活而独自存在。吾侪又确信人类之物质生活,应以不妨害精神生活之发展为限度,大丰妨焉,大觳亦妨焉,应使人人皆为不丰不觳的平均享用,以助成精神生活之自由而向上。吾侪认儒家解答本问题,正以此为根本精神,于人生最为合理。道家之主张无欲,墨家之主张自苦,吾侪固认为不可行。但如道家中杨朱一派及法家中之大多数所主张,一若人生除物质问题外无余事,则吾侪决不能赞同。吾侪认物质生活,不过为维持精神生活之一种手段,决不能以之占人生问题之主位。是故近代欧美最流行之功利主义、唯物史观等等学说,吾侪认为根柢极浅薄,决不足以应今后时代之新要求。虽然,吾侪须知现代人类受物质上之压迫,其势力之暴,迥非前代比。科学之发明进步,为吾侪所不能拒,且不应拒,而科学勃兴之结果,能使物质益为畸形的发展,而其权威亦益猖獗。吾侪若置现代物质情状于不顾,而高谈古代之精神,则所谓精神者,终久必被物质压迫,全丧失其效力,否亦流为形式以奖虚伪已耳。然则宗唯物派之说,遂足以解决物质问题乎？吾侪又断言其不可能。现代物质生活之发展于畸形,其原因发于物界者固半,发于心界者亦半。近代欧美学说,无论资本主义者流,社会主义者流,皆奖励人心以专从物质界讨生活,所谓"以水济水,以火济火,名之曰益多"。是故百变其途,而世之不宁且滋甚也。吾侪今所欲讨论者,在现代科学昌明的物质状态之下,如何而能应用儒家之均安主义,使人人能在当时此地之环境中,得不丰不觳的物质生活实现而普及。换言之,即如何而能使吾中国人免蹈近百余年来欧美生计组织之覆辙,不至以物质生活问题之纠纷,妨害精神生活之向上。此吾侪对于本国乃至对于全人类之一大责任也。其二:个性与社会之调和问题。宇宙间曾无不受社会性之影响束缚而能超然存在的个人,亦曾无不藉个性之缲演推荡而能块然具存的社会,而两者之间互相矛盾互相妨碍之现象亦所恒有。于是对此问题态度,当然有两派起焉。个人力大耶?社会力大耶?必先改造个人方能改造社会耶?必先改造社会方能改造个人耶?认社会为个人而存在耶?认个人为社会而存在耶?据吾侪所信,宇宙进化之轨则,全由各个人常出其活的心力,改造其所欲至之环境,然后生活于自己所造的环境之下。儒家所谓"欲立立人,欲达达人","能尽其性则能尽其人之性",全属此旨。此为最合理的生活,毫无所疑。墨法两家之主张以机械的整齐个人使同治一炉同铸一型,结果至个性尽为社会性吞灭,此吾侪所断不能赞同者也。虽然,吾侪当知:古代社会简而小,今世社会复而庞。复而庞之社会,其威力之足以压迫个性者至伟大,在恶社会之下,则良的个性殆不能以自存。议会也,学校也,工厂也,凡此之类,皆大规模的社会组织,以个人纳其间,渺若太仓之一粟。吾侪既不能绝对的主张性善说,当然不能认个人集合体之群众可以无所待而止于至善。然则以客观的物准整齐而画一之,安得不谓为持之有故言之成理?彼含有机械性的国家主义社会主义所以大流行于现代,固其所也。吾侪断不肯承认机械的社会组织为善美,然今后社会日趋扩大日趋复杂,又为不可逃避之事实。如何而能使此日扩日复之社会不变为机械的,使个性中心之仁的社会能与时势骈进而时时实现,此又吾侪对于本国乃至全人类之一大责任也。吾确信此两问题者,非得合理的调和,末由拔现代人生之黑暗痛苦以致诸高明,吾又确信此合理之调和,必有途径可寻,而我国先圣,实早予吾侪以暗示。但吾于其调和之程度及方法,日往来于胸中者十余年矣,始终尽若或见之,若未见之。①

梁氏认此两问题之各有其矛盾性,必须有合理的调和,但调和的方法却还没有得到。这是因为梁氏的观点本偏重于个人与精神,而时代所呈的现象,又迫着他对于物质与社会的威力不容否认。以致他的思想左右冲荡,他的文笔上下回旋,终归于想求方法来调和。其实人的生活必有精神与物质两方面,个人与社会自始就不可分离,这本是无所用其拟议的。所以本章所指示出的两个问题,虽然与梁氏所提出的相同,但我们的看法却与梁氏各别。梁氏的看法,如同说物的质量有多寡厚薄,必须使之调和。而我们的看法,则前者是事有先后,应当次第完成,后者是体有大小,应当随时随事以应付需要。类如《管子》虽以礼义廉耻为国之四维,却说:"仓廪实而知礼节,衣食足而知荣辱。"岂不是明定先后的次序?又如孔子说杀身成仁,孟子说舍生取义,为了要使仁义的功用彰显于全人类,乃至不惜牺牲个人的生命,岂不是确认小大的区别?这有什么调和之可言?何况中国,正因古来有少数的人,喜欢高谈精神生活而忽略了大多数人的物质生活,又往往注重个人的自得而忽略了社会的健全,积成数千年民族柔弱的因素。现时受了世界潮

---

① 梁启超《先秦政治思想史》第二十章结论。

流的激荡,竭力重看物质与社会,纵使有时难免于矫枉过正,然而究竟是因时制宜,未可轻于非议,也不必虑其过当。须知中国现时的急务,就是要使物质的生活人人各得所需,同时又要使人人都知道节约自己,服从并维护社会的公律。等到第一步实现之后,所谓精神生活,即一切道德的观念,自然更可提高。所谓个人自由,也因着全体的安宁,渐渐地得到真趣。所以现时一般的言论都是趋向于第一步,现时的设施,固然谈不到彻底改造,也有些是向着第一步努力。我们确可以说:从前梁氏所踌躇待决的问题,现时已寻得显明的途径了。

第十章　基督教更新与中国民族复兴

基督教的教义，从耶稣的行事和训言中仔细地体认，本是亘古常新。只因它经过长期的进展，有如清泉奔流到平地，不免夹带着泥沙，遂使真义日渐隐晦。到了现代，世局将有重大的变迁，基督教也要像河流改道，所有水里夹杂着的泥沙将有一番淘汰，因而真义重复显明。而在此时期中的中国，旧有文化的价值要重被估定，更要建设新的文化以适应民族复兴的要求。这些在前几章里已经叙论过了。在一般人看来，宗教在世界未来的文化中能否有存在的地位，还是待决的问题，至于中国民族复兴与基督教有无关联的问题，当然更谈不到。但我以为：此类问题虽有待于将来事实的证明，然而现时却需要成立一种假定，才可以指示人的趋向，唤起人的努力。因为现时各种宗教还是普遍流行，而同时各宗教的缺失又是显豁呈露，这种矛盾对立的现象，既不应当任其自然，于是有些渴望社会改造的人们，就执着宗教外表的缺失，认为是妨碍社会进化，必须根本铲除，这种改革的热诚，确值得敬佩。但我们如想到人类自有史以来，宗教与人生，总是有着重要而密切的联系。所以在文化史中，宗教这个名词，与哲学、文学、科学、艺术、经济、政治等类的名词，早处于同等的地位。尽管它的内容或是幼稚而蒙昧，或是衰老而腐化，我们尽可以就着它不合理的事项竭力制止，并期望它的蜕化而演进，似乎不能就说它应当完全消灭。正如我们可以说文学中的文言或骈体文应当废除，而不能说文学应当废除。我们可以说君主政体在政治史中已成或将成为陈迹,而不能说政治这一部门都要成为陈迹。我们如果假定了这一点,那么,反对宗教和拥护宗教的人就可免去许多无谓的争执,平情酌理地公开讨论了。因此,本章就采取各派的见解,并提出我个人的看法,先推测宗教的将来,而后说明基督教与中国民族复兴有联属的可能,作为本书的归宿。

现时反对宗教最烈的是共产主义,这是我们所习知的。近些年来,苏联反宗教的一切情形,有美人黑克氏所著《苏联的宗教与无神论之研究》一书,①叙述颇为详尽。在该书第一章《问题的说明》里,他说:

> 共产主义的理论,一方面承认宗教的多面性和主观因素,另方面它把这问题简单化,只是暴露它的客观基础,把这基础归之于社会经济条件。他们相信,只要改过这些客观条件,主观的经验就会发生重大变化,把宗教完全丢掉。(原书第6页)
>
> 对于近代文明需要宗教与否这问题,共产主义者的答复是要,不过所提文明只就将死的资本主义文明来说。在那种场合,在危机的压迫之下,不安定与恐惧的氛围中,对于那些被历史判定了要趋于灭亡的诸阶级,宗教就是他们的避乱所。同时对于某些小资产阶级分子,与那些还未取得阶级意识的落后劳动大众,它也是必要的。在社会主义社会里,不安定、恐惧与个人的孤独性同时消灭,宗教,至少是目前所知的宗

---

① 杨缤译,民国二十四年九月青年协会出版。

教,一定也会消灭。有阶级意识的工人们在无神的引领之下,要走向有目的的生活去。(第7页)

共产主义,特别是列宁主义,老是注重在改良的、近代化的社会化的,以及一切别种进步的宗教,以为它们比正统派反动的宗教更不好。事实上,共产主义对于反动的宗教,要比对近代化的理论更进步的宗教宽大得多。列宁努力和党中一切宗教的痕迹斗争,把它们铲除,且尽力防止任何新的社会化的近代化的宗教出现。(10—11页)

又在该书第八章《共产主义的宗教观》里,他说:

马克斯的处理宗教问题,是以哲学家及历史家的态度,他揭出了他的社会经济的性质,称之为"人民的麻醉剂"。(135页)

马克斯和恩格斯形成他们的辩证论哲学,认为宗教的将来,会因为科学一天天昌明,人类智慧与能力从阶级榨取下解放出来,而与人类的无知软弱同归于尽。(137页)

列宁……同意马克斯恩格斯的意见,以他们的观点证之于俄国的实情和背景,断定宗教是阶级榨取之最恶的工具。阶级消灭,宗教自不能生。因此,他努力唤醒民众去作革命工作,与宗教徒派就走到冲突的地步。(137—138页)

宗教的心理起源是人类的软弱,对于不可知的人事与自然的畏惧,因此它的内容中天然就存在了两种象征,两敌对阶级的东西。一方是不可知的万能权威的上帝,有指导一切,裁夺一切的恩与力;另一方是兢兢业业托庇于上帝荫下的小民,有服从,柔顺,畏威怀德的义务。无产阶级的彻底胜利既能解除这种心理上的宗教根源,而经济社会的组织又足以保障,使野心的支配阶级不能产生,来利用及鼓吹这两种宗教内容,尤其是把它们结合在一起,成为一物的两面,似乎宇宙就是这么形成的。这样,宗教自然要消灭。其所遗下的好的部分,如对人类的伟大感情,将由人人自由向人类供献劳力,从人类取得热情及友谊的报酬来担负及表现了。(144页)

黑克氏对于共产主义的理论可说是完全接受,所以他无论是称引马克斯诸人的学说,或是他自己代替共产主义表白,都能把握住共产主义反宗教的要点。他不但接受共产主义反宗教的理论,又对于现时苏联反宗教运动中所有的组织与方法也有很清楚的叙述。他在该书第十二章《反宗教宣传的组织与方法》里说:

> 无神论者社会的活动纲领与方法,很快地发展为一个复杂的系统,正如西方的近代教会所有的一样。它有战斗的无神论者组合的中央会议为监督,中心地点在莫斯科,另有地方组织分布于全国各地。此外有国内国外的宣传部,与中央会议发生关系,在苏联境内的弱小民族中进行积极活动,且帮助全世界无产者进行反教工作。其重要部分为群众宣传运动,教育,出版,海陆军,工业,农村,青年与儿童,宗教及工作方法的科学研究,宣传员的训练,博物院与图书馆,应用美术于反教宣传,特别是演戏,电影及无线电……着色的壁画应用很广,它的目的在将教会的迷信及教师的丑恶暴露出来,加以取笑……五年计划的应用及农业集体化,使反宗教宣传得了新

的推动力。现在的广告画及标语,就都是用来使人民了解教会是反对苏维埃工业化,反对集体化计划的。这类群众宣传所常用的方法,是将诗句印在包糖纸,香烟盒诸如此类的上面……无线电也用来散布关于"宗教与五年计划"这类讲演,内容都讲到宗教是社会主义的阻碍,与之不能相容,社会主义实现时它就要完全消灭。工厂俱乐部也举行讲演会,以引起工人对反宗教问题的兴趣。莫斯科汽车工厂公布一季中的讲题,都是以近代科学来批评宗教的……因为缺少宣传及组织人员,反宗教的领袖们就创办了一种反教教育。在这里,专门及寻常的宣传员可以受训练……过去十年中发行了一千二百种反宗教问题的书及小册子,此外还有许多短文,共发行总册页数是四千万……领袖们常用各种方法去引起读者对于读反宗教书报的注意……总而言之,宗教在苏联可说是遭了极大的全线上的进攻。究竟它能否抵挡这场实验,是很大的问题呢!(187—200页)

我们看了黑克氏以上的叙述,分明是有些为反宗教者张目,为宗教担忧。但在该书末章题为《前途的瞻望》文中,他却从各方面体会到宗教在将来必有新的景象。他说:

> 事实上,许多年以前以及现在,都已有人把找上帝的工程抛在一边,而要从美育与社会方面为宗教重定价值,认它为对于宇宙与人类社会之一种敬虔的和仁爱的态度,这种态度,无论是主张有神或无神的都应当尽力加以保持的。(202页)
>
> 人类如果没有一种指示其行程的人生哲学,或一些宗教所

能给予感情上的激刺,那么,他们似乎是不能生存的。宗教的感情方面的原素,在各种原素中常是比较的显著,且是比较的受人的欢迎的……无神主义者的意识不免太理智化了。它是生存于没有感情的领域中,是不适于人性的。查反宗教宣传的力量,乃在于它的伦理方面的劝导,而不在于它对于宗教的玄学及教条之批评。一般已脱离宗教关系的民众,现在是被社会主义者建设的程序所激动,他们已信仰五年计划这个宗教了,因为这宗教能给他们以更光明的更快乐的将来,而且它的实现是人人所能共同努力的。此外还有一种国际共产主义的要求,能激动人们作伟大的斗争与牺牲,所以在多数共产主义者的心理中,这种主要的要求很能代替宗教。但是,人们不全是共产主义的热情者与斗争者,大多数人对它仍会漠然视之,而且需要其他的灵感与教育,否则他们就会养成一种反社会的习惯而将为害于社会了。还有,社会中常不免有人在人生斗争中处于失败丧志或疲惫的地位,他们所需要的是安慰而不是主义。试问他们应当向什么对象或什么人去寻求精神上的安慰呢?(203—204 页)

俄国的宗教的将来,乃是一个社会的心理的问题。原来有组织的宗教乃是一种社会的方式,而人类的灵性经验就是在此中形成的。现在旧的模型已破裂,这个事实在本书的研究里业已表显。但目前的问题是,新兴的青年们会不会表现一种不同的心理——就是缺乏造成灵性宗教的那些精神原素……如果宗教在俄国只是一种教养,那么在俄国无所谓宗教了。如果宗教在它的主观方面是属于人类内在的灵性原素,那么我们就要问,一个共产主义的社会怎能阻止它的人民拥有这些灵性原素呢?……现在的问题是,怎样为这些灵性原素准备正当的营养及适宜的环境，使它们能尽量地去发展而不受到什么限制。我们相信，在无阶级的共产主义社会中，人类的灵性原素比较在阶级重叠的物质文明社会中，自然更有关于选择发展及营养的机会与环境。（206—207页）

这些条件，也许会开辟一个所谓"社会之个人方面"的时代。这时代会告诉我们，人性中有什么未加估量的潜力，而且因为新的原素的发现，我们就得用新的方法，去重估过去灵性文化中被遗忘的宝藏之价值……那新的社会制度不能是一个无痛苦的静止的或属于愚人的天堂，如果自然律继续有效，那么这个社会制度就有许多痛苦必须应付。人类自我意识的出现，在宇宙阴影中乃是一种灿烂的光明。试问这里边会不会有一种生命？这个问题也许永远是一个秘密——因此，便是信仰与默想的对象了。（207—208页）

苏维埃的青年，在今日仍有未满足的要求及兴趣，因此他们便放弃现有的宗教教训以及反宗教的宣传。他们需要能使共产主义的社会使命，增益了情感与伦理价值之一种使命。这个使命，无论在内容与形式方面，都不会有什么像那旧时的宗教组织，它当然会站在较高的知识平面上。在形式与感情上也会比较的更美化，而与现在粗鲁的无神宣传也会大不相同。我们相信未来的希望，不在于否认过去，而在于肯定新生——而无产阶级革命对于此点已有了准备。那么未来的共产主义者的无阶级社会，将成为一个最适宜的环境，以便发展一种灵性的文化。这是以前的先知，圣者或诗人所从未梦想的。（208页）

黑克氏一方面承认共产主义反宗教的理论及其种种举动都是对

的,另一方面又确信现时有组织的宗教推翻之后将表现更高尚优美的宗教。这自然是现代开明的宗教家所同具的感想。所以吴耀宗氏在该书的序文里也说:"我们认为宗教是人类永恒的需要,因为宗教无非是对于整个的人生和整个的宇宙所不得不有的一种态度一种信仰一种生活的方法。所以,我们以为宗教是永远不会消灭的……我们绝不为宗教的名义抱杞人之忧。反之,我们要努力使宗教从迷信与反动的势力中得到解放,即使解放的结果,似乎消灭了我们所宝贵的若干传统的名义上的遗产。因此,同本书的作者一样,我们十分同情于社会革命的运动和这运动所反对的虚伪的宗教。"吴氏不只赞同黑克氏对于宗教的看法,并且他断言宗教的永存,较之黑克氏所说更为肯定了。

反宗教的潮流震荡着全世界,不但使开明的宗教家有了新的觉悟,也引起一般思想家研究宗教问题的兴趣。如美人杜威氏近著《科学的宗教观》[①]即其一证。杜威氏写这本书,是以学者的态度,研究宗教与人生的问题,提出一种主张,自然是和苏联战斗的无神论者激烈的论调不同。但依照他的主张,也是要将一切传统的、有组织的、有仪式和信条的宗教根本推翻的。他这本书的要旨,照我所节取的是:

> 各种宗教向来与超自然的观念结成不解之缘,它们的基础也建立于超自然的信仰的上面。现在有许多人以为离开了超自然,宗教便不成其为宗教……和这一派相反的,就是那些相信文化和宗教的进步已经完全否认超自然和与它相联系的

---

① 吴耀宗译,民国二十五年二月青年协会出版。

宗教的人。他们里面那些极端的甚至以为超自然的观念既然不能成立，则从历史传下来的宗教和一切带着宗教性质的事物亦必当废弃。（原书1—2页）

  我在本章里所要指出来的中心思想是："宗教"、"一个宗教"和"宗教的"这三个名词应当作不同的解释。换句话说，指出一件事物的主词，和代表一种经验的形容词是不同的……我在本章所要阐发的，把"宗教的"和"一个宗教"这两样东西分开。我不是要提倡一种宗教，我只是要把能够称为"宗教的"原素解放出来……一个宗教，总是指着特殊的一套信条和习惯而言的，而这信条和习惯又寄托在或松懈或严密的某种制度上的组织里面。同这相反的是"宗教的"那个形容词，他并不指着什么可以表彰出来的实体……他所指的只是对某一种事物每一种拟议中的目的或理想所取的态度。（3—12页）

  凡是认为人的成就，人的目的，是可以离开物质世界和人类社会而独自实现的，那在本质上就是一个非宗教的态度。我们的成功是要靠着自然界的合作的。因此，承认人性的尊严固然是宗教的态度，就是寅畏与崇敬也未尝不是宗教的态度，如果我们了解了人性是一个更大的全体的一部，并且是与它合作的。（33页）

  信条和习惯的力量愈大，则人类的关系的可能愈受其桎梏，因此我们更觉得"宗教的"态度有从"宗教"被解放出来的必要。（36页）

  我在这里所主张的是："上帝"是各种理想的价值底一个统一。这统一的来源，在本质上是属于想象的，而它的成立是在想象对行为发生了煊染的作用的时候……我们不能因为理想是借着想象的媒介而被认识的,便说理想是个幻想。因为所有的可能都要经过想象才能达到我们。严格的说,"想象"那个名词只能有一种解释,那就是:还没有实现于事实的东西,因被我们所参悟,而发生鼓动我们的力量。(56页)

假如我们能有一种清楚而深刻的概念,叫我们晓得:理想的目的和实际的情形是可以联合起来的,这概念便可以给我们鼓起一种可以持久的情感。这情感是可以接受各种经验的营养的,无论这些经验所用的材料是什么。(68页)

这一种在思想上和行动上表现出来的联合,我们是否要给它"上帝"那个名词,这是要每一个人自己去决定的。但我们所注重的是理想和实际在行动上联合了以后所具有的那种功用。在我看,凡具有灵性质素的各宗教,不管它们对于上帝的概念是什么,它们所认为从这上帝而来的那个力量,实际上就等于我们所说的那种功用。(68页)

如果我们能够把握住宗教底自然的基础和联系,生活中宗教的原素,便可以从宗教危机的困苦中脱颖而出。这样,宗教便可以在人类经验的各方面找到它当然的地位,不管这经验是可能的估计,是可能所引动的情感,或是用来实现那些可能底一切行动。在人类经验中一切有意义的东西,都可以被包括在这一个范围里面。(67页)

无论我们搜罗多少证据来反对现行社会制度,究竟慈爱和对公义与安全底热烈的要求,是人性中实在的东西。同样的,从不平等、压迫与扰乱的生活所发生出来的情感,也是人性中实在的东西。这两种情感之混合起来而产生被称为革命的那种事变,这在历史上是见过不止一次的。情感不和智力混合起来是盲目的,这是大家所知道的。热烈的情感发而为行动的时候,可以将各种制度毁灭。只有把情感和智力联系起来,我们才能有产生新制度的希望。(102页)

成为我们信仰的对象底理想目的,并非模糊而不固定的。在我们明白了人类相互的关系,和它们所包含着的价值的时候,这些目的便在里面取得具体的形式。现在生存着的我们是全人类的分子,这人类是伸展到窎远的往昔,也是与自然互相影响着的。我们在文明中所宝贵的东西不是从我们而来的。它们的存在是连续的人类社会的作为与遭遇底恩赐,而我们只是这社会中之一环。我们的责任是把我们所承受的价值底遗产保存,传递,更正,扩充,让我们的后人接受它的时候,它可以变成更充实的,更稳固的,更便于取用的,也更慷慨地被分享着。这便是一个宗教信仰所当具的所有的原素,它们不受教派,阶级,种族的限制。这样一个信仰,永远是人类无形中一个共同的信仰。我们只要把它变成有形的,战斗的。(111—112页)

杜威氏的主张,有的人是极端反对,如美国于仁神学樊都生教授在《生活的宗教》中所说①。有人是相当的赞成,但认为还有修正或补充的地方,如吴耀宗氏在该书的导言中所说。我个人对于杜威氏的见解——如我在上面所节取的各节——是愿意充分地接受的。尤其是杜威氏所提出的"宗教的原素"这一点,正和黑克氏在论俄国宗教的将来一段文里所提出的相同。这就更足使我们知道:所

---

① 见本书《导言》中所引。

谓"宗教的原素"的存在,并不靠赖人有什么维护的方法。它自然含蓄在人的灵性中,又在人的生活底各方面,借着各项的事功,各种不同的方式,将它的功用自由地表显出来。它不但不妨碍社会进化,并且是人类改造社会的原动力。人若没有它,人类社会就将如其他动物的一群,失去了意义与价值。所以社会制度无论如何改变,它是不受任何影响的。至于宗教——有组织仪式和信条的宗教——则无论它是受外来压力的打击以至于残破,如现时暂存在苏联的宗教,或是希望它自身觉悟,自求解放,如杜威氏所主张,总之它底一切的形式终久必得蜕变。这种种的观点,已经差不多为一般人所公认了。

论到基督教,在本书第二至第六各章中已多有说明,但于此更有几点可说:

(一)基督教与新唯物论是有关系的。最近有张季同氏发表了《哲学上一个可能的综合》一文①第一段里说:"新唯物论之基本出发点,乃是知行之合一,理论与实践之统一……更一基本出发点,便是人群,社会……新唯物论的人生论乃是讲人群的生活而注重变革世界之实际道路。所以新唯物论的哲学,可以说是群本位的哲学,与近代其他各派个人本位的哲学相对立……确然是与现代他派哲学不属于同一系统中的新哲学。"而基督教的根本教义,正是专重在人群社会,以改造社会为唯一的主旨,并且耶稣更能言行一致,以身作则。这可说是与新哲学的趋向是一致的。

(二)基督教从社会改造底目的方面来讲,完全是唯物的,而从

---

① 见《国闻周报》第十三卷第二十期。

个人修养底工夫方面看,又可说是倾向于唯心的。其实所谓心物,本是一体而非二元。我们可以再引张季同氏的话来参证。张氏在前文第一段里说:"宇宙……最基本的是物,其次为生,其次为心与社会。"又在第二《物质与理想》一段里说:"宇宙可以说有一根本的原则,析言之即:(一)一切总为一大历程,在此大历程中之存在,有基本者,有衍生者。基本者可简名'先'衍生者可简名'后'。后原于先,乃先之所生。(二)后不但为先所生,而且其活动又受先所制约。(三)后虽受先所制约,而亦能反作用于先,先可受后之改变。后对于先之改变,亦受先所制约,而先之此种制约,亦渐受改变。(四)在结构性质上,可以说先是粗的,后是精的。在一意谓上说,可谓后较先为圆满,为卓越。(五)最后者与最先者之精粗,成对立相反之两极。(六)最基本者即物,最后生者即心……心是物发展之成果,受物所制约,而亦能反作用于物,故人能改造环境,而理想有克服现实之作用。唯物论所见之真理为物先于心,境先于人,而理想主义所见之真理为心能改变物,人能改变境。实际上乃是,心出于物而可以克服物,人为境所制约而可以变化境。关于宇宙之真理当是'物本'。而人生之理想则在于'克物'。"又在第五《唯物论之再扩大》一段里说"宇宙中事物可以说是一本多级的。统而言之皆物,析而言之有物有生有心。物为一本,生心为二级。生心皆物发展之结果,以物为基本。"我们姑且不说张氏所说之"物本"及生与心,有类于基督教中之上帝与道与圣灵。但说基督教之心物一体即是张氏所说"唯物与理想的综合"也可证明基督教与新哲学的理解相符之又一点了。

(三)基督教以自由、平等、博爱三者为人类社会最高的境界,这自然是人人所想望的。但耶稣教人要服从真理,而真理又必因时代的需要而变动不居,决不可以执着。类如耶稣说:"你们必晓得真理,真理必叫你们得以自由。"可见自由须受真理的范围,本不是个人任意发展。又如耶稣曾说为首领者即为公仆这固然是平等的精神。但又曾告门徒以应当统于一尊也就等于说其理唯一。这就是所谓不可执着了。并且所谓人类社会最高的境界,现时还在理想之中,需要我们经过长时期的努力,然后才能实现。我们现时只可对准这最高的境界努力进行,而不可先企图自己当下就享受这种幸福。所以,如果说集体主义或独裁政治是合乎时代性的真理,我们的自由平等观念就当为真理而暂时放弃。这也是基督教的精神。

(四)基督教有所谓"无抵抗主义",每为指摘基督教的人所借口。其实这种无抵抗主义,只是个人与个人间在或种情况之下所应用的事理,本不是为国家民族说法的。基督教固然以全人类得救为博爱底目的,但社会进化有一定的程序,不能躐等而已。在这国家种族的界限还没有消灭的世界,尤其是中国正在要求国家独立,民族解放的阶段中,唯有提倡耶稣在当时爱国家民族的精神,使人知所效法。像以往那些号称信奉基督教的国家,不幸遇到两国争战,两国的教会就各有祈祷本国的胜利与敌国的败亡,这种狭隘而卑劣的行为,诚然是违反教义。然而自立自强,实为基督教的要训,在国家民族的立场上,基督教决不有"宽柔以教,不报无道"的主张,这是可以断言的。

(五)基督教唯一的目的是改造社会,而改造社会也就是寻常所谓革命。纵览古今中外的历史,凡是革命的事业,总没有不强制执行而能以和平的手段告成的。试问:叫一个有家产的财主舍弃他的财产,叫一个拥兵自卫的军阀解散他的军队,叫一个军备充实的国家削减他的兵力，都是等于与虎谋皮，岂能只用口舌来取得他的同意？所以有人高举唯爱主义，说基督教不可凭借武力以从事革命，这种和平的企望，我们在理论上固然应当赞同。但从事实上着想，如果要改造社会就必须取得政权，而取得政权又必须凭借武力，倘使基督教坚持要避免革命流血的惨剧，岂不是使改造社会底目的成为虚构以终古？我于此有一个假说："《福音书》曾记耶稣论及末日审判或人子再来，并且列举攻打、杀害、灾难、异象等等的预兆，诰诫人要忍耐警醒。初代的使徒认为这些话就要成为事实，固然是当时的误解。后来神学家以为耶稣这一类的话只是因袭犹太人末日底观念，又仿用旧时《启示录》一类的语句，所以不能依着字句解释，这种看法也未必合理。试想：耶稣传道时所标举的天国或上帝的国，也本是犹太人所固有的名词，我们却承认一经耶稣引用，它的含义就超出乎旧有之上。假使耶稣所说末日和再来的话，只不过和旧时先知的预言一样，并且未脱去犹太人传统的观念，那么，我们怎能说耶稣是有特殊的见解呢？我以为：耶稣这一类的话，尽管文句是袭用前人的论调，至他的含义必是各别。正所谓'伤心人别有怀抱'。他必是本着个人的经验，深知要彻底的改造社会，既不是爱与和平所能成功，而真理又不能因此就湮没不彰，于是革命流血的事终久是难于避免。他预想将来必要经过革命流血的惨剧，有许多人民受了灾害之后，他的理想就由此实现，这就是他所说的人子再来了。"这虽然是我的一个假说，但基督教既是革命的宗教，如果将来革命要走上这一条路，我想基督教决不能是置身事外。

以上所提到的几点，只是略述我个人在现时对于基督教的看法，借以表明基督教在中国的前途——就是中国民族复兴的前途——不但是有它的地位,更将要发生密切的关系,有它特殊的效用。并且当此国难严重的期间,基督教应该"当仁不让",为国家,为民族,准备着自己所当负的责任。我在上年曾写了《基督教对于中华民族复兴能有什么贡献》一文①专说明这一点的意见,现在附记在下面:

"中华民族复兴!中华民族复兴!!中华民族复兴!!!在先时,只是稍有思想的人不期然而然的潜伏着这意识,现时却已发出急切的呼声,鼓荡全国了。不但一般知识阶级以此事相倡导,就连政府也公开的以此事唤起民众,认为治本的目标。所以现时凡是对于某种学说有所研究,或对于某种政策有所主张的人们,都要将他们所研究,所主张的提出来,贡献于这时代的国家和社会,他们都要竭尽各个人的心思才力,在这一桩绝大的工作上有分。且不问现时各个人的动机如何,将来各方面的收效如何,就凭着这风发云涌普遍的现象,已可说是民族将要复兴的先兆。因此在这时候,在这地方的基督教,就不能不发生问题。这问题就是:基督教对于中华民族复兴能有什么贡献?

这问题可分作两方面看:一方面是:在这切望民族复兴的时期中,所有一切礼制风俗习惯等,都要加以审定,如其是阻碍民族复兴的事,就必要铲除它。因此,一般排斥基督教的人们,必要含着轻蔑和厌弃的论调来提出这问题。又一方面是:既然全民族都要求复兴,如果信仰基督教的人们,以为所信仰的还能在这时期中存在,自必有它所以能存在的价值。即使没有人非难,也应当自家提出这个问题,重行考虑。所以这问题无论是排斥基督教的人们提

---

① 见《真理与生活》第九卷第二期。

出,或是信仰基督教的人们自身提出,都必须有明显的答复,确实的承认,这是不能避免,也不当避免的。

然则这问题将如何解答呢?有人以为:要回答反对派的质问,必当先说明宗教在人类生活中应有的地位,次说明基督教神学的根源,又次为消除历史上一切的污点,更要说明基督教并不是帝国主义者的先锋队,也不是资本主义者的附属品,然后再说明基督教决不是导人迷信使人麻醉。至于本身价值的宣布,自然要提到教义是如何广大高深,对于世界人类是如何有益。但我以为:如此种种,固然都是题中应有之义。然而未免词费了。须知基督教在现时的中国,要在能把握着问题的中心,正不必有无谓的争辩和泛而不切的陈述,不但不必顾虑到教外人无理的排斥,就是教内各宗派分歧的意见也都要捐除。要免去以往认基督教为能包办一切的夸大狂,就不妨单提到基督教能应付现时需要的真实性。

原来基督教建立的根基,就是耶稣的人格,而中华民族复兴唯一的需要,乃是造成领导民众的人才。普通所谓领袖人才,必要备具两个条件:一是积极的有为,就是要有宏大的志愿,坚强的节操,勇敢奋斗以至于牺牲的决心。一是消极的有不为,就是要严格的律身,所有种种内蕴的私欲和外来的引诱,凡是足以妨碍自己伟大事业的,必要抑制与拒绝。试看耶稣:未在他献身于社会之前,如何经过长时期的慎思明辨?他既经在社会上活动之后,如何谢绝众人无意识的拥戴?又如何决定自己要守死以善道,就同时对于门徒郑重的宣言?及至大难当前,他又如何归依上帝,服从真理,卒至被钉于十字架而无所怨悔?上述的两种条件在他身上完全地实现出来,他的人格,岂不正是造成领袖人才唯一的教范?我们只要提到这一点,就可证明基督教与中华民族

第十章　基督教更新与中国民族复兴

复兴,无疑地成为连锁了。

但这种解说,并不是将基督教的范围缩小。因为我们固然承认耶稣最高的理想,是为全人类谋幸福,然而我们也不必否认耶稣运动的开始,确是要求犹太人民族的解放,对于本国民众先有热烈的同情,尤其是特别注重训练门徒,要养成他们作领袖的资格。所以我们在这时候说基督教对于中华民族复兴有贡献,正如现行的教育宗旨内所说'务期民族独立……以促进世界大同'。倘忽略了现阶段而高谈未来的理想,岂不是使基督教失去了时代性,显然不适于用?

再者:我们这样估定基督教在此时代中的价值,也不是抹煞了耶稣改造社会实际上的主张。就如他对于经济制度,家族制度,都有极新的见解,在《福音书》所记他的训言中都有迹象可寻,如果照着他的主张来推行就是天国实现。但我们所以单提到他能造成领袖人才这一点,乃是见到现时所提倡的民族复兴的含义,与国家复兴的含义确有不同。国家复兴是政治的,需要有统制的力量,如同机器全靠中枢的推动。而民族复兴则是社会的,正如耶稣所说面酵的比喻,要使它普遍渗透,等候全团的蒸发。所以耶稣改造社会具体的方案,现时可以姑且不论,只要多有人能认识基督教的真面目,能学习耶稣为人的榜样。有了这种人才,无论他在哪方面做事,自然能将基督教的精神灌输于全社会,使全社会都有振兴的景象,这才是最大的贡献。

或者有人说:所谓守死善道,所谓有为有不为,都是孔子和孟子的教训。并且孔子又常说:'好仁者,无以尚之,恶不仁者,其为仁矣,不使不仁者加乎其身。'孟子又常说:'先立乎其大者,则其小者不能夺也。'像这一类指示人修养人格的话,在儒书中真是不可胜举,要养成领袖的人才,正当取法我国先哲的训言,何必定要基督教?殊不知此中有一很大的区别。因为孔孟的教训,固然是尽人皆可取法,而他们所怀抱的志愿，却都归向于传统的政治思想，因而自身所垂示的模范，也都免不了是贵族式的。类如孔子不赞成他的门人樊迟请学稼圃，又自以为曾做过大夫的官职，出门就必得坐车。孟子言必称先王，又不以传食诸侯为泰。较之耶稣要改革社会专和平民接近，专做于平民有益的工作，显然是不可同年而语。而现时要复兴中华民族，所需要的领袖人才，当然不能效法孔孟从容大雅的态度，而要效法耶稣的刻苦勤劳，奋身不顾，这岂不是基督教特殊的贡献么？

总之：要问基督教对于中华民族复兴能有什么贡献？最简明的答复，就是它能造成现今所需要的领袖人才。换句话说：它所贡献的就是基督徒。假使基督徒不能效法耶稣以自成其为领袖，基督教在这时的中国，就不能有什么贡献，并且必要为这个时代所淘汰，为这个地域所摈弃。那时没有基督教，又哪里有基督徒？所以现时全国的基督徒——尤其是切望中华民族复兴的基督徒，应当一齐警醒——各自思想，本人愿不愿或是能不能作基督教对于中华民族复兴的贡献品呢？"

这篇文中所说的一切，固然不是说唯有基督教能对于中国有贡献，更不是说人人都要作基督徒。只是希望基督教中的同志们互相策励，本着自己的信仰，各尽国民一分子的责任。但现在中国的危难已是与年俱深了，所以现在我更要说：自今以往，中国民族要求复兴，恐怕已得不着从容改革的机会，只有预备从艰苦奋斗中开出一条血路，前途才有光明的希望。这时更需要为正义而牺牲自己的人们，基督教或者能多多益善地供给么？

这本书就此结束了。我还有不尽之意。试作长短句一首以抒写我的情怀。

往事何从说?

只而今:

"蛮夷猾夏",河山破裂。

衮衮诸公知御侮!

百万雄师"就列"。

却还待"精诚团结"。

犹幸民心今未死,

看青年士女多英杰。

勤爱护,莫摧抑。

"复兴民族"情同切。

更难忘:

前途伏莽,中原喋血。

仰止高山谁导引?

革命耶稣先烈。

有十架堪为圭臬。

推倒强权成众志,

把内忧外患齐消灭。

新文化,永建设!

——右调《贺新郎》

吴雷川先生学术年表[*]

1870 年（同治九年）

　　出生于江苏徐州的小官吏家庭，祖籍浙江杭州钱塘县。祖父是江苏候补知县，在徐州做官。父亲是南河候补同知，在徐州附近的清江浦任事。本名吴震春，字雷川，后以字行。家中排行第四。

1876 年（光绪二年）

　　开始接受旧式教育。

　　家中十分清苦，节俭成为他一生的习惯。

1886 年（光绪十二年）

　　回到杭州，顺利考得秀才。因伯父在北京做官，他居住在伯父家中，准备乡试。1888 年、1889 年、1891 年参加乡试，均未中。

1888 年（光绪十四年）

　　在北京完婚。后生两子，因哥哥吴怡轩无嗣，乃以长子过继给吴怡轩。

1890 年（光绪十六年）

　　携家眷赴父亲任官的江苏清江浦。

1893 年（光绪十九年）

　　赴顺天府参加乡试，中举。

---

[*] 本年表由赵晓阳编撰。

1898 年（光绪二十四年）

在北京参加殿试，顺利考取进士，为光绪戊戌科第二甲第三十一名。不久点了翰林。由于维新运动和义和团的影响，他并未得到官职，只好回到父亲任职的清江浦。

1905 年（光绪三十一年）

任江北高等学堂（今浙江大学）监督（即校长），并兼议绅。

1910 年（宣统二年）

任杭州一中校长及谘议局议员。

1911 年（宣统三年）

辛亥革命后第二天，他被举为杭州军政府民政长，因有人托事行贿，遂不就职。

1912 年

1 月 1 日，中华民国成立。

3 月 11 日，《中华民国临时约法》规定"人民有信教之自由"。

被推举为浙江省教育司佥事。6 月，调至北京任教育部佥事，后为参事，直至 1926 年，长达 14 年。

1914 年

在朋友徐巽风和翁廉铜的影响下，开始接触基督教。

1915 年

经过近一年的反复思考和学习，圣诞日，他接受了圣公会的洗礼，成为基督徒。

皈依基督教后不久，妻子和次子相继去世，使他在孤寂中更加依赖基督教。中年丧偶，终未再娶。

1919 年

与李荣芳、梅贻琦、丁淑静、李天禄、徐宝谦、司徒雷登（John

Leighton Stuart)等十几位基督教徒学者,在北京创立以提倡基督教新思潮为目的的"证道团"(1924年春更名"生命社"),希望突破传统的宗派界限和各教派之间的门户藩篱,寻求中国基督教会的统一,出版杂志《生命月刊》。

燕京大学建立于北京。

1920年

发表《我对于基督教会的感想》等文章。

1922年

开始在燕京大学国文系兼职任教。

5月,在上海召开基督教全国大会,首次以"中国教会"为主题,正式提出"本色教会"的口号。中华全国基督教协进会成立。

1923年

4月1日,与在北京的基督徒吴耀宗、李荣芳、刘廷芳、彭锦章、宝广林、张钦士等成立了"真理社",出版杂志《真理周刊》(后改为半月刊),以短小精悍的文字,宣传基督教。

发表《基督教经与儒教经》、《论中国基督教会的前途》、《基督徒救国》等文章。

1924年

发表《对于在知识界宣传基督教的我见》、《基督教与中国时局》、《论基督教与佛教将来的趋势》、《论基督教与儒教》、《中国基督教徒祭祀祖先的问题》等文,开始了他独具特色的沟通中西文化的探讨。

1925年

发表《反基督教运动与国家主义》、《国家主义与基督教是否冲突》、《沪案与中国基督教的前途》、《基督教当如何应付反基督教运动》、《论基督教运动与国家主义》、《论中国基督徒对于国家应负的责任》等文章。

1926 年

专职任燕京大学国文系教授,不久,任燕京大学副校长,长年居住在朗润园。

《生命月刊》与《真理周刊》月刊合并,改名为《真理与生命》,成为基督教三大权威刊物之一。他撰写的大量文章,主要发表在《生命月刊》、《真理周刊》、《真理与生命》、《青年进步》等杂志上。

发表《基督教在中国的前途》、《基督教之圣灵与儒教之仁》、《与现代青年商量救国问题》、《燕大基督教团契的成立与中国教会的改造》等文章。

1927 年

发表《基督教的伦理与中国的基督教会》、《基督教教育与国家教育的关系》、《基督教祈祷的意义与中国先哲修养的方法》、《基督教与不平等的问题》、《教会学校的已往及其将来》、《庄子齐物论中的国际观》等文章。

1928 年

发表《我对于基督教与国民党的联想》、《政治改革中基督徒应有的觉悟》、《中国旧道德价值的重估与基督教》等文章。

1929 年

夏,任燕京大学第一任华人校长,直至 1933 年夏,凡 4 年。

发表《论基督徒当如何效法上帝》、《教会学校与中国教育的前途》等文章。

1930 年

发表《从儒家思想论基督教》、《对于提倡中国基督教五年运动的我见》、《我们如何能尽引导青年的责任》等文章。

1931 年

发表《基督教与革命》、《耶稣新社会的理想及其实现的问题》等文章。

1932 年

发表《基督教应注意唤起民众》、《基督徒如何实行救国的工作》、《经过"国难"的基督教》等文章。

1933 年

发表《耶稣生平》、《与爱国青年说耶稣》等文章。

1934 年

著作《耶稣的社会理想》、《基督教与社会改造》由上海的青年协会书局出版。

发表《基督教的心理建设》、《再论中国基督教会当注意预备农村服务的人才》、《做基督徒的两个问题》等文章。

1935 年

回杭州休养一年。

发表《基督教更新与中国民族复兴》、《唯爱与学运》、《一封写给基督徒团契的信》等文章。

1936 年

回到燕京大学继续任教。

著作《基督教与中国文化》由青年协会书局出版,该书是其基督教思想的代表作。他的所有著述均发挥他旧学传统深厚的长处,将基督教植根于中国传统文化中,期望通过沟通基督教与中国文化两者间的关系,开启这方面的研究风气。

1939 年

著作《基督徒的希望》由青年协会书局出版。

1940 年

著作《墨翟与耶稣》由青年协会书局出版。

1941 年

12 月 7 日,珍珠港事件爆发。12 月 8 日,燕京大学被迫关闭,部分老师教授被捕入狱。他离开了燕京大学,之后在北海公园松坡图书馆靠抄写和卖字为生。

1944 年

10 月 26 日,因中风去世,享年 75 岁。

吴雷川和《基督教与中国文化》

卓新平

早在三十年前,我在德国华裔学志图书馆中就曾借出这部民国时期出版的著作拜读。只是因在异国他乡,处境不同,加之忙于功课,没能细细琢磨、慢慢品味,故而没来得及深入思考一些与之相关的问题。回国后因为社会现实和研究的重要,开始更多地触及并思考基督教与中国的关系问题,并注意到吴雷川的探讨和思路。现在借其再版之机来"先"或"再"睹这一名著,对我来说已是重温和加深印象之举。然而,时过境迁却问题依旧,这番阅读使我感触很多、思绪万千,已颇有身临其境、不能置之度外的体会。出版社"借光"给我,是希望我能为本书今天的读者写篇如同"导读"的文章。自己才疏学浅,不敢妄言"导读",亦不能追逐时髦来谈所谓"心得",因而只是就此说说自己的读后感,反映当下仍然存在的问题意识。

一

基督教与中国文化已有千年之久的接触与交往。二者的相遇和对话乃"双雄"之会,即为两种历史悠久而伟大的文化之遇,其中自然也就有这两种都为强势文化的碰撞与较量。从这一意义上讲,基督教自传入中国以来,一直就处于错综复杂的社会历史背景之中。基督教以其"宣道"、传"福音"的先知感和使命感而试图在中国"昂首阔步",但中国社会却因其咄咄逼人、居高临下之气势而对之心存戒意、颇为防范,其张力进而使基督教与中国文化之间形成了隔离和隔膜。其结果,二者并没有真正平等、自然地"际会",而是磕磕绊绊、若即若离地"遭遇"。可以说,基督教与中国文化虽然多次"相遇",迄今却仍未真正"相知"、"相识",故而并无"心心相印"的"相交"。基督教与中国文化究竟应是何种关系?基督教在中国社会究竟应该如何发展?这已经成为二者之间必须关注的问题,也是双方都希望能尽早加以理想解决的难题。

在历史上,基督教与中国文化有多次交流和对话。起初多为"纯"文化意义上的相会和认识,后来则越来越多地添入了社会政治内容;这种对话因而渐趋复杂,且有着激烈的回应。双方的交往和碰撞,表现为众多的话语形式,反映出深刻的思想文化交锋。其中引人注目、影响颇广的深入对话包括明清天主教与中国士大夫的对话,以及民国时期即20世纪上半叶基督教与中国知识阶层的对话。20世纪20年代在中国发生了"非基督教运动"。中国社会对基督教的这种强大排拒,一方面使中国教会的精神基调罩上了一层"朦胧的色彩",使其对基督教在中国的前途感到茫然;另一方面也促成一批中国基督教思想家再次深入思考基督教与中国文化的关系问题,为基督教和中国社会发展找寻理想出路。因此,在20世纪上半叶,"基督教与中国文化"就成为热门话题。当时仅以此为标题的文章和著作就包括王治心的论文"基督教与中国文化"(1927)和专著《中国文化与基督教》(1927),

赵紫宸的论文"基督教与中国文化"(1927)和专著《从中国文化说到基督教》(1946),以及范皕海的论文"中国伦理的文化与基督教"(1925)、宋诚之的论文"基督教与中国文化"(1944)和郭中一的论文"关于基督教与中国文化之商讨"(1945)等。也正是在这种时代氛围中,吴雷川的这部著作《基督教与中国文化》才应运而生,于1936年得以出版发行。

吴雷川于1870年出生在江苏徐州,其祖籍乃浙江杭州府钱塘县。他原名震春,字雷川。吴雷川在其父当时供职的徐州邻近之清江浦度过了童年和青少年时代,自1876年开始启蒙教育,1886年在杭州考得秀才,1893年考得举人,1898年在北京参加京试与殿试,考得贡士与进士,从而被点为翰林入翰林院。在出翰林院回到清江浦后,他于1905至1909年任江北高等学堂校长之职,1909年供职进士馆,1910年任杭州一中学校长,1911年辛亥革命后曾短期出任杭州军政府民政长,1912年任浙江高等学堂监督。1912至1925年,他重返北京任教育部参事等职。在此期间,吴雷川接触到基督教,并于1915年受洗入圣公会。自1922年起,他在燕京大学任教,1925年被聘为专职教授,1926至1929年出任燕京大学副校长,1929至1934年担任燕京大学校长,因而成为该校首任中国人校长。1934年后他辞掉校长一职而继续担任燕京大学的教授,直至1941年燕大在北平关闭。1944年,他因病逝世。

在成为基督徒后,吴雷川开始特别关注基督教与中国文化问题。作为一位有进士和翰林头衔的中国"旧士绅分子",吴雷川没有像当时一批著名的中国神学家那样留学西洋受到正规神学教育,而且也不能直接阅读西文的神学原著,因此其对基督教思想的认知和解读亦与众不同、颇为独特。与此形成鲜明对比的是,吴雷川深受中国传统教育熏陶,有着坚实的国学基础,故而深得中国思想文化之底蕴。基于这种反差和对照,吴雷川更善于以其"中国心"来反省其信仰,主张一种开放性和创新性,并积极提倡"基督教新思潮运动",曾参与组建"生命社"和"北京证道团"等组织。此后他又担任新创办的《生命月刊》的编辑,并与人组建真理社,创办《真理周刊》,以文字著述来表达其思想主张和理论倾向。因其文化和教育背景,吴雷川积极支持当时中国教会兴起的"本色化"运动,提倡中国教会独立自办,力主形成具有中国社会特色和华夏文化风格的基督教,由此在其信仰体悟中流露出强烈的中国文化情结。但在社会变革的处境中,他认为"本色化"不能仅仅限于传统文化的理解,而必须与当时中国社会的现实关照相结合。因此,"文化"在吴雷川的考虑中乃有更多的层面和蕴涵。在其所著《基督教与中国文化》(1936)、《基督徒的希望》(1939)、《墨翟与耶稣》(1940)等书和大量论文中,吴雷川都一直在认真思考和积极讨论如何正确处理好基督教与中国文化的关系这一根本性问题。

二

吴雷川撰写《基督教与中国文化》的立意,是要"以本国文化为立场参合时代思潮来论述基督教"。对他而言,基督教与中国文化都乃博大精深、令人高山仰止的重要文化体系。"以具有四千年历史的中国文化,传播世界已经一千多年的基督教,它们的本身都是高明、博厚,而且悠久。"于是,对这两种文化体系持何种态度,乃关系到其写这本书的立意和成败。吴雷川为此曾告诫自己写此书"不可抱着狭隘的偏见,高举所信奉的基督教而任意批评中国固有的文化,也不必有意地要将基督教与中国文化对比,解释二者的异同或得失",而应"尽可展开胸量,放大眼光,按照我所知所能,将关于基督教的,关于中国文化的,一一叙述出来"。这样,他在形式上采取了"将基督教与中国文化分别论述"之策,旨在"使它们各自有其园地,公开地任人观览与批评"。当然,吴雷川写书仍有其明确的目的,而并不是仅保持一种"纯学术"的客观和冷静。其立意"不注重以往和现在而注重将来",而且是"以中国为重心,无论是说明基督教,或是讨论中国文化,无非求有益于中国"。他希望通过"勉力写这本书"而让国人尤其是"现代的青年学生""都能了解耶稣,了解基督教,因而负起复兴中国民族,为中国创造新文化的责任"。在走过以往基督教与中国文化相遇的风风雨雨、沟沟坎坎之后,他认为应有一种"未来"的眼光来看待二者的发展,以面对时代的挑战。"当此世界一切正在大转变之中,基督教与中国文化将有同一的命运,它们必要同受自然规律的约束,同有绝大的演进,同在未来的新中国中有新的结合"。

不过,这种对未来的展望和预言,在一定程度上仍反映了吴雷川对基督教与中国文化过去发展历程的反思、反省和检讨。从基督教在西方的经历来看,吴雷川一方面充分肯定基督教的贡献和价值,另一方面也指出教会因卷入政治而带来的弊端,"教会因为受着政治的影响,也就有了教皇、主教等等的阶级制度,只重权势而不以精神修养为务,一切专制无理的手段渐渐地在教会中发生。教会与国家式的行政机关无甚区别",从而"既失去了领导社会的功能,更忘记了自己原有改造社会的使命"。这种变化随基督教成为"国教"而出现,"基督教之在罗马……正是在成为国教之后才生出种种的弊端","因为成了国教,它就在欧洲的黑暗时代中,演出争取政权、营私舞弊、倡导十字军战争、遏抑科学萌芽种种的丑剧"。

带有这种政治色彩和负担的基督教传入中国后,则也出现了同样的问题。虽然教会在中国的"教育事业"、"医药事业"、"社会服务事业"和"学生事业"卓有成效,为人公认,却因"受了国内外政治潮流的影响,就自然地感觉到基督教在中国还没有稳固的基础"。

在此,吴雷川指出了基督教在中国的问题中重要的三点:

其一,"宣传宗教而夹带着国际间的势力,就不啻抹煞宗教本身的真义……基督教来到中国竟是利用外国的武力,在订立不平等的条约中,强迫着中国用政治的势力来保护传教,开千古未有之创局"。吴雷川认为这种方式的传教"确乎是铸成大错了",以致教会纪念其来华"开放"五十年或百年,其实"所庆祝的恰是国家和人民所应当纪念的国耻"。这样,基督教在中国自然会"根基不固"。

其二,"教会固执成见,宗派分歧,反而将本身最大的目的置诸不顾"。总结历史的经验教训,吴雷川指出基督教来华本来曾有成功的范例,却因固执己见而错失良机。"试看明末清初的罗马教士往来于京师各地,既得着帝王的优礼,又有许多士大夫信从,并且他们都具有渊博的学识,高尚的人品,热心传道,能将本教的道理与中国固有的文化沟通,不轻易反对中国的礼俗。又能将各种科学介绍于中国士大夫,自己也为中国政府效力。倘使来者继续不绝,各尽所长,中国士大夫相与研究他们所传的科学,更能自为发明,岂不是中国在三百年前早已可得到科学的利益?同时基督教的真义也必为士大夫所接受,广为传播,岂不是中国与基督教同受其福?乃当时罗马教王既不明中国的大势,又固执着遗传的规制,仅仅因为上帝或天主的名称,和祭祖与拜孔的礼节,严令教士不许通融,就因此断绝了传教的机会"。吴雷川痛惜西方教会"甘心墨守成法而抛弃了可宝贵的事功",实乃"为小而失大"。如今"各教会都抱着从西方流传过来的成见",且宗派众多、各自分离,因而在中国难有"根基"。

其三,"中国教徒分子不纯,不能有真正的团契",从而没有"自养、自治、自传""这样的能力"。吴雷川进而对之从三个层面加以了深入分析:第一,"初时教会到内地来设立,一般人都怀着仇视与疑忌的心理,士大夫既不屑和教会接近,教会就只有向民众宣传……然而传教者的错误,乃在急于得人,就滥用金钱或其他利益以引人入教,遂使吃教的名词成为当时赠与教徒的称号。这类吃教的人,除了只求自己利益不知爱惜教会之外,还要倚仗教会的势力,欺压教外的人民,酿成民教相仇的惨案"。早在其论文"基督教在中国的新途径"中,吴雷川就已探究了传教士与中国知识精英擦肩而过、形成彼此误会的原因:"百年以前,基督教藉着欧美各国的势力,传来中国,士大夫对于基督教,都抱着一种恶感,最初与传教士接触的,只是一般少有知识的人。遂使传教士既不得窥见中国旧有的文明,方以为中国也和初开辟的澳洲和非洲同是野蛮的民族,因而预备的传教方法,显然不合于中国的国情。他们毫无理由的将中国的典章文物一笔抹煞,以为都与唯一的基督教不能相容,而究其实在,他们并没有探得中国文化的渊源,……所以基督教在中国,向来为士大夫所轻蔑,近且激起无谓的仇视,这既不是基督教本身原有缺憾,也未必是中国学者不能接受真光,乃是传教者未得着合宜的方法与工具"①。第二,信教者为私利而来,并无社会责任感可言。"传教者不察中国的国情,不顾中国社会的需要,只知墨守传统的神学向人述说,就很容易养成一般名为奉教的教徒。他们有的是希望在天的永福,在教会中恪遵仪式;有的是因着家庭世代信奉,循例入教,而自己则对之毫无兴趣,亦无任何主张;更有的是在教会兴盛时则依附而来,过时也可以翛然而去。总之他们都是不理会基督教的真谛,因此就只知一己而对于社会绝不发生热情"。这些人的入教虽可给教会带来一时的兴旺,却无助于其"根本的建立"。第三,教会中也有"对于基督教却有新的觉悟,对于国家社会的复兴与改造更具有热诚"的知识分子,但他们乃凤毛麟角,人数稀少,孤掌难鸣,"并且因为他们往往偏于猛进的改革,现教会的人多不愿意与他们合作,甚至有时要防备他们"。根据上述分析,吴雷川认为基督教尚未将其本真展示给中国人,其在华传播方式上却出了不少问题。"基督教在中国没有立定根基,是由于教会与教徒有许多缺欠,自然就要受教外人的反对"。

当"领导社会的功能"出现问题,教会则倾向于强调教会的重要。但在吴雷川看来,这些教条因过于死板、机械的界定或掺入教派斗争的因素,则会成为"不可理解或是不可思议"的条文。正因为如此,吴雷川并没有无条件地接受基督教的所有重要神学观念及其教义命题,也没有兴趣在这些教条的理解上有太多的投入或

---

① 《生命月刊》第5卷第8期,1925年,第1—2页。

纠缠。他一般对理性难以解释的教义、信条持沉默态度,并承认基督教核心观念中的三位一体、肉身复活、死后永生和童贞女玛利亚为耶稣之母等问题"在神学方面始终没有得到使我能够接受的解释"。由于缺乏与中国思想文化的参照或与中国精神境界的比较,原来试图对信仰内容做出解释、有其界说的教会条文,实际上却将基督教真义与中国人隔开,而一些中国信徒在教义理解上又出现了诸多误解和偏差,结果使中国知识分子误认为基督教不过是"无知和迷信"而已。吴雷川曾感叹说:"基督教虽是已经过一千多年历史的宗教,但真的教义,在世界还没有切实的发明,尤其是从前的中国基督徒,对于基督教多有误传、误解、误信之处"①。在他看来,基督教如果就教条而论教条,不与中国思想文化关联,不关注和参与中国社会变革,则势必在中国遭冷落、被边缘化。实际上,在当时"新文化运动"所带来的中国社会革新、开放和向外吸收精神动力的有利形势下,基督教却因自身准备不足和传教方式不当而错失了这一难得机遇;本可以为中国社会重建提供重要帮助和精神启迪的基督教却因给人的误解和错觉而被推到了中国社会进步与革新的对立面,被许多中国人尤其是知识分子视为阻碍中国社会复兴与发展的障碍,在信仰上被指责为"反理性及迷信"的因素,在政治上则被斥为"西方帝国主义的工具及走狗"。

其实,这种基督教近代来华与中国社会的不相适应和不能调和,并不是基督教信仰精神本身的问题。吴雷川认为其根本问题乃出在基督教来华传教时所带入的西方传统及西方政治因素,或者说问题就出在"西方基督教的传统"。因此,基督教在中国应该

---

① 吴雷川1927年在美华圣经会北京新会所奠基典礼上的演讲。

返璞归真,回到其本来的"东方精神"或"东方的"宗教。这里,吴雷川非常欣赏范皕海在其《东方的基督教》一文中所言,"我们要把基督教还诸东方……我们必须恢复原始的基督教,由我们东方人用东方性质发挥之,广大之";而作为"东方的基督教",它应是"东方的世界主义,不是西方的国家主义","是东方的未来主义,不是西方的现在主义","是东方的和平主义,不是西方的竞争主义","是东方的躬行主义,不是西方的学说主义"。也就是说,基督教在中国必须有一种角色的转变或"东方"式回归。吴雷川希望基督教在中国能承担其双重任务,一是为中国社会革新发展提供新的信仰观念和精神动力,二是在这种变革中协助保存并升华中国传统文化的价值、彰显其意义。这样,基督教在中国没有必要以一种绝对、最终的宗教之姿来君临,而应持与中国文化的"朋友"、"同路人"关系,认识到二者是以不同方式来表达同一真道,因而可以相互辉映、殊途同归。

三

在坚持中国传统思想文化的意义时,吴雷川并不是保守的国粹派,而是对之有着批判性审视。他认为中国传统宗教也有过与成为罗马国教后的基督教之相同问题,即因依附政治势力、凭靠帝王扶植而发生嬗变、异化。"从前中国的儒学以及佛教和道教,都曾凭着帝王的提倡而兴盛一时,其结果则有的是失去了本真,有的是与时俱谢";"儒教本不是宗教,但历代对于集儒学大成的孔子,为他建立庙宇,岁时致祭,在形式上看来,他的地位已与宗教的教主无甚差异"。

这种政治势力的卷入或渗透,一方面会改变宗教的本真性质,另一方面也会带来宗教对社会的不利影响。吴雷川对之评价说:"自从汉武帝罢黜百家,尊崇儒术,读书之士,都号称以儒为业,实则藉此奔竞于利禄,与孔子的教义大相违反。这些情形岂不是正和基督教在欧洲的情事相似?固然,儒教之在中国,与基督教之在欧洲,都是因为藉着政治上的势力才能够推广,然而算起账来,纵使不能说是得不偿失,至少也是利害参半罢!"

吴雷川进而在《基督教与中国文化》中分析了传统中国文化明显的缺陷或不足。首先,他认为中国文化乃有着王权政治传统而缺乏民主政治意识。"中国自春秋末期以迄于秦并六国,为时约三百年。此三百年间,为学术思想最发达的时代,也正是封建制度崩溃,世无共主,列国纷争的时代。所以生在当时的大思想家,除了避世者流不谈政治,及自然主义如老庄等,无政府派如许行等反对一切制度之外,其他如儒、墨、法三大家发表政论,莫不趋向于统一王权。孔子虽是封建制度的维护者……也是以王权统一为唯一的企望"。"中国人对于君主专制的制度,久已认为固定的范畴,等于天经地义……凡是在君主制度下生存的个人或团体,无论其为学说为宗教,如果要想在当时社会上有所活动,纵使他们明知君权不合公理,也必得对之加以相当的拥护。于是既有许多博辩的学理启导于前,又有历代因仍的法令钳制于后,中国文化就是这样随着君主专制的制度而生长,这是我们不能否认的"。在吴雷川看来,由于传统思想观念的支撑,以往的中国文化对这种专制政体已经"习以为常",认为"天经地义",因而缺乏社会革新、政治民主的内在思想动力。

其二,吴雷川认为中国古代文化曾有唯我独尊、自我夸大的帝王意识。"自秦汉以降,虽然不断地与外族交通,总是抱着传统的观念,不以平等待遇外族,也不愿与外族有往来。直至近百年来,世界交通便利,海禁大开,中国方始明白地承认自己也只是世界各国中之一国。然而回溯以往唯我独尊的成见,已蒙蔽了二千多年了"。在与汉族之外的各民族交往关系上,中国习惯于"以汉族的文明自诩,高谈同化",而"对于中国以外的民族,就加以含有兽性的蛮夷戎狄等名称,不看作与本民族同等",虽然"曾有东晋至南北朝时匈奴、鲜卑、氐、羌等族的割据,有赵宋时辽金的侵占,更有元清两代的统治中原","但是他们统治中国,多半是因仍汉俗,并且能治事者又多半是汉人,他们终于随着时势的推移,全归消灭"。这一方面说明汉文化的强大及其持久的凝聚力,但另一方面却又使之"得不着因比较而竞争的益处,当然是进步迟滞"。中国传统文化以儒、佛、道为主体,有着悠久的历史和广远的涵括,构成以往中国文化的一种基本定式。然而,在近代以来的中西交往中,这种以儒释道为代表的中国文化在与以基督教为代表的西方文化相遇时之强强均势却被打破,至少当时在物质、科技和制度层面上中国乃输给了"船坚炮利"的西方势力。其结果不仅是中国沦为半封建、半殖民地的处境,而且也导致了儒佛道三位一体的传统中国文化之动摇、嬗变甚至崩塌。例如,以"五四"运动为代表的中国"新文化运动"在思想意向上的批判矛头首指"儒"家思想,使它由此失去了其作为中国文化之"本"的传统地位,迄今仍难以"扶"正、复"本"、在中华文化中唤回"儒魂";而道教在清、民时期急剧衰落,佛教亦被边缘化。当代中国随着解放思想、改革开放而国力重新强盛、文化得以复兴,儒佛道的社会文化地位也明显提高和凸显,然而在以"开放"心态来对待外来民族、外来文化的态度上,我们仍需回味、反思吴雷川的上述警示。

其三,吴雷川深感传统中国文化习以"人治"来代替"法治",往往会从宗教意义的"君权神授"演变为封建意义的"朕即国家"。本来,"在古代,虽然认君权为天赋,同时亦必说明立君所以为民……后来儒家自孔子以至孟荀,都以爱民为王政的必要条件……唯有法家的政论,与儒、道、墨各家不同。他乃是专为国家设想,专讲人君如何能使人民为国家所制伏。这在国家立场上说,原也无可非议,但事实上就很容易演成'朕即国家'的强横了。并且自从法家的学说盛行之后,历代的政策虽名为尊儒,实则采用法家的谋略,所谓'阳儒阴法'。于是'民为邦本'之说,仅仅用来装潢门面,实际上的体系,乃是要巩固君位不得不保守国家,要保守国家就不得不顾及民众。而其所谓法治,又只成为人君驾驭臣民的一种工具。幸而人君贤明,则上下同心守法,就可成为治世;不幸而人君昏乱,竟可以任意废置成法,而又随时增订不良之法以毒害人民"。以"人治"为本,则可将"法"玩于指掌之间,即随心所欲,"治天下可运之于掌上"。"所以在君主专制之政体下,所谓'民本'与'法治'往往成为虚说"。在中国传统文化中,这种"君权至上"使"国家"成为"国"与"家"之间的复杂关联。君主以"家"治实行其"国"治,将"国"视为其自"家";民众除其小"家"之外,也只剩以君王象征之"国",而且还必须以牺牲其小"家"来服从、服务于君王之"国"。不过,这种"忠君"、"报国"的国家观念亦很脆弱,很难让民众真正对之心服口服、忠诚奉献。这样,在古代中国政治中缺少"国"与"家"之间的社会空间,"法"治故而也无真正用武之地。社会中涌现出的某些社会组织,也往往乃"叛逆"之举,多被视为"黑社会"或乱党邪教。反观中国今日留存之"节日",多为"国"之节和"家"

之节,"社会"中层共聚之节则极为罕见。其结果,现代意识的社会结社、聚会则往往是受外来影响,形成"民间"、"非政府"与"官方"、"政府"行为及组织的鲜明对照或尖锐对峙。与传统中国社会结构相比,当代中国值得关注的一个发展就是"国"与"家"之间的社会空间正不断扩大,且在发生复杂而迅速的变化。

其四,吴雷川觉得中国古代文化多习惯于反观历史、"梦想古初",喜欢发思古之幽情,把远古想象为太平盛世之"黄金时代";这种厚古薄今易于导致"主张复古"而"阻碍进化",甚至让改革者的革新尝试也不得不"援古以证今之非",以恢复"先王之政"的旗号来适应人们"则古称先"的心态。以往中国文化多为一种"内涵式"发展,而缺少其"外延式"参照或吸纳。既然认为"没有外族较高的文化可资比较,于是一般热心救世的人们不满意于其时之现象,著书立说,梦想古初,就成为必然的趋势"。一些改革家如王安石等在主张变法、改革弊政时明知"天变不足畏,祖宗不足法,人言不足恤",却仍不得不以"方今之法度不合乎先王之政"为理由来推动其革新。吴雷川感叹"以王安石之勇于改革,尚且不能不称颂先王以适合当时人的心理,就可知传统观念的范围人心,真是坚韧而不容易冲破"。但现代中国发展则出现了一个强烈反差,在与外族文化比较时已经毫不掩饰中国的落后和差距,其"检讨以往的文化"也"感觉到许多地方不合时宜"。吴雷川指出,"试看现时著论或演说的人们,总喜欢提到某种学术在某国是如何演进,或某种制度在某国试验的成绩如何。这在写的或讲的人自然是确有知见,所以毫不怀疑地如此引证,而一经他们如此引证之后,就很能取得多人的信从,以为他们所引证的实为中国所不及"。由此观之,古代中国与现代中国在这种认知上已迥异不同,相距甚远。中国学者过去在分析西方思想文化发展时,所持观点多主张远古西方文化经中古基督教文化的"停滞"、甚至"千年黑暗"后出现了跳跃式发展,一跃"千年黑暗"而达到近代以"恢复古典"为口号的文艺复兴,进入近代西方文化的繁荣发展。不过,这种主张虽然今天仍有市场,不少学者却已注意观察并肯定西方文化从远古经中古到近代的"渐进",承认中古西方文明的成就及其为近代西方发展奠定的重要基础、创造的良好条件。颇为有趣的是,吴雷川在分析中国文化远古与近代之间的发展时却同意并赞赏冯友兰在其《中国哲学史》中之说,即认为"直至最近,中国无论在何方面,皆尚在中古时代。中国在许多方面不如西洋,盖中国历史缺一近古时代……近所谓东西文化之不同,在许多点上,实即中古文化与近古文化之差异"。当然,按冯友兰之意,这种"缺少"亦因渐进之由,"已成之思想,若继续能应环境之需要,人亦自然继续持之,即时有新见,亦自然以之附于旧系统之上,盖旧瓶未破,有新酒自当以旧瓶装之。必至环境大变,旧思想不足以应时势之需要,应时势而起的新思想既极多极新,旧瓶不能容,于是旧瓶破而新瓶代兴"(其说引自冯著《中国哲学史》495—496页)。吴雷川认为冯友兰的这番见解乃颇为"平实的论断",由此可观中国文化的"惯性"渐进之持久。从近现代的视阈来看,这种"一以贯之"、延续未断的大一统文化传统既已成为人类远古文明发展中的"仅存硕果",却又从根本上刺激、导致了中国近现代的剧烈变革。

其五,吴雷川指出中国古代政治在"用人"上有着"政教"殊异的弊病,这一方面乃"政府体系"的"不合时宜",另一方面也是因为古代科举"教育制度"导致学非所用、学难致用的结果,所谓"学术"或"学官"只是被当作仕途升迁的工具来利用而已。由于传统"太学"

成为"国家的定制"却"有名无实",因此"国家对于教育人才这一件事"实际上处于"完全放任"之状。吴雷川借用马端临《文献通考·学校考序》的表述而尖锐批评道:"秦汉以来……政与教始殊途……所用非所教,所教非所用……古人有言曰,吾闻学而后入政,未闻以政学者。后之为吏者,皆以政学者也。自其以政学,则儒者之学术皆筌蹄也,国家之学宫皆刍狗也……于是所谓学者,姑视为粉饰太平之一事,而庸人俗吏直认为无益于兴衰理乱之故矣。"在此,"学"已嬗变为走向"仕"途的工具或手段,其本身意义和价值则不足为道,"学"作为这种"象征"在"学而优则仕"、"仕而优则学"之表述上得到了极为复杂的体现。与之相关联,吴雷川还列举了古代教育和政府体制的许多弊病,如其"考试"之弊乃"在乎求才之道不足","养士"之弊则在于"历代"制禄,常是使人不"得所养",结果导致"上以盗贼待士,士亦以盗贼自处",而"取士"之弊更是在于除科举之外又网开一面,多出"保荐、门荫、纳赀"等后门;此外,不能"量能授职",使"官职是为人而设,不是为事而设"亦为大弊,吴雷川援引王安石的话说,古代授职"不问其德之所宜而问其出身之后先,不论其才之称否而论其历任之多少",而且不问专长、滥派滥用,"以文学进者且使之治财,已使之治财矣,又转而使之典狱,已使之典狱矣,又转而使之治礼",这种变为"万金油"似的官吏"是一人之身而责之以百官之所能备,宜其人才之难为也……责人以其所难为,则人之能为者少矣,人之能为者少,则相率而不为",但在应"为"处之"不能",却无法防止其不该"为"之处的"急政暴虐,赋敛不时,朝令而暮改",以及"中饱"多收之赋税等"胡为"。这一切都使中国古代政治离"修己以安百姓"的理想相距甚远。

其六,吴雷川发现中国古代传统礼教既使"家族"统治与"国家"专制有着惊人的相似之处,又导致二者之间失去了密切联系,形成"家"与"国"之观念的根本分离。本来家族的形成"是各民族社会演进的一般程序",但在中国,家族制出现之后,"接着就有一种拥护贵族政治的宗法组织发生,而此宗法组织,又随着封建制度的演进,成了一套极精密的理论"。这种"宗法组织"的历史意义,甚至也使当今中国学界一些不承认中国曾经存在有"儒教"的学者仍坚持古代中国有过"宗法性传统宗教"的存在与发展,"它从未间断地一直延续到清末",其特点是"以天神崇拜和祖先崇拜为核心","敬天法祖、慎终追远","没有单立的教团,而以宗法等级组织兼任种种宗教职能",包括"皇室的代表天子主祭天神,宗族和家族祭祖由族长、家长主祭","这种宗教与封建宗法等级制度及思想体系紧密结合在一起,又直接为巩固宗法制度服务",而儒家"礼学中关于祭礼凶礼的部分,及天命鬼神观,却可以看作是宗法性传统宗教的理论"①。对于中国"家族"的发展,吴雷川在此有着批判性审视:"中国的家族显然有特殊的作用,就是使一家的家长与一国的君主同走上绝对专制的路,重礼法而遏抑天性,保权威而抹煞情感",这种"家庭专制黑暗的情形……在中国实行了几千年,对于国民人格发展上当然有极不良的影响"。在封建制度中,其"家族"观念还推动了"借父权来陪衬君权"的发展。进而观之,吴雷川又分析了家族在与国家失去直接关联后所导致的人们对国家观念的淡漠,指出家族在宗法组织体系中作为"维持封建制度的基本因素"却因"封建制度崩溃"、中国"渐变而为大一统的国家"而不再适用于新的社会结构,但其"专制集权的办法"得以保留,并嬗变为以家族为中

---

① 牟钟鉴著《中国宗教与文化》,巴蜀书社,成都,1989年,第7页。

心,其结果"就使后来的一般人都只知有家而不知有国,如何能有健全的国民?所以家族这个单位,先时是对于国家有直接的利益,后来却成了国家与人民间绝大的障碍物。中国民族对于国家观念的薄弱,这岂不是根本的原因?"从剖析"家族"在中国文化传统中的作用入手,吴雷川由此对中国封建礼教有了一个基本评价,即认为它"既有文饰的作用"、亦有"虚假的弊病",其"节人之情……持之太严,不免违反自然",而其"文人之情……又因为过于文饰而斫丧了自然,就引人走入诈伪的路"。

最后,吴雷川还对宗教在中国传统文化中的作用有着批评性评价,他认为宗教"在中国历史上的演变也极其繁复",但总体来看其本身存在的价值并没有得到承认,而只是被视为达到其他目的的手段与路径。吴雷川为此将宗教在中国社会的作用分为四类情形:一是"贵族利用宗教来取得平民的信服";二是"一般人因企图福利或求免苦难而信奉宗教或迷信属于宗教的术数";三是"因哲学思想与宗教思想相结合而研究宗教","所以人研究宗教的教义或类似宗教的学理,不必就信仰某种宗教";四是宗教反映出社会"不满意于政治现象的反动及其与无产阶级的关系"。按照吴利明对吴雷川这段表述的分析,"宗教往往被统治者用作维护他们政权的藉口,但也有被用作反叛的理由。虽然这些做法未必一定是错,但是宗教在中国始终也没有得到它本身存在的理由。换句话说,宗教在中国文化中并没有提供具体的贡献"[①]。吴雷川的上述分析主要关涉到宗教的社会功能及作用,而未触及宗教的本质及本真。

[①] 吴利明著《基督教与中国社会变迁》,基督教文艺出版社,香港,1990年,第253—254页。

在他看来,宗教的意义和价值层面在中国历史上及人们的观念中仍很模糊,而宗教本身在中国历史上的发展则充满变数,民间性、自发性的宗教因政治、经济的变化而走向官方性、控制性,但"官僚化的教会渐无力吸收一般的民众",于是势必出现新的改革或改变,因此"宗教史是一部腐化及改革史"。评价中国宗教的历史,吴雷川总结说:"依理而论,上述四类之中,以利用宗教统治民众为最不合于理。而一般人认宗教为个人得福利的途径也当归于淘汰。唯有发扬哲理,拯救生民,才是宗教真正的义谛。然而在中国以往数千年中,宗教的活动,却是前二者占绝大的势力,而后二者还未得到正常的进展。这正是社会的隐忧!"吴雷川的这段概括充满警醒和睿智,对我们认识今天中国宗教的现状及发展仍富有意义和启迪。宗教应该回归宗教本真,而不能立足于"政治化"、"商业化"(功利化)的发展,宗教在中国的真正出路也只应是弘扬其教理中的积极因素、以超然的精神来入世奉献,投身于社会慈善事业,服务于民生。

四

吴雷川坦诚分析基督教与中国文化的弱点,从根本上表达了他对二者的真诚热爱与内心期盼。在教义传统和社会功能层面,他认为批评基督教以往的过失在于其"过分注重来世的福乐",中国文化以往的过犯则在于它"造成一个停滞不前的社会"①,这从历

---

① 吴利明语,参见前引书,第254页。

史的事实而言都是正确的。但问题在于,这两种过失之所以发生,乃是因为其历史演变发展曾将二者的真实本质掩埋;其解决的办法故而不是放弃基督教与中国文化,而是努力将其真正的精神彰显、弘扬,使之对中国社会乃至整个人类有利有益。在新形势下对基督教与中国文化的反思乃是"受了世界文化交流之赐",这尤其可体现为现代"中国民族自觉的起头",因为"中国文化在以往的期间……不遇到比较竞争的机会,好像是长期停顿";不过吴雷川仍坚持"变动"则是绝对的,中国文化过去"由盛而衰,由发荣滋长而至于僵化,也正是在那里变动"。而到了现在的"世界大通"、"发生中西文化比较的问题",这种变动则更有刺激、更加巨大。为此,吴雷川强调中国民族应审时度势,认真反省自己以往的文化,积极推动其未来的文化;而在这一转型时期,既应"认清自己的弱点……对症下药"、也要"常想到利用自己的优点……坚固自己的信心,增加自己的勇气",从而使中国文化像从前的历史关键时期那样再次"得到更生"的机会。这里,吴雷川转而从正面评价中国文化的优秀之处,并认为基督教在中国会有助于这种优秀传统的弘扬。而且,在发扬基督教和中国文化的本真精神上,吴雷川认为二者确实也有着积极的共鸣与呼应。

在《基督教与中国文化》、《墨翟与耶稣》等专著,以及"基督教经与儒教经"、"圣诞节的联想——耶稣与孔子"等论文中,吴雷川探讨了基督教与中国文化核心观念之密切关联。从总体来看,吴雷川认为基督教与传统中国思想文化的关系主要体现为基督教与儒家思想的关系。尽管儒家观念及其礼教因与封建专制传统的复杂交织而受到冲击,其在整个中国体系中却仍有着重要的价值意义。在基督教与中国文化的比较中,吴雷川觉得基督教的不少观念都可在儒家思想中得到印证,二者实际上是用不同的方式说明了相同的真理,故而能共通共融。大体来看,吴雷川认为这些相同之处乃表现在如下一些方面:

第一,在对耶稣基督的理解上,由基督教信仰中的"圣子"联想到中国文化推崇的"圣人"。吴雷川将《圣经》中耶稣的"自述"列为甲组(八条)和乙组(九条)共十七条,并用中国经典的相关语录与之对应,由此概括出"历史上伟大的人物,其自命必是不凡"的类似话语。他指出,其中属于甲组的话多为说明耶稣自己为"人"的目的,即"以人生的意义与价值诏示后人",而属于乙组的话则要说明耶稣本人"与社会的关系";而相对应的中国古训乃包括《易经》"天行健,君子以自强不息",《书经》"天工人其代之"、"道积于厥躬",《庄子》"愿天下安宁以活民命,人我之养,毕足而止",《礼记》"君子动而世为天下道,行而世为天下法,言而世为天下则"等内容。而从"耶稣为基督"这一核心观念来论述,吴雷川则认为《圣经·以赛亚书》"预言基督"与儒经《中庸》"想望至圣"有着不谋而合的蕴涵,旧约时代的先知以赛亚所预言的弥赛亚将降临、实与子思关于"将有圣者兴起"的预言有着内在的呼应,乃给人带来极为相同的信息。而且,"犹太人所想望的基督,不只是指着在外表上涂抹膏油,更是指着内心受圣灵的膏沐,正如《书经》上所说'亶聪明作元后',那就是中国所谓'圣天子'了"。在此,吴雷川将耶稣与孔子直接相比较,指出耶稣为"道成肉身的圣子",而孔子乃"大成至圣的先师",二者都给人一种神秘感和神圣感。这样,吴雷川更愿意以"人性"意义来理解耶稣,从而亦突出了儒家思想中人可以通过内在修养而成就"神圣"性格、达到道德完善的寓意。而更有意义的是,吴雷川藉此亦将对耶稣的寄托由天国转入今世、从彼岸回到现实。他总结说:"耶稣人格之所以伟大,纵使有一部分是由于天启;但从人的方面看来,则完全是由其自觉、自择、自决的";而"耶稣所宣传的天国,分明是他理想中的新社会","其主要条件即是物质的平均分配……可见他为群众着想,决不轻看物质,高谈玄妙";这一新社会还"以平等、自由、博爱为极则";由此可见,"耶稣训言中所指示的真理,大部分可以与中国先哲的遗言相印证……我们研究耶稣的训言,愈足使我们深信真道之合一";此外,"耶稣要将真理彰显于世,不只是用语言来阐发,更要在他自己的行为上表显出来","因此耶稣的为人,是我们应当崇拜而效法的。我们能效法耶稣的舍己……更效法他的努力服务于社会,世界就可以从此进化,永无穷尽。所以耶稣的人格,足以救人、救世。他的教义是个人的福音,更是社会的福音"。显而易见,吴雷川以其对耶稣的上述理解而将基督教的"外在超越"与儒家的"内在超越"有机相连,并在其"社会福音"中增添了"内圣外王"的蕴涵。

第二,在对基督教信仰的"上帝"之认识上,由作为"天主"的超然之神联想到儒家敬仰的"天"。"吴雷川认为基督教和儒家思想最基本的共通点是他们的宇宙观,是他们对于宇宙主宰的本质和意志的体认"①。在此,吴雷川对基督教的"上帝"之认识显然与儒家思想中"天"的观念有着异曲同工之处,二者所反映的都是一种最高原则或超然力量。他说:"我以为:上帝就是和真理、大自然、最高的原则相等的一种名称,所谓上帝能治理管辖我们,就如同说:人类必须与大自然适应,不能与真理或最高的原则相违反"②。

---

① 吴利明著《基督教与中国社会变迁》,第246页。
② 吴雷川:"信仰基督教二十年",转引自吴利明前揭书,第247页。

按照《圣经》中的表述,吴雷川列举了对"上帝"五个方面的理解,即"上帝为父"、"上帝是公义的父"、"上帝是善"、"上帝作事"、"上帝是灵",由此揭示出"上帝"以"爱"、"公义"和"全能"来治理宇宙、干预人世、使"宇宙恒久进化"。进而言之,吴雷川这里并不突出或强调基督教"上帝"的"人格"或"人格化",而有着"上帝论"对"宇宙论"、"创世论"的更广涵盖。他指出,"上面所说的上帝为父,上帝公义,上帝是善,上帝作事,都是将上帝人格化的说法,独有说上帝是灵,人拜上帝必须用心灵和诚实,则更是进一步的认识。假如我们深深地思想这句话的意思,因而觉悟到上帝是存在人的心灵和诚实中,那么宇宙就不啻是以人为本了"。在用《中庸》中"天命之谓性"的提法来理解"上帝造人"的蕴涵时,吴雷川对之加以更深入的阐发,说明自然万物的形成及世人智慧和意志的由来乃凭藉天命的旨意,归属天命的恩赐;但"上帝"或"天"并不直接参与或干预世界及人之命运,上帝的"爱"和"公义"也不指上帝会以这些原则来直接干预人的作为;所谓"天命"是指人的命运或万象之生在于认同、遵循这种最高原则、顺从天意或依循上帝的旨意来行动、发展。借助朱熹的解释,"性,即理也。天以阴阳五行,化生万物,气以成形,而理亦赋焉,犹命令也。于是人物之生,因各得其所赋之理,以为健顺五常之德,所谓性也"①。而"上帝凡事都能"也恰如《中庸》所谓"故至诚无息,不息则久,久则征……悠久所以成物"之道理。在儒家经典中,吴雷川认为,至少可以找到对"天"的四种认识和解

---

① 吴雷川:"基督教经与儒教经",《生命月刊》,第三卷第六期,1923年3月,第1—6页。

说:一是认为"天"有意志,代表宇宙最高权力,可与中国经典表述"获罪于天,无所祷也"和"予所否者,天厌之"相对应;二是认为"天"控制宇宙运转的原则,在认识自然存在和宇宙规律中则能领悟,可与中国古训"天何言哉,四时行焉,百物生焉"相呼应;三是认为"天"无所不在、无所不为,有着"天网恢恢、疏而不漏"之境,其玄奥恰可在中国思想"视之而弗见,听之而弗闻","神也者,妙万物而为言者也"之中得以体会;四是认为"天"代表"天德",即为"真诚无妄"的"绝对命令",其作为超越性道德律则可在中国经典名言"诚者,天之道也","诚者物之终始,不诚无物"中获其印证①。

第三,在对基督教三位一体神学中"圣灵"的领悟上,由作为神人沟通之保惠师的"圣灵"而联想到儒家核心观念的"仁"。吴雷川表示,"基督教所谓圣灵,就是儒教所谓仁。如果将《新约》书里论圣灵的地方,与儒家论仁的地方,比较解释,大概都可证实的。类如基督教说圣灵和天国有关系(太十二28),儒教也说仁和世界进化有关系(《论语》孔子曰,克己复礼为仁,一日克己复礼天下归仁焉)。基督教说天国在人中间(路十七21),儒教也说仁为人心(孟子曰仁人心也。又曰仁人之安宅也)。基督教说人所当求的就是圣灵(路十一5—13),儒教也说人所当求的就是仁(《论语》孔子曰,求仁而得仁。又曰,我欲仁斯仁至矣。孟子曰,仁,人心也。……学问之道无他,求其放心而已矣)。基督教论祈求圣灵,屡次说到饶恕(太六14,七7—12),儒教论仁,也常常要说到恕(《论语》己欲立而立人,已欲达而达人,能近取譬,斯为仁之方也

---

① 参见吴利明著《基督教与中国社会变迁》,第246页。

已。又仲弓问仁,子曰己所不欲,勿施于人。孟子强恕而行,求仁莫近焉)。基督教以圣灵充满的人,就是道成肉身(路三22;约一14),儒教也说人与仁合就是道(孟子仁也者,人也,合而言之道也)。这都是很显明的例证"[①]。在《基督教与中国文化》这部书中,吴雷川再次提到"《新约》书上所说的圣灵就是儒书上所说的仁",并作了如下说明:其一,"圣灵可以祈求而得","这正是与儒家教人求仁毫无差异";其二,"渎圣灵者罪不得赦","而孔子以为不仁的人不能行礼乐","孟子明说:'苟不志于仁,终身忧辱,以陷于死亡'";其三,"论圣灵每说及饶恕","儒教论仁也常要说到恕";其四,"圣灵与天国的关系。耶稣对尼哥底母说:'人若不是从水和圣灵生的就不能进上帝的国'……原来仁者人也。仁,人心也。仁,人之安宅也。本是儒者对于仁的深识确诂,人类社会中若没有仁,世界将不成为世界,更谈不到进化";其五,"得圣灵者可以审判人","《大学》篇曾说:'此谓唯仁人能爱人能恶人'。又《论语·里仁》篇记:'子曰,唯仁者能好人能恶人'";其六,"圣灵与耶稣去世的关系",耶稣说,"我若不去,保惠师(圣灵)就不到你们这里来,我若去;就差他来";吴雷川解释道,"这样难解的谜,我们只有用孔子所说杀身成仁的话来印证,才可以涣然冰释。因为耶稣为人舍命之后,仁的道理就炳在于当世,这正是所谓杀身以成仁"。此外,吴雷川还论及"圣灵可以赶鬼,等于孔子所说'苟志于仁矣,无恶也'——这都是心志的作用,并没有什么神秘",以及"圣灵为保惠师,圣灵引人进入一切真理,圣灵以一切事指教人,圣灵

[①] 吴雷川:"基督教经与儒教经",《生命月刊》,第三卷第六期,1923年3月,3—6页。

使人自责"等内容,并认为这一切"都可以用儒家论仁的话来解释";他由此得出的结论是:"总之,圣灵与仁是异名而同实,并且儒家论仁的精义,我们从耶稣论圣灵的话里见到的也不少,即此一端,已足以证明耶稣的教义多与孔孟相通了"。在他看来,"圣灵"通行于人间就是儒家所论天下归"仁",这是人的精神生命和精神生活之所依,"圣灵"充盈即指"仁"的实现这一人世社会的美好境界。

第四,在对基督教"祈祷"意义之把握上,由作为敬神呼求或自语的"祈祷"而联想到儒家的人格"修养"。吴雷川强调,"基督教的基础,是以耶稣的人格为中心,而耶稣人格之所以完成,不但在其能实现建立天国的事工,尤其在对自身有充分的修养,这修养的工夫,就是基督教所说的祷告"①。通过对应中国儒家思想,吴雷川给基督教的祈祷赋予了更多的蕴涵和意义。在此,他认为祈祷并不指与上帝的交通,而是人对上帝的盟誓和人之内心对真理的默想。这是从下往上的表白,是人发自内心的、而非由上天赐予的。吴雷川指出,"祈祷有公祷与私祷两种……公祷是含有盟誓或诰诫的性质的。至于私祷,纯是个人修养的功夫。这种修养的功夫,用儒家的话说,大致可分为两段:一是存养,一是省察。所谓存养,就是体认真理;所谓省察,就是检点自己所言所行是否与所体认的真理相合。基督教所注意的个人私祷,正是用这两段工夫。又如宋儒讲修养有主敬与主静两说,祈祷教人默想真理——或说是对越上帝——自然要屏除妄念,恭敬静默,正是备具二者的功用"。按

---

① 吴雷川:"基督教祈祷的意义与中国先哲修养的方法",《真理与生命》第2卷第6期,1927年,第145页。

其分析,祈祷中的赞美、感谢、认罪、祈求"正是将存养省察两段工夫,合而为一",其中存养就是"体认上帝的旨意",由此有赞美与感谢;而省察则会带来认罪与祈求。因此,祈祷要迫切,不可灰心,亦不可故意教人看见,这样遂"有信则必得",而以儒家思想来解读,则是教人发愤、有恒、慎独,且如《易经》所说"圣人以此洗心退藏于密",以及如《中庸》之言"君子之所不可及者其唯人之所不见乎";这一切都说明"祈祷是人格修养最基本的方法",即"养成人格唯一的需要品"。于是,吴雷川将"祈祷"与"中国先哲的修养论参互考证",在"祈祷"中既看到"敬神如神在"的严肃认真,又体悟到儒家修养工夫的精深微妙。

第五,在对基督教的"天国"降临之期盼上,由作为世人获得拯救的"上帝之国"(天国)而联想到儒家向往的天下太平之"大同世界"。这里,吴雷川觉得"天国"并不指彼岸世界或超然世界,"天国"的降临,"上帝的国"之实现,应该在人间此世发生。这就是通过世人的努力和社会的改造而实现古代先贤曾描述过的太平盛世,达到人类世界的"大同"。根据这种对比,他相信基督教所追求的"上帝之国"也应该是实现一个能够满足人类需要、有着公正和公义的现实理想社会。他说:"天国并不是在这世界之外另有一个世界,更不是像教会所常讲的死后升天堂,乃是将这世界上所有不合仁爱和公义的事全都除去,叫这世界上充满了上帝的仁爱和公义,这就是天国降临。用现在的话来说,就是改造旧社会,成为新社会"。为了实现"天国降临",他认为按照耶稣的训言应包括如下五个方面:"第一,天国先须在各人的心理上建设",这也是孙中山在其《建国方略》中"心理建设"所论"知难行易"之根据;"第二,天国是人间的至宝","唯有发见了至宝而又愿意将这至宝公诸同好的人——就是为全人类谋幸福而要改造社会的人——才是至宝";"第三,天国中国民应有的资格","所以仰望天国的人,必要具备各种品德,而后有从事于建立天国的资格";换言之,"凡是同情于贫穷的人而想要建立天国的人们,必须有为义受逼迫的最后决心,才能与恶势力奋斗,达到最后的目的";"第四,天国必变更旧有的组织",这就是说必须"在政治组织上有显然的改革",而"耶稣理想的天国——就是经过改造的新社会——是没有国界和种族的分别的";"第五,建立天国以改革经济制度为中心",这乃指在建立起的新社会中"自然是分配平均,人人都能取得,不必再各自谋虑了","并且是各尽所能,各得所需";在此,吴雷川强调"改革经济制度必为改造社会工作的中心"。在对"天国"的理解和诠释中,吴雷川实际上充分表达了其实现社会变革的理想、抱负和期盼。

第六,在对耶稣教训门徒言论的梳理上,由耶稣的劝导箴言而联想到中国儒家贤哲的相应警句。吴雷川认为,耶稣的训言大部分都可与中国贤哲的遗言相印证,形成其精神互动。他列举了十二则耶稣对门徒的"谆谆训勉",并用中国先哲的言论来加以对应和解释。例如,从耶稣所言"爱惜自己生命的就失丧生命,在这世上恨恶自己生命的就要保守生命到永生"中,他悟出了儒家"杀身成仁的真谛",指出"这里所说自己的生命,就是所谓'小我',下句中的生命乃是指着'大我'",故为"舍小我求大我"的境界;对于"凡有的还要加给他,叫他有余,凡没有的,连他所有的也要夺过来"这一"马太效应",他用"天助自助者"之论来比较,并说按《中庸》所言"故天之生物,必因其材而笃焉。故栽者培之,倾者覆之",则"其义自显明了";关于"凡自高的必降为卑,自卑的必升为高"这种"谦"、"傲"之比,他认为"这就是《易·谦卦》所说'天道恶盈而好谦'"之理;至于"掩藏的事,没有不显出来的,隐瞒的事,没有不露出来的"表述,他则指出这不只是中国俗语"若要人不知,除非己莫为"的浅显道理,而更有着《中庸》所言"莫见乎隐,莫显乎微,故君子必慎其独也"之深意;论及"不敌挡我们的,就是帮助我们的",他宣称此即孔子所说"君子和而不同"的意思;而"多给谁就向谁多取,多托谁就向谁多要"则正是《论语》"士,不可以不弘毅,任重而道远。仁以为己任,不亦重乎?死而复已,不亦远乎?"所表达的精神;在论及"义"、"利"关系时,他声称《圣经》所载"你们不能又事奉上帝,又事奉玛门"就是孔子所说"君子喻于义,小人喻于利"的道理;耶稣所言"你们白白的得来,也要白白的舍去"这一"生时带不来,死时带不走"的常理,在吴雷川看来"乃是正面揭示人生的大义",而从孔子言论"如有周公之才之美,使骄且吝,其余不足观也已"之中,也可窥此微言大义;此外,"你们要人怎样待你们,你们也要怎样待人"在《圣经》中被视为"律法和先知的道理",吴雷川也用儒家"所恶于上无以使下"、"推己及人为恕"的思想来解释,将之理解为"己所不欲,勿施于人"的"中庸之道";而"我赐给你们一条新命令,乃是叫你们彼此相爱"这一"爱人如己"的诫命,吴雷川亦将之视为儒家"仁者爱人"的真理。

由此,吴雷川以条分缕析、实例说明的方式,试图证实基督教与中国文化乃有着许多内在关联,表达着同一真理。他引用宋儒陆象山的话说,"四海有圣人出,此心同,此理同也;千百世上下有圣人出,此心同,此理同也",以"深信真道之合一"来使基督教与中国文化更为贴近、彼此认同。

五

在分析基督教与中国文化的关系上,吴雷川有着极为复杂的心境。正因为他对中国文化有着深厚的研习和认识,所以才表露出其富有自我批判意识的反省和思考。至于对基督教的理解,他则因为对基督教系统神学并不熟悉、知之甚微而有着偏离其正统教义之理解。但是,对于基督教和中国文化,他都表现了自己的倾慕和热爱,因其对二者都寄予厚望故而有爱之愈深、批之愈透的奇特现象。从基督教与中国的交往关系上,他亦有整体的审视和通盘的分析。他指出,"基督教与中国发生关系,若从唐朝的景教说起,到现在恰好已有了一千三百年。然而中间屡经断绝,它所及于中国的影响,远不能与欧美各国相比并,它在中国的价值若何,也就不容轻易评判"。基督教来到中国传教已经历了四个时期,这段历史究竟有功有过、是否可圈可点,却因复杂的文化、政治原因而让吴雷川颇有一言难尽之感。他曾如此概括说:"假使我们要统计基督在中国所成就的事功,除了唐代的景教是依附于佛教,没有独立的性质,元代的景教与罗马教因为在蒙古族势力之下,与汉族文化少有接触,似乎都不必置论外,明末清初的天主教得着很好的机会,在中国文化方面也有过相当的贡献,然而也已成陈迹。至于现时在中国流行的耶稣天主两教,在这将近百年之中,从外国派来的热心传教士何止万人,从外国运来为教会用的金钱何止万万,各教会的热心布道固不让前人,对于社会上有益的工作且较之以前更为推广。"不过,这种投入和收获并未达到一种理想的平衡,且产生了诸多问题,故而使人颇感困惑、引起深思。"上述基督教在中国的历史及其所成就的事功,起初在教会中人看来,大概以为虽然还没有达到希望的目的,也已经可抱乐观。然而一旦受了国内外政治潮流的影响,就自然地感觉到基督教在中国还没有稳定的基础"。吴雷川对其中原因进行了分析,亦对基督教在华传教方式提出了批评。面对中国近代以来对基督教的抵制和拒绝,他则有着客观、冷静的评价,并不因此而陷入悲观。在他看来,经过长时期的文化交往与碰撞,基督教在中国实际上也已产生了潜移默化、甚至颇为实质性的影响。他说:"至于基督教与中国文化二者的关系,有些信基督教的人们,总还是渴望基督教在中国文化得着相当的地位,仿佛是要求中国文化的承认。但在我看来:此种愿望,似乎是大可不必,并且在现代已不合实际的需要。因为,从过去一方面观察,这多少年来,西方的学说、艺术、制度、礼俗等等,很自然地传播到中国,中国也很自然地接受而仿效,其中有好些是由基督教直接或间接地介绍而来。现时的中国文化,似乎早已含有基督教不少的成分。"尤其是通过中国基督徒如基督徒学生的最新努力,以往受到抵制基督教人士批评的不少缺欠已不再存在,历史的遗憾正被弥补。"因此我又以为:自从基督教与中国发生关系以来,这个中基学运,也许是一个将来能结最大果实的种子。它现在虽然刚在萌芽,然而我深信——并且也切望:它必要先清理它自己的园地,用工夫培养这刚出现的萌芽,叫它根柢深厚,不急于发荣枝叶,在未来的新中国里,它必要为基督教立定了根基。"

20 世纪上半叶的中国,席卷知识界的"新文化运动"既有着抵制基督教的明确意向,又展示了批评中国自身传统文化的精神。在这一复杂历史背景中,中国基督教出现了"本色化"之探,有着中国教会及其神学"本色化"、"中国化"的诸种努力。对此,谙熟中国传统文化的吴雷川持有极为谨慎的态度。虽然他对以儒家为代表的中国古典传统颇有好感,却认为在当时情况下中国的"本色"神学不能走简单结合或综合基督教与儒教传统的道路,不可由二者共构某种混合体系来迎接现实挑战。在他看来,如果不顾"新文化运动"的反传统意向及现代中国人要求革新的心态,那种所谓"耶儒"结合就是"自投罗网"、"自掘坟墓",出现另一种意义的两败俱伤,不知不觉地掉入复杂"陷阱"和怪圈,因为"现在中国文化的自身正在谋新的建设,基督教若还要求中国旧有的文化承认,岂不是多费一番周折,将至徒劳无功?"所以,吴雷川认为在新形势下有必要开展双重的革新,既以基督教与中国传统文化自身的革新来适应、服务于变化中的中国社会,又以当时社会的革新为基督教在华的出发点和基本需求,基督教应设法满足这一需求,争取在中国真正立足,而不能再次游离于中国社会之外。

从文化层面的基督教与中国文化的比较和认同,只能作为将基督教引入中国的准备和条件。在社会革新、改造意义上,这种"将基督教与中国文化对比,解释二者的异同或得失"就不再显得特别重要。这里,吴雷川从思想解放、社会改革的角度来重新审视基督教与中国文化的关系。他指出,"基督教的教义,从耶稣的行事和训言中仔细地体认,本是亘古常新。只因它经过长期的进展,有如清泉奔流到平地,不免夹带着泥沙,遂使真义日渐隐晦。到了现代,世局将有重大的变迁,基督教也要像河流改道,所有水里夹杂着的泥沙将有一番淘汰,因而真义重复显明。而在此时期中的中国,旧有文化的价值要重被估定,更要建设新的文化以适应民族复兴的要求"。所以,基督教在中国的意义首先并不是要进行文化对比或促进双方互补,而应该是关注、参与并服务于社会革新,为社会改造和进步提供精神动力和灵性指导。基督教在当时中国所要彰显的正是其社会变革、改造人心的意义,由此而使中国人对基督教乃至整个宗教能有重新的审视和全新的认知。

这里,吴雷川谈到了宗教的意义及其社会作用,亦注意到中国公共舆论中对宗教的印象与看法。按其理解,宗教就如当代宗教学者伊里亚德所称的"人类学常数"那样体现出人性本质,"人若没有它,人类社会就将如其他动物的一群,失去了意义与价值";因此宗教"不但不妨碍社会进化,并且是人类改造社会的原动力……所以社会制度无论如何变化,它是不受任何影响的"。鉴于20世纪初与"非基督教运动"相关联的"非宗教运动"和中国知识界关于中国有无"宗教"的讨论,吴雷川指出,"在一般人看来,宗教在世界未来的文化中能否有存在的地位,还是待决的问题,至于中国民族复兴与基督教有无关联的问题,当然更谈不到。但我认为:此类问题虽有待于将来事实的证明,然而现时却需要成立一种假定,才可以指示人的趋向,唤起人的努力。因为现时各种宗教还是普遍流行,而同时各宗教的缺失又是显豁呈露,这种矛盾对立的现象,既不应当任其自然,于是有些渴望社会改造的人们,就执着宗教外表的缺失,认为是妨碍社会进化,必须根本铲除,这种改革的热诚,确值得敬佩。但他们如想到人类自有史以来,宗教与人生,总是有着重要而密切的联系。所以在文化史中,宗教这个名词,与哲学、文学、科学、艺术、经济、政治等类的名词,早处于同等的地位。尽管它的内容或是幼稚而蒙昧,或是衰老而腐化,我们尽可以就着它不合理的事项竭力制止,并期望它的蜕化而演进,似乎不能就说它应当完全消灭"。

一提到"宗教",在中国现代文化气氛中,尤其在中国知识精英圈子里似有一种"另类"之感。学术界在20世纪初关于"宗教"是什么、中国有无"宗教"或应否有"宗教"曾发生过激烈争论。其颇为流行的看法是,中国古代并无"宗教"这种概念及构词;汉语的"宗教"一词在古代乃分用于"宗"、"教"二字,其中"宗"为"尊祖庙"(《说文》)之意,指对祖先及神祇的尊崇和敬拜,由此发展为"禋于六宗"的活动;而"教"则由"教化"之意引申为上施下效、从学入道,转而指"对神道的信仰",故而有"神道设教"(《易经》)、"合鬼与神,教之至也"(《礼记》),以及"修道之谓教"(《中庸》)的蕴涵。"宗教"二字合用最早见于佛教术语,如梁朝袁昂(459—540)从佛教立场为有神论辩护时就已论及"仰寻圣典,既显言不无,但应宗教,归依其有"①。隋朝释法经在论其修撰众经之目的时亦表明乃为了"毘赞正经,发明宗教,光辉前绪,开进后学"②。此后,《景德传灯录》有"(佛)灭度后,委付迦叶,展转相承一人者,此亦盖论当代为宗教主,如土无二王,非得度者唯尔数也"等表述。"宗教"在这种古代理解中一般指佛教中崇拜佛陀及其子弟的教诲,"教"乃佛陀之言、"宗"即佛陀弟子之传,从而有了"人生宗旨、社会教化"之意。在中日文化交流历史中,"宗教"术语通过佛教典籍的翻译而为日本学界所用,其佛教界最初将语言难以表达的真理称为"宗",而关于这种真理的教义遂为"教"。在日本近代与西

---

① 《答释法云书难范缜神灭论》,《全梁文》,卷48,页11。
② 《上文帝书进呈众经目录》,《全隋文》,卷35,页9。

方的交往中,开始了中文术语"宗教"与西文 religion 的挂钩。自 1868 年起,日本明治政府的文书多将西文 religion 译作"宗教",专指西方各国信仰的各种宗教或基督教教派,如 1869 年日本与德国用日、德、英三种文字签署的修好通商航海条约,以及邨田枢文夫著《西洋闻见录》等都以"宗教"翻译 religion。不久,这种对应或等同又"假道日本而入中国",形成"宗教"在华的现代涵义或理解。这种译介和引入一般以黄遵宪(1848—1905)于 1887 年完稿、1895 年出版的《日本国志》为肇始,此书当时被"海内奉为瑰宝"。然而,黄遵宪以"宗教"论西文 religion 之所指在当时并没有被中国学术界所普遍接受;甚至有人干脆反对将 religion 译为"教",而认为其义只能与中文"巫"字等同。例如,1893 年出席在芝加哥举行的"万国公会"之中国代表彭光誉在其随后出版的《说教》一书中就反对将英文"尔厘利景"(即 religion)译为"教",认为中文"教"字在中国传统中乃仅指"礼教":"中国'教'即'政','政'即'教'。'政'、'教'皆从天子出。帝教、师教皆礼教也。礼教之外,别无立一教会号召天下者";而"尔厘利景为教人顺神、拜神、爱神、诚心事真神之理也",其义在中国应称为"巫","于华文当称为谶纬之学"①。从一开始,中国学术界在对应西文 religion 上就遇到了麻烦,分歧甚大、争论颇烈,而且迄今仍未达共识,因此直接影响到中国当代对宗教定义的理解和对宗教与中国文化的关系的认知。

在众多分歧中,中国知识分子最有争议的问题关涉"教"与"学"、"教"与"政"、"教"是否有"教化之教"与"宗教之教"的区

---

① 彭光誉:《说教》,光绪二十二[1896]年总理各国事务衙门据阿美利嘉初行本,同文馆重印本校勘,卷 1,页 3;参见陈熙远:"'宗教'——一个中国近代文化史上的关键词",台湾《新史学》十三卷四期,2002 年 12 月,第 40—41 页。

别,以及"制度性宗教"与"宗教性"的关系等方面。本来,在20世纪之前,人们对"儒"、"佛"、"道"三教之"教"并无细究,在"三教"并论时亦没有专门否认儒教的宗教性质。"戊戌变法"失败后,康有为受基督教在西方国家"国教"地位及其意义的启迪,提出"保国、保种、保教",主张以"入世"的"孔教"作为中国的"国教"。这一极端之举遂导致干脆否认"儒教"(孔教)为"宗教"的另一种发展。起初,梁启超、蔡元培等人并没有明确否认儒教的宗教性质。严复虽因感"西学"与"西教"二者"绝不相合"而始给"教"与"学"分下定义,指出"'教者',所以事天神,致民以不可知者也","'学者',所以务民义,明民以所可知者也"①,却仍承认欧洲中世纪时"教"与"学"乃相混合,而且同样颇为明显的是"中国教与学之事合而为一"。但自1902年起,梁启超撰文反对尊孔教为国教,并干脆提出儒教非教说,认为中国"无宗教"。他指出,"西人所谓宗教者,专指迷信信仰而言,其权力范围乃在躯壳界之外,以魂灵为根据,以礼拜为仪式,以脱离尘世为目的,以涅槃天国为究竟,以来世祸福为法门……孔子则不然,其所教者,专在世界国家之事,伦理道德之原,无迷信,无礼拜,不禁怀疑,不仇外道"②。为此,他特别强调孔子是"哲学家、经世家、教育家",但不是"宗教家"。在他看来,中国学术传统重哲学、轻宗教,因为哲学置疑、引导人思考问题,而宗教贵信,则会导致"混浊我脑性"、"以宗教之末法自缚"的后果;正是得益于这一传统,所以他宣称"吾国有特异于他国者一事,曰无宗教是也"③。此后,蔡元培也于1916年底提出"宗教是宗

---

① 严复:"救亡决论",王栻主编:《严复集》,第1册,中华书局,北京,1986年,第52页。
② 梁启超:"保教非所以尊孔论",《新民丛报》2号,1902年2月。
③ 梁启超:"论中国学术思想变迁之大势:总论",《新民丛报》3号,1902年3月。

教,孔子是孔子,国家是国家",并于1917年发表"以美育代宗教说"的著名演讲。他进而于1921年发表"关于宗教问题的谈话",认为"中国自来在历史上便与宗教没有什么深切的关系,也未尝感非有宗教不可的必要"①。与蔡元培同时,陈独秀于1916年10月1日发表"驳康有为致总理书",认为"孔教绝无宗教之实质",坚持孔教"是教化之教,非宗教之教"。由此,不少中国学者主张将"教化之教"与"宗教之教"截然分开。受这一舆论影响,梁漱溟进而宣称中国人乃是世界上唯一对宗教兴趣不大的民族,即所谓一种"非宗教的民族"。这种思潮和倾向不仅直接为20世纪20年代初的"非基督教运动"、"非宗教运动"做好了思想舆论准备,而且长期导致了中国民众尤其是知识分子对"宗教"的"冷漠"和"蔑视",进而将"信仰"与"迷信"混为一谈。为此,基督教思想家谢扶雅在其1927年出版的《宗教哲学》一书中曾感叹说,"宗教"在中国文字上的意义"不过一神或多神之崇祀而已","既不足以概无神之佛教,及介乎有神无神之间之儒教,亦未能包括宗教的神契经验及伦理行为";因此,他认为比较贴切的翻译应是以"道"字来译 religion,因为"道兼涵体用两面,Religion 亦具宗旨及方法两面;道可以完全表示个人与宇宙本体之嘘吸关系,同时亦不遗落个人对于社会之活动及适应"②。吴雷川深深感受到当时中国社会舆论压力和"非宗教"与"非基督教"思潮的直接关联,故此提出应对宗教加以客观审视,希望"反对宗教和拥护宗教的人"应避免"许多无谓的争执,平情酌理地公开讨论",他特意在《基督教与中国文化》中表明要

---

① 《少年中国》,第3卷第1期,1921年8月1日。
② 谢扶雅:《宗教哲学》,青年协会书局,上海1950年,第250页。

"采取各派的见解,并提出我个人的看法,先推测宗教的将来,而后说明基督教与中国民族复兴有联属的可能"。其实,在吴雷川之后,上述讨论仍在延续。同时代的基督教思想家王治心于1940年在其《中国宗教思想史大纲》一书中指出,"宗教"在中国多被理解为"有形式的组织"、即"有制度有组织的物质方面",从而消解了西文religion中本有的"无形式的精神"和人心中的"崇敬"之意;这种"形式"化、"制度"化、"组织"化和"物质"化使religion原本具有的意义"缩小了",淡化了其本质意义。

这里,中国学者实质上已触及"宗教社会结构"或"宗教体制"与"宗教性"的关系问题。一部分人是以"宗教性"来理解、界说"宗教",故而内涵小、外延大,强调的是"灵性"、"精神"、"观念"层面,如清末民初的历史学家夏曾佑在其《中国古代史》中就将中国古代的各种有神论观念、原始信仰、民间崇拜等都归入"中国古代的宗教"。而从这一方面来否定宗教者则认为只应保持"信念"而不必持有"信仰",因为"信念"乃一种平等的理念而"信仰"则因其"仰"视而产生"盲"信。其实,"高山仰止"、"仰望星空"恰恰反映出人以"信"来追求超越自我、现实、此在之维,此乃宗教之"真精神",甚至中国传统中的"举头三尺有神明"、"敬天法祖"就涵括了"信"中之"仰",曲折反映出这种超越之维。"仰"在此恰好非常形象地表达了人超越自我的探求及其对精神家园的寻觅。若从这一层面来体悟中国人的宗教需求和精神心理,则可能会对中国有无"宗教"之问作另一番解说,或许也能消除大多数中国人对"宗教"的本质性"反感"及排斥。吴雷川认为,"所谓'宗教的原素'的存在,并不靠赖人有什么维护的方法。它自然含蓄在人的灵性中,又在人的生活底各方面,借着各项的事功,各种不同的方式,将它的功用自由地表显出来"。还有一部分人乃是从"宗教"组织、制度、结构上来界定宗教,体现为内涵大、外延小的社会学解读,故此会将许多中国"传统宗教"、"民间信仰"排斥在宗教范畴之外。但这种认知迄今仍为中国社会理解宗教的主流意识。在吴雷川看来,宗教的这种社会建构则会随时代发展而出现演变,因而难以脱离社会政治的影响,对相关社会形态和历史时期有更直接的依附性,由此其相对性亦更为明显。"有组织仪式和信条的宗教……无论它是受外来压力的打击……或是希望它自身觉悟,自求解放……总之它的一切的形式终久必得蜕变"。这样,宗教与政治的关系问题遂得以凸显。基督教在西方社会发展中,政教关系极为复杂,经历了"政"亦"教"、"政"非"教"的嬗变,形成"政教合一"、"政教协约"、"政教分离"等模式。而在中国社会文化传统中,"教"之内涵不清,故难确认。若从"教化"、"礼教"层面来看,实则也有"政"即"教","教"即"政"的现象。至于从"宗教"之教来分析,则有人提出中国特有的"政教主从"或"政主教从"关系,很难用"政教合一"或"政教分离"原则来判断。但随着基督教的传入,政教密切关联之关系被人注目。从适应、改革中国社会的意义而言,吴雷川故而特别关注和强调宗教与政治的联系,并将之视为当前基督教与中国文化发生关系的关键所在。

在吴雷川看来,"宗教是人类社会进化的一种动力",为此,"它的本身也必与时代一同进化"。宗教的这种与时俱进并不仅仅为了自身的生存发展、洁身自好,而乃"以改造社会为究竟目的","宗教的功用在于领导个人以改造社会";"因此,信仰宗教的人必要直接或间接参加政治上的活动"。这里,他从人为"政治的动物,人要改造社会"这一角度论及了宗教与政治的必然关联,以及他视为正确的政教关系。"倘使宗教只是使人洁身自好,甚至离俗出家,图谋自身的利益,置社会的现象于不顾。这样的宗教,何能有补于社会的改进?所以从宗教一方面说,凡人既信仰宗教,就当奉持他所信的教义,统治他整个的人生,无论从事何种职业,都要在做事上表现宗教的精神。这就是宗教有益于政治。而在政治立场上说,所有宗教中一切遗传的迷信,凡是足以妨害社会进化的都应当禁止,凡是宗教团体所办的事业都要有益于政治上的进行。凡在传教机关内做事的人,无论其为和尚道士或牧师,也都要遵照政府所定的禁令,时常想到国民对于国家的责任,努力改善他们的工作。从前基督教会有政教分离的谬说——那本是因古代教会无理的干政而产生的——现在却是宗教必与政治合作,才能完成改造社会的功用了"。考虑到宗教的政治意义及社会功能,吴雷川遂更为强调基督教的"社会福音"作用。他指出,"以基督教而论,从前人讲基督教,偏重个人得救,基督教曾被称为个人福音。近代人多讲社会改造,因此基督教又被称为社会福音。其实这二者本是不可偏废的……但所谓得救,绝不是从前所谓死后永生,乃是生前脱离自私的罪恶,然后能献身于社会。所以个人得救与社会改造本是一件事,正如孔子所说:'修己安人',道原一贯"。在这两种福音中他更突出"社会福音",认为"基督教不只是个人的福音而是社会的福音,只有它的福音可以领导应付世界潮流的转变,在我们面前只有这一条大路,我们只有走上这条路才不至于落伍"[①]。反思以往对基督教的理解,吴雷川觉得过去对基督教教义的解释过于片面,只是偏重彼岸来世和灵魂拯救,却不太关注今生今世及其社会改革。

---

① 引自徐宝谦编:《宗教经验谈》,上海青年协会书局,1934年,第19页。

实际上，更为重要的应是认识到基督教改造社会的使命和义务。"基督教的根本教义，正是专重在人群社会，以改造社会为唯一的主旨"；"基督教唯一的目的是改造社会，而改造社会也就是寻常所谓革命"。于此，若"要彻底改造社会，既不是爱与和平所能成功，而真理又不能因此就湮没不彰，于是革命流血的事终久是难于避免"。显然，吴雷川在此由"社会福音神学"的观点进而赞同、主张采取"革命流血"等激进手段，发展为一种"革命神学"的构思和进路。

既然主张社会改造，将基督教所追求的"上帝之国"理解为实现一个能够满足人类需要、有着公正、平等和正义的理想社会，那么吴雷川就在一定程度上认同了社会主义、马克思主义及其唯物论。在他看来，基督教与马克思主义并没有唯心、唯物的截然对立，"基督教从社会改造的目的方面来讲，完全是唯物的，而从个人修养的工夫方面看，又可说是倾向于唯心的"。所谓"唯心"即一种"心态"、一种"理想"，并不完全排斥或对立于物质，"基督教之心物一体即是……'唯物与理想的综合'"。既然基督教并不排斥唯物论，那么亦可以按其观念来从事经济改革、社会改革。吴雷川认为社会上的一切组织都与其经济构造密切关联，为此亦承认经济制度乃一切社会制度的基础。所以，"建立天国以改革经济制度为中心。在人类社会间，使人感觉得最不平、最痛苦的事，就是因经济制度的不善以致人的贫富不均，贫富既是不均，而贫者又居多数，世界上有多数人得不着相当的需要，世界不能希望和平，人类也就得不着幸福。所以要改造社会，必要从根本上着手，改善经济的制度，这是无可疑的"。显而易见，吴雷川希望通过社会改造而要建立的"理想社会"乃是"一个社会主义的社会"，这种思路说明他认同马克思主义所追求的社会主义、共产主义理想乃经过了深思熟虑,而且体现出他在当时寻求基督教与马克思主义对话的一种创意。但不可否认,这也是当时中国严峻的社会政治环境使然。吴利明对此曾评价说,"当他决定接纳共产主义的时候,他已不是血气方刚的青年,一个长时间在政府机构工作的举人,到了七十岁的高龄,竟然决定共产主义是唯一可以拯救中国的途径。这对当时的环境来说是要比任何言论还要强烈的指控"①。

在关注社会改造问题上,吴雷川显然有着"中国情结"。其将基督教的"普世"真理与中国国情相结合,是以"有益于中国"为指归。他指出,"基督教以自由、平等、博爱三者为人类社会最高的境界,这自然是人人所想望的。但耶稣教人要服从真理,而真理又必因时代的需要而变动不居,决不可以执着……并且所谓人类社会最高的境界,现时还在理想之中,需要我们经过长时期的努力,然后才能实现。我们现时只可对准这最高的境界努力进行,而不可先企图自己当下就享受这种幸福。所以,如果说集体主义或独裁政治是合乎时代性的真理,我们的自由平等观念就当为真理而暂时放弃。这也是基督教的精神"。在当时的情形中,基督教在中国首当其冲的使命就是要推动其"爱国"、"救国"的任务。"基督教固然以全人类得救为博爱的目的,但社会进化有一定的程序,不能躐等而已。在这国家种族的界限还没有消灭的世界,尤其是中国正在要求国家独立,民族解放的阶段中,唯有提倡耶稣在当时爱国家民族的精神,使人知所效法……自立自强,实为基督教的要训,在国家民族的立场上,基督教决不有'宽柔以教,不报天道'的主

---

① 吴利明著《基督教与中国社会变迁》,第264页。

张,这是可以断言的"。与基督教在近代中国历史发展相关联,吴雷川认为基督教本身在华的命运就直接取决于其能否对中国社会改造、民族复兴积极参与。"基督教在中国的前途——就是中国民族复兴的前途——不但是有它的地位,更将要发生密切的关系,有它特殊的效用。并且当此国难严重的期间,基督教应该'当仁不让',为国家,为民族,准备着自己所当负的责任"。要想消除基督教在历史上的一切污点,"说明基督教并不是帝国主义者的先锋队,也不是资本主义者的附属品,……决不是导人迷信使人麻醉",不能靠"无谓的争辩和泛而不切的陈述"来解决,而是必须"能把握着问题的中心",以揭示出基督教对于中华民族复兴所能做出的贡献。他希望基督教在中国的形象得到积极的改变不是靠辩解,而是通过其参与变革中国社会、支持中华民族振兴的实践。

对于在全民族都要求复兴这一形势下、基督教信仰之所以仍能存在的价值何在这一问题,吴雷川回答的关键之处,乃在于他提出以体悟、仿效耶稣人格来铸就中国社会的领袖人才。"基督教建立的根基,就是耶稣的人格,而中华民族复兴唯一的需要,乃是造成领导民众的人才"。"耶稣人格之所以伟大,就个人修养方面说,他是个宗教家;但就社会改造方面说,他又是社会革命家。他所宣传的天国,就是他理想的新社会"①。诚然,"耶稣最高的理想,是为全人类谋幸福",但基督教的历史发展并不能失去其"时代性","耶稣运动的开始,确是要求犹太人民族的解放,对于本国民众先有热烈的同情"。同理,中国社会改造、民族复兴也正需要体现耶稣这种人格特点的领袖人才。这是因为,若将耶稣与中国先哲相

---

① 引自徐宝谦编《宗教经验谈》,第18页。

比较则会发现,孔孟等人"所怀抱的志愿……都归向于传统的政治思想,因而自身所垂示的模范,也都免不了是贵族式的……较之耶稣要改革社会专和平民接近,专做于平民有益的工作,显然是不可同日而语。而现时要复兴中华民族,所需要的领袖人才,当然不能效法孔孟从容大雅的态度,而要效法耶稣的刻苦勤劳,奋身不顾"。因此,吴雷川将耶稣的人格视为"造成领袖人才唯一的教范",指明基督教当下能为中国做出的特殊贡献就是培养出能效法耶稣人格的基督徒。"假使基督徒不能效法耶稣以自成其为领袖,基督教在这时的中国,就不能有什么贡献,并且必要为这个时代所淘汰,为这个地域所摈弃"。耶稣的人格魅力最集中、最典型地体现在为拯救人类而牺牲在十字架上,所以效法耶稣的基督徒也应是为正义而准备牺牲自己的人们。从这一意义上来讲,中国基督徒能否取得改造社会、复兴中华的成功,关键并不在于其信徒数量多少,而乃在于其信徒素质如何,能否承担起"领袖人才"的角色、完成其使命。这里,吴雷川特别寄希望于中国现代的青年学生,对他们有着热烈的期望。在他为《基督教与中国文化》所写的"自序"中,已经非常清楚地表明了这一目的:"我个人之所以勉力写这本书,更是以青年学生为对象,很希望现代的青年学生——无论是基督徒或非基督徒——都能了解耶稣,了解基督教,因而负起复兴中国民族,为中国创造新文化的责任……倘使一般青年为了觉悟自己所负的责任,就趁着在求学时代,除了求得知识与技能之外,更多方寻求于修养人格有益的途径,慎思、明辨,而后继以笃行,或者这本书也能有些微的贡献"。

回顾20世纪中国思想文化走过的历程,反思基督教与中国文化的关系,既有历史意义,更有现实关联。在全球化的当代,基督教与中国文化的对话已多层次、全方位的展开,其规模之广、切入之深亦前所未有。对于基督教在当代中国究竟会是怎样的定位、起到什么社会作用、对中国的未来发展有何种影响,人们仍在猜测、怀疑、观望或期盼。在此,我们愿以 21 世纪的眼光来对以往现实中的基督教和中国文化重加审视、衡量和评价,进而希望能够发现或重塑理想境界的基督教、期待会真正涌现出越来越多理想意义上的中国基督徒,并以其关注、参与社会之姿来促使中国当代思想文化弘扬海纳百川、多元通和的精神、达成其理想之境——这或许也是吴雷川这部文化比较及反省的名著今天应带给我们的思考和启迪。